国家論の研究

── イェシュ、ホッブズ、ロック ──

行政法研究 Ⅳ

遠藤博也

国家論の研究

―イェシュ、ホッブズ、ロック―

行政法研究 Ⅳ

✱❋✱

学術選書
74
行政法

信山社

目　次

国家論の研究
――イェシュ、ホッブズ、ロック――

1

イェシュにおける憲法構造論㈠

——憲法と行政法の関連に関する一考察——

一　序　言
二　イェシュの憲法構造論
(1)　序　説（人と業績）
(2)　法律の留保論
(3)　裁　量　論
(4)　拘　束　論
三　批判と検討
(1)　若干の批判例
(2)　検　討
四　結　語

一　序　言

(1)　ドイツ行政法の父といわれるオットー・マイヤーが「憲法は変るが、行政法は存続する」という有名な言葉を残したことは周知のとおりである。[1] この言葉がもつ意味については種々の論評があるが、[2] そこでは少なくとも、行政法体系が憲法構造の変遷にも拘らず、それからの決定的な影響を受けることなく存在しうること、いわば行政法の憲法からの自立性が認められているといってよいであろう。勿論、オットー・マイヤーの行政法といえども、彼のいわゆる警察国家から法治国家への変遷、即ち立憲国家の存在がその前提である。[3] しかし、立憲君主制の原理の上に立つ帝国憲法及び諸邦憲法からワイマール憲法への変革は、彼の行政法体系に何ら変更の必要を生ぜしめるものとしては受けとられなかったのであった。

ところで、第二次大戦後における西ドイツにおいては事情を異にする。人は、行政法をむしろ「具体化された憲法（konkretisiertes Verfassungsrecht）」として把えようとしている。[4] 無論、これはただ単に考え方の変化としてのみ理解されるべきものではあるまい。一口に憲法構造の変革・変遷といっても、それはそれぞれに具体的内容をもったものであるから、これが行政法体系に及ぼす影響の程度・範囲を一概に論ずることはできない。或る時の憲法構造の変革は行政法体系に深刻な影響を及ぼすが、他の或る時の変革はさほどの影響を及ぼさないということも充分に考えられるであろう。それはともかくとして、現在の西ドイツにおける行政法理論が、従前と比較をすれば極めて高い程度において憲法に依存（verfassungsabhängig）[5] するものとされ、憲法秩序における価値体系なり価値判断に行政法理論の基礎が求められていることは事実として承認されるであろう。このような事情は現在のわが国においても同様に認められる。人が如何に屢々従来の行政法理論を批判するにあたって憲法構造や憲法原理の変革を援用しているかはここに一々その例証を挙げるまでもない程である。[6] われわれは今日、行政法体系や行政法上の基本的問題を論ずるにあたって、憲法構造論との対決ないしこれの検討を抜きにして議論をすることは不可能であるといっても決して過言ではない。

(2) そもそも憲法は国法体系における最高法規範である。他の諸法と同様に行政法もこの憲法にその妥当性の根拠をあおぎ、その内容においても憲法上の基本原理の支配をうける。のみならず、特に行政法は、行政に関する法として、憲法構造における行政の位置づけの如何によって強い影響を受けることは見易い道理であろう。そういう意味で行政法が具体化された憲法であるとは当然だともいえる。しかしながら、問題は、行政法が憲法構造によってどの程度にまたどの範囲まで規定されるものであろうか、である。行政法を論ずるにあたって、その具体的当否はともかく、憲法構造や憲法原理を援用すること自体は当然のこととされているのであるが、われわれは憲法から行政法理論にとって有意味なことをどれだけ引き出すことができるのであろうか。「具体化された憲法」とは如何なる意味においてであるか。そこに問題はないか。この点についての問題提起が本稿の目的である。

この問題のためには、行政法は勿論憲法自体についてもそれが持ちうる意義・機能等を仔細に検討しなくてはならない。しかし、それは将来の問題として残し、ここでは、むしろ将来一般的にこのような問題を取扱う際の手懸りとなりうるような問題点を指摘するにとどめたい。このために、本稿では、まず、戦後の西ドイツにおいて憲法構造論を正面に押し立てて行政法理論の再検討を迫った一人の学者の所説を紹介し、ついで、これに対する有力な批判のうち代表的なものと考えられるものを示し、おわりに著者の見解を問題提起の形で述べることにする。

(1) Otto, Mayer, Deutsches Verwaltungsrecht, 3. Anfl. 1923, Bd. I, Vorwort.

(2) 例えば、鵜飼・行政法の歴史的転回・一一六頁以下、塩野・オットー・マイヤー行政法学の構造二八九頁以下参照。
（3） Vgl. B.Dennevitz, Die System des Verwaltungsrecht, 1948, S.127.
（4） F.Werner, Verwaltungsrecht als konkretisiertes Verfassungsrecht. DVBl. 1959, S.527ff.; H.Reuß, Die Wirksamseinheit von Verwaltungs- und Verfassungsrecht, DÖV 1959, S.321ff.; Zeidler, Empfehlt es sich, die bestehenden Grundsätze über Auskunfte und Zusagen in der Verwaltung beizubehalten? Gutachten: Verhandlungen des 44. Deutschen Juristentages. Bd. I/2, S.7ff. (13, 14); Bachof, Verfassungsrecht, Verwaltungsrecht, Verfahrensrecht, 1963, S.93; H.H.Rupp, Grundfragen der heutigen Verwaltungsrechtslehre, 1965, S.7; Imboden, Staatsbild und Verwaltungsrechtsprechung, 1963, S.11.
（5） Bachof, a.a.O., S.7; Imboden, ibid.
（6） 昭和四二年度日本公法学会における行政法の主報告者である今村・室井両会員の論説においても憲法原理の変遷が強調されていた。

二　イェシュの憲法構造論

⑴　序　説（人と業績）

(a)　ここでとりあげる一人の学者とは、一九六三年六月一五日交通事故のため三九才の若さでこの世を去った故ディートリッヒ・イェシュ（Dietrich Jesch）[1] のことである。彼は、一九二三年七月四日ザクセン州ケムニッツの州裁判所長を父として同州ゼブニッツで生れた。一九四二年から一九四六年にかけては従軍と捕虜の時を過ごし、その後も、実家の破壊と長年にわたる父親の不法監禁のため故郷を奪われ、苦難の時期を過ごしたといわれる。一九四八年エルランゲン大学での学生生活を始め、一九五一年第一次国家試験に合格、翌五二年からバハオフ（Otto Bachof）の助手となり、一九五五年にはバハオフに従ってテュービンゲンに移り、同年第二次国家試験に合格、ポーレ（Rudolf Pohle）の指導を受けて成ったその学位請求論文「行政行為による民事裁判官の拘束」（一九五六年公刊）は称賛をもって学界に迎えられ、その後の諸論文特に一九五九年に完成し一九六一年公刊された教授資格論文「法律と行政」によって一般の承認を得るに到った。テュービンゲンでの一年の私講師を経て、一九六〇年の冬学期よりマールブルク大学における公法の正教授の地位を占めた。

(b)　この略歴が示すように彼の研究生活はわずか八年間であるにすぎない。しかしながら、彼はこの間に、多くの注目に値いする業績をものし[2]、かつ実りある業績がさらに期待されていた。現に彼は、国法学の教科書の執筆中だったと伝えられる[3]。イェシュは、一九六二年九月同じく三九才で亡くなったフライブルク大学のツァイドラー（Karl Zeidler）教授とともに、ドイツ公法学・国法学界の新世代を代表する学者と考えられていたのである。

ここでは、その業績のうち質量ともにイェシュの研究を代表すると考えられる三つの論文によって、彼の考えの後をたどって行くことにしよう。

なお、本稿ではやや詳しくイェシェの学説を紹介することにする。イェシュの学説の理解において誤解なきを期するためと後の検討に役立たせたいためである。特にイェシュの所説が単なる思いつきの域に止まるものではなくて相当周到な用意の上に出来上っていること、しかも、なおかつ、そこに問題があること、その原因は奈辺にあり、これに対処するにはさらに如何なる前提作業が必要であるか、これらを示すのが本稿の目的だからである。

（1）　イェシュの人と業績については、Bachof, Nachruf : Dietrich Jesch, AöR, 1963, S. 347ff. ; Hubert Görg, In memoriam Dietrich Jesch, DÖV 1963, S. 543f. など参照。

（2）　<u>*Monographien* ;</u>

1. Die Bindung des Zivilrichters an Verwaltungsakte. 1956（彼の学位請求文である。以下 Bindung で引用す

る。）

2. Gesetz und Verwaltung. 1961（教授資格論文である。以下 Gesetz で引用する。）

<u>*Aufsätze*</u> :

1. Zur Bindung an Entscheidungen des Bundesverfassungsgerichts über Verfassungsbeschwerden. JZ 1954, S. 528-533.
2. Entscheidung des Rechtsmittelgerichts im Verwaltungsprozeß und reformatio in peius. DÖV 1955, S. 391-397.
3. Zur Revisibilität unbestimmter Rechtsbegriffe. DÖV 1956, S. 77-80.
4. Unbestimmter Rechtsbegriff und Ermessen in rechtstheoretischer und verfassungsrechtlicher Sicht. AöR 1957, S. 163-249.（以下 Ermessen で引用する。）
5. Zulässigkeit gesetzesvetretender Verwaltungsverordnungen?（zu BVerfGE 8, 155）. AöR 1959, S. 74-93.（以下 Verwaltungsverordnungen で引用する。）
6. Rechtsstellung und Rechtsschutz der Gemeinden bei der Wahrnehmung „staatlicher" Aufgaben. DÖV 1960, S. 739-746.（本書は教授資格試験講演に補正を加えたもので、その内容は新境地を開いたものとして重要であるが、本稿では割愛する。）
7. Öffentliches Verkehrsinteresse und Berufsfreiheit. JZ 1961, S. 624-626.
8. Auslegung gegen den Wortlaut und Verordnungsgebung contra legem? JZ 1963, S. 241-245.
9. Der Gemeingebrauch ; Korreferat. JuS 1963, S. 213-219.

<u>*Rezensionen*</u> :

1. Sammlung der Rechtsprechung des Gerichtshofes der Europäischen Gemeinschaft für Kohle und Stahl, Bände 1-5. DÖV 1956, S. 674f. ; 1957, S. 920 ; 1958, S. 720 ; 1961, S. 317.
2. Carstens, Das Rechts des Europarats. DÖV 1957, S. 158.
3. Landmann-Rohmer-Eyermann-Fröhler : Gewerbeordnung, Kommentar, Bd. 2. Bad.-Württ. VerwBl. 1957, S. 48.

4. Festschrift für Friedrich Lent. DÖV 1957, S. 791f.
5. Bullinger, Die Selbstermächtigung zum Erlaß von Rechtsvorschriften. JZ 1961, S. 302f.
6. Drück, Die internationale Zusammenarbeit bei der friedlichen Verwendung der Atomenergie innerhalb Europas. DÖV 1961, S. 358.
7. Jaenke, Verwaltungsvorschriften im Steuerrecht – die Bedeutung der Richtlinien. JZ 1961, S. 520.
8. Böckenförde, Gesetz und gesetzgebende Gewalt. AöR 1960, S. 472.
9. Kelsen, Reine Rechtslehre, 2 Aufl. DÖV 1961, S. 435–437.
10. Goessl, Organstreitigkeiten innerhalb des Bundes. DÖV 1961, S. 760f.
11. Pfennig, Der Begriff des öffentlichen Dienstes und seiner Angehörigen. DÖV 1961, S. 917.
12. Leibholz, Das Wesen der Repräsentation und der Gestaltungswandel der Demokratie im 20. Jahrhundert. 2. Aufl. 1960. DÖV 1962, S. 37f.
13. Ehmke, „Ermessen" und „unbestimmter Rechtsbegriff" im Verwaltungsrecht. AöR 1961, S. 491–496.
14. Bäumlin, Recht, Staat und Geschichte. DVBI. 1962, S. 458.
15. Zur Festschrift für Hans Huber (1961). Der Staat, Bd. 1 (1962), S. 107–116.
16. Weber–Scheuner–Dietz ; Ramm ; Ridder : Gutachten zur Verfassungsbeschwerde der IG Metall gegen das Urteil des BAG im Schleswig–Holsteinischen Metallarbeiterstreik. DÖV 1963, S. 116–118.

Berichte :

Staatsrechtslehrertagung 1960 in Köln (zu den Referaten von Schneider und Schaumann). JZ 1961, S. 33–35.

Mitarbeit :

1. Zusammen mit Otto Bachof : Die Rechtsprechung der Landesverfassungsgerichte in der Bundesrepublik Deutschland. JöR 1957, S. 47–108.
2. Mitarbeit an der Kommentierung des Art. 19 Abs. 4 GG im Grundgesetzkommentar von Maunz–Dürig

Als Manuskript gedrucktes Gutachten :

Rechtsgutachten über den Entwurf einer Ordnung des ordentlichen Studiums an den Pädagogischen Hochschulen des Landes Baden-Württemberg und über den Begriff „simultan" in Artikel 19 der Verfassung des Landes Baden-Württemberg. 1962. なお、判例批評もあるが、これについてはvgl. Bchof, a. a. O. S. 350.

（3） Vgl. Hans Schneider, Nachruf : Karl Zeidler, AöR 1963, S. 96ff.

(2) 法律の留保論

(a) イェシュの憲法構造論が最も明確な体系的な形で展開されているのは、その教授資格論文「法律と行政」(1) においてである。本書には「適法律性原理の変遷に関する研究（Eine Problemstudie zum Wandel des Gesetzmäßigkeitsprinzipes)」という副題がつけられているが、ここで取扱われているのは、主として「法律の留保」に関する問題である。

適法律性原理は、すなわち法律による行政の原理（Prinzip der Gesetzmäßigkeit der Verwaltung）のことであるが、これは周知のように法律の優越（Vorrang des Gesetzes）と法律の留保（Vorbehalt des Gesetzes）の二つの意味をもつ（Jesch. Gesetz, S. 29 ff.)。前者は、法律に違反する下級の法段階の行為の効力が奪われるべきであることを内容とし、後者は、法律よりも下級の法段階の行為が適法になされるためには法律の根拠を必要とするかどうかの問題に関する。この両者は、ともに法律による行政の原理を実現するものとして、相互に無関係のものではないし（Vgl. Gesetz, S. 156)、両者の区別が実際上に困難な場合もないではない（Gesetz, S. 190ff）が、理論的には区別されるべきものである。このうち法律の優越は、立憲君主制の下であろうと、今日の民主制国家の下であろうと、その内容には差異がない（Gesetz, S. 120, 172)。そこで、実際上にも戦後の西ドイツにおいてやかましく議論されている「法律の留保」の範囲の問題が本書で論じられているのである。

（1）　本章の構成は、第一部基礎理論（九―一〇一頁）と第二部適法律性原理の変遷（一〇二―二三六頁）より成り、さらに第一部は第一章概念（九―三四頁）、第二章方法論についての付論（三五―七三頁）、第三章立憲君主制並びにドイツ連邦共和国の憲法構造（七四―一〇一頁）に分かれ、第二部は、第四章侵害留保の歴史と理論（一〇二―一七〇頁）、第五章現代における問題（一七一―二三六頁）に分かれる。

(b)　この法律の留保の問題の要点は、従来侵害行政の分野に限定されていた法律の留保（侵害留保〈Eingriffs-vorbehaft〉を、今日実際上にも重要性をましてきている給付行政その他の分野に拡張すべきではないか、の点にある。すなわち、これらの分野もまた行政の自由にまかせず、法律の根拠なくしては行いえないものとすべきではないのかという主張がなされ、これをめぐって議論が行われているわけである。このような主張は、様々の根拠を用いて行われている。時には、国家に対する国民の社会的・経済的地位の変遷や自由の観念の変化が、時には、憲法原理のあれこれが援用されている（dazu Gesetz, S.37. 199)。イェシュもまた結論においてはこの種の主張にくみする一人である。それでは、如何なる方法上の用意をもってこの問題にのぞもうとしているのであるか、これが第一に問題である。

結論を前以っていえば、彼は、適法律性原理が憲法構造に機能的に依存している（die funktionale Abhängigkeit von der Verfassungsstruktur）という方法的仮設（methodische Hypothese）から出発する（Gesetz, S.6, 66, 72 ; vgl. S. 170, 173f. 204, 211 u. s. w.)。これは大要次のような手順を経て提言されている。

(一)　まず一般的な方法論として、彼は法理論的方法（juristisch-dogmatische Methode）によるべきであるとする（Gesetz, S.54f.)。彼によれば、法規範は法規範のみから導くことができる。しかし、それは法以外の観点の排除を意味しない（Gesetz, S.55ff.）すなわち、法解釈の目的は法規の拘束的内容の確定であるが、これは法理論的方法によってのみ行われる。法概念には非法律的概念（metajuristische Begriffe）が結びついているが、これは部分的であり、かつ変容した上でのことである。ただその限りでは、全ての非法律的方法も問題となり、その意味で法解釈は方法混淆主義（Methodensynkretismus）によることになる（Gesetz, S.61）。しかしながら、因果的・目的論的・機能的・精神史的・政治的・経済的方法などが単一で支配しているもの（Alleinherrschaft）ではない。

このようにして、適法律性原理の内容と範囲も法理論的ないし規範的に（dogmatisch-juristisch oder normativ）のみ確定されるものとする（Gesetz, S.62）。したがって、社会経済的事情の変遷を理由として適法律性原理の拡張を導き出す主張は、法政策的要請に過ぎないものとして排斥される（Gesetz, S.37, 204）。彼も、規範の意味が他から切離されて孤立して存在しうるものではなく、これが社会的・政治的・経済的変革などによって影響を受けまた形成されることを否定するものではない。しかし彼は、正しい解釈によれば法的内容（juristische Inhalt）はこのような結びつきを充分に反映しているものであるから、解釈にあたってこれに深く立入る必要はないものとしているのである（Gesetz, S.62）。

(二)　つぎに彼は、法解釈に条文解釈（Textauslegung）と欠缺充足（Lückenausfüllung）の二つの場合を区別し、伝統的な適法律性原理は前者の法文解釈すなわち明文・不文の法規を解釈することによって得られるものとし、これに対して、現代の適法律性原理の内容は条文解釈ではなく欠缺充足によって得られる問題であるとしている（Gesetz, S.62f.）。ところで、彼によれば、この法の欠缺（Rechtslücke）の充足の手段としては、まず第一に類推（Analogie）があるが、これによっては新たな適法律性原理を展開させることはできない。そこで、全法秩序ないし部分法秩序から体系的、演繹的に法規を得る（die systematisch-deduktive Gewinnung eines Rechtssatzes aus Gesamtrechtsordnung bzw. aus Teilrechtsordnungen）方法がとられる。これは特殊の法解釈体系に服する。すなわち法律学は他律的な理論体系（heteronom-dogmatischen System）であり部分的にのみ公理化された開かれた体系（teilaxiomatisierte oder offene Systeme）である。したがって、ここにはいつでも新しい前提（Prämissen）が導入されうる。これが導入されるまで及び導入された後には一応完結した体系として取扱われるにすぎない。ゆえに、終局的に定義された、もしくは終局的に定義されうる前提（公理）は存在しない。したがって、個々の法規の解釈は、特にそのためにたてられた部分的に公理化された体系（ad hoc teilaxiomatisierte System）によらなければならない。そこで、特定の法律問題のための体系的な連関を得る前提の選択と補充は〈topisches〉と呼ばれうる手続で行われる。すなわち推論的思考過程の中に論証の〈topoi〉[1]が探し出される。これが得られ相互関係が定められると、その前提より結論を演繹的に引き出しうるところの部分的体系をわれわれはものにすることができるのである。かくて、この体系はまず第一次的には問題に拘束された論証的思考の産物である。しかし、この体系に照らして、得られた結論が法律的に正しい（juristisch exakt）かどうかを認識し、かつ、検証しうるのである（Gesetz, 64f.）。

(三)　右のような考え方をとる結果、新たな適法律性原理を憲法上の特定の原理のあれこれ、例えば、法治国原理や権力分立原則から導き出すことが否定される。けだし、これらは固定的な内容をもつものではなくて、憲法秩序と全法秩序という体系的連関の中でのみその内容をもつものであるし、特定の憲法原理のあれこれがこの問題に適当なる基礎を提供するものであるかどうかは明らかではない。別の憲法原理からは相反する結論が導き出されるやも知れないからである。したがって、適法律性原理は全憲法体系の中に置いて把えられねばならないのである。

このようにして、イェシュは「適法律性原理は憲法構造の機能である（Das Gesetzmäßigkeitsprinzip ist eine Funktion der Verfassungsstruktur）」という方法的仮説を立てる（Gesetz, S.66）。さらに彼はこれを敷衍して次のように述べている。

適法律性原理の通用性、内容、範囲は特定の憲法秩序のその時々の構造に機能的に依存している。これによってみれば、適法律性原理の意味は憲法構造の変遷と運命を共にするはずである。したがって、立憲君主制の憲法構造における伝統的適法律性原理の機能的地位が明らかにされるべきである。ついで、今日の変遷したる憲法構造より適法律性原理の変更したる機能的地位と新たなる内容構成が導き出されるものとしている（Gezefs, S.66f）。これはさらに彼の憲法構造の概念規定によっても補強されている。彼によれば、憲法とはひとまず国家の法的根本秩序（rechtliche Grundordnung des Staates）として理解される（Gesetz, S.68）。つぎに構造の概念としては、⑴形式的構造概念としての関係の集合（Relationsgefüge）、⑵実質的構造概念として存在的実体（ontologische Realität）を含むもの、⑶内部構成としての意味（Gegliedertsein eines Ganzen）などがあるが（Gesetz, S.69ff.）、ここでは、⑴と⑵の丁度中間的な意味で用いられる（Gesetz, S.69）。すなわち、ここでの構造概念では関係の集合が前面に出る。しかし、関係は孤立して登場しうるものでなくただ単に構成部分間（Zwischenglieder）として現われるものであるから、構造の下にはその間に一定の関係がある「要素」の構成（Aufbau aus >Elementen<）もまた含めて理解されなければならない。

単なる関係の集合を越えて構造概念は機能的連関を示す。これによって、個々の関係が孤立して考察されるべきではなく、関係間の相互依存関係（Interdependenz）が認められることが表現されている。

このようにして、憲法構造によって法的な国家構造が考えられている。憲法構造は規範組織（Normengefüge）、成文並びに不文の法規の組織である。重要なのはとりわけ、多くは憲法原則（Verfassungsprinzipien）と表現される規範集合体である。憲法構造は機能的連関としてみられる。このことは解釈にとっては、個々の法規の孤立した考察を排除すべきであること、それと個々の要素の相互依存性を考慮しつつ全体連関より解釈が行われなければならないことを意味する（Gesetz, S.72）。

憲法構造において適法律性原理は決定的な地位を占める。機能的連関においては全体は部分に部分は全体に相互に影響を及ぼすから、憲法構造は適法律性原理の内容と機能的地位を規定する。適法性原理の方でもこの構造を特色づける。基本法秩序における適法律性原理の場合の如く、構造が全体として知られ、機能的連関の要素が探究された場合にのみ、構造分析は、部分の適当な機能的地位と内容をもたらすはずである（Gesetz, S.73）。

以上が、イェシュがこの問題についてとっている方法上の用意である。これが具体的に如何なる展開をみせるか、これが第二の問題である。以下彼の論述を追うことにしよう。

（1）　トポイとは、ギリシァ語の〈τοποζ, τοποι〉に由来し、ラテン語の〈locns〉に相当する。即ち「場所」の意味である。周知のようにアリストテレスには「トピカ」と呼ばれる論理学の書があるが、この「トポス」の語は論理学上、修辞学上に用いられ（英語の topic 参照）、後年さらに心理学上でも用いられている。いわゆる「位相」心理学がこれである。訳しにくいのでそのままにしておく。

(c)　立憲君主制の憲法構造における法律の留保（侵害留保）

イェシュは、立憲君主制の憲法構造の基本的特色を、国家と社会の対立に基礎を置く二元論（Dualismus）にみている（Gesetz, S. 88 123, 170 u. s. w.）。彼によれば、立憲君主制の憲法構造は君主原理（monarchischen Prinzip）にその基礎を置く（Gesetz, S. 76）。しかしながら、主権論争（Gesetz, S. 78ff.）においてみられるように、立憲君主制は思想史的には立憲主義の実現であり、君主主権に代えて国家主権が主張され（Gesetz, S. 80）、国家権力の所在と行使（Substanz und Ausübung）の区別が承認されるということは、実質的には国民主権の承認を意味する（Gesetz, S. 81f.）。君主は最早、機関主権（機関最高性？・Organsouveränität）を有するにすぎない（Gesetz, S. 87）。しかし、君主はなお執行権の長として、その限りでは、なお絶対の支配者である。社会は絶対的国家を憲法の枠の中に押し込めたが、執行権力の中において君主はなお自由なる活動領域を有する。その外枠はあるが、それ以外は国家の（正確には執行府の）内部領域（Innenraum des Staates《richtig : der Exekutive》）である（Gesetz, S. 89f.）。のみならず、疑わしい場合に権限の推定は最高機関である君主のために語る（Gesetz, S. 88, 91.）。

このように、君主原理と立憲主義の妥協の産物としての立憲君主制においては、国家（執行府）の固有の内部領域と、社会によって支配される外部領域いいかえれば法によって保護されるべき社会の固有領域とが区別される（Gesetz, S. 80）。前者は非法（Nicht-Recht）の分野であり、後者が法（Recht）の支配する分野である。この二元的対立は、政府対議会、国家対社会、君主対国民などのあらゆる面において現われている（Gesetz, S. 90f.）。

(c)の一　侵害留保の成立と内容

(一)　一般的な侵害留保の先駆的なものとして刑事法と税法の分野にまず法律の留保が認められた。国家刑罰権の発動が個別的法律規定によらなければならないという原則は、当初は法的安定の要求によるものであり、したがって、多くは支配者が自己自身の法規に拘束されることであったが、これは官房司法の排除と刑事立法権・刑事司法権の分立によってその意味を失なった。罪刑法定主義の勝利は立法権と執行権の分離、立法への国民代表の参加によって完成される（Gesetz, 102 f.）。法律の支配は執行権に対する立法者の支配である。かくて刑事裁判官の厳格な拘束と類推解釈の禁止は新たな根拠が支えられることになる（Gesetz, S. 103-104）。このような民主的な法律概念は、等族議会における課税に対する同意にもその前身をもっている（Gesetz, S. 104 ff.）。この両分野における留保が完成されて始めて、国家の負担的執行作用に対する一般的な適法律性原理が生ずることになった（Gesetz, S. 106）。

一九世紀ドイツ立憲運動のモットーは「国家への参与による国家からの自由（Freiheit vom Staat durch Teilhabe am Staat）」であった。一九世紀を特色づける君主主権と国民主権の妥協は、一面では君主原理により、他面では民主的法律概念によって特色づけられる。この法律概念は、「社会」に国家からの自由を保障する、すなわち、執行府の独自の権力に基づく侵害に対して保護されるべき個人の領域（Individualbereich）を国家への参与によって、しかも立法がこの個人の領域に及ぶ場合にこの立法への同意権を認めるという形によって、保障しようとするものである（Gesetz, S. 108f.）。当時の憲法には種々のものがあるが、これは二つのグループに分類できる。一つは、一般的な侵害留保の規定をもつ憲法であり、他の一つは、一般的な留保の規定を欠き立法一般を議会の同意にかからしめる憲法である。前者は、一八一八年のバイエルン憲法七章二条(「個人の自由と国民の財産に関する一般的な新たなる法律の制定・変更・公権的解釈・廃止は王国等族議会の審議と同意なくしてはなしえない」)の如く一般的に侵害留保に関する規定が置かれている場合であって、また特別(軍事、民法、刑罰法、一定の組織法等に関する)留保によって補われ、議会の同意を要する範囲は明確である。後者ではこの範囲は法律概念の解釈によることになる。これは、とりわけ一八五〇年のプロシア憲法典六二条をめぐって問題となったが、結局は法律の二重性の理論により、立法の分野は原則として、「自由と財産」の定式(>Freiheit-und-Eigentum<-Formel)によって定められ(実質的法律概念)、特別の留保(形式的法律概念)によって補われることになった。

このようにして、結局一般に、個人の権利領域を侵害する場合に形式的法律の授権が必要とされたのである(Gesetz, S.111 f.)。したがって、侵害留保の内容と範囲を画する「自由と財産」の意義が次の課題となる。

(二)　自由と財産

(1)　自由と財産の全ての侵害に対する法律の留保には三つの根がある。人間の権利(Menschenrecht)に関する自然法理論、権力分立の思想並びに国民主権の原理がこれである。この三つの要素の結合によって始めて伝統的な形での侵害留保が形成された。けだし、この留保は、自由と財産によって限界づけられた、国家権力に対して保護される個人の領域(individuelle Bereiche)を前提とし、他方、立法権と執行権の区別を要求し、第三に、この領域における立法に国民代表の参加を要求しうる民主的要素を必要とするからである。この三要素の結合は、ジョン・ロックにおいてみられる(Gesetz, S.117)。

ジョン・ロックにおいては、自己同意(own consent)の思想が国家構成の中心をなし、この自己同意のフィクションの上に侵害留保の思想と内容が基礎を置いているのである。ロックによれば、生命・自由・財産(estates)をひっくるめて〈property〉と呼ぶ場合と、自由と財産(liberty and property)とを並置して用いる場合とがあるが、人は、その権利すなわち生命・自由・財産を守るためにのみ社会契約を結んで国家権力に服する。政府の任務は他ならぬこの財貨の維持（preservation of property）である（Gesetz, S. 117 f.）。国家はかくて専ら市民とその権利により構成されるものである。したがって、「個人の領域（Individualsphäre）の」全ての侵害にはその同意が必要である。法律は、国民のその自己の権利に関する自己規定（Selbstbestimmung）である（Gesetz, S. 119）。このようなロックの構成から法律の留保と優越も出てくる。けだし、この国民より成立せしめられた立法府の授権なくして、もしくは、これに反して執行府が活動することはできないはずだからである。しかしながら、執行府はその統治作用（Prerogative）においては法律の留保と優越の拘束を免れることができる。ロックによれば、統治作用とは、規則なくして公益を実現する権力に他ならない（Preogative is nothing but the power of doing public good without a rule）が、これは今日いうところの国家の給付作用を法律の留保からはずすことをも含んでいる。これを要するに、立法者の役割は専ら市民の生命・自由・財産の維持に限られ、それ以上に執行府を拘束することは不必要とされるからである。したがって、国家給付についての留保も暗黙裡に否定されるわけである（Gesetz, S. 120）。

ロックによって与えられた民主的法律概念・権力分立原理並びに国民主権の思想の結合は、ついにはアメリカ諸州の憲法、フランスの一七八九年の人権宣言及びドイツ立憲君主制の諸憲法中にとり入れられるにいたった。しかしながら、ドイツにおいては、二元論（Dualismus）の特色をもつものであった（Gesetz, S. 121 ff.）。

(2)　自由と財産の定式は、ドイツ憲法史においては、一八〇八年五月一日のバイエルン憲法草案第七条（「国家は、全国民に人身並びに財産の安全……を保障する」）に始めて登場した。ドイツ諸憲法にこの定式をとり入れるについて、しかも国民代表の同意に拘束される立法の範囲を示すためにこの定式をとり入れるについて最も功績のあったのはフオン・シュタイン男爵であるが、ドイツ連邦憲法プロシア草案における同様の規定は彼に遡るし、また彼の影響下にナサウ公爵領憲法中にこの定式が規定されている。一八一四年九月一・二日の勅書（Patent）第二条に始めて、立法権限との関連においてこの定式が登場し、以降殆んど全ての憲法において、人の自由と財産とが言及されることになった（Gesetz, S. 123 f.）。ただ、実定諸憲法上では、この両概念は相結合したり分離した形で、時には憲法の基本権の部分に、時には議会の協賛権の規定のところ、すなわち侵害留保の規定のところに置かれており、規定の仕方は不統一である。しかしながら、この両側面は思想史的にもまた理論体系的にいっても共に一つのものを構成している。基本権も留保による立法の範囲の限定も両者は共に、かちとられた国家からの自由の法的現象である。人間の権利は個人の領域を形成し、留保はこの領域を社会の代表者のコントロールに服せしめる（Gesetz, S. 125）。このようにして、G・イェリネクのいうところの消極的地位ないし自由なる地位（Status negativus oder Status libertatis）は個々のばらばらな権利から成るものではなく、統一的な個人の領域（eine einheitliche Individualsphäre）であるとされるのである。自由と財産という定式は、この統一的包括的地位を人的・物的の両側面から表現するものであるにすぎない。この包括的な自由の地位より出発すれば、さらに、基本権並びに侵害留保の両者もまたこれの二構成要素をなすにすぎないものである。まず留保によって、消極的地位を侵害する法規が社会のコントロール、すなわち議会の同意にかからしめられる。これによって立法府と執行府の区別、法律と命令の区別がなされる。つぎに他の構成要素すなわち、いわゆる基本権の客観的機能により、自由と財産に対する個々の侵害について法律の留保が必要とされ、これによって執行府と個人の間に限界が引かれる（Gesetz, S. 126 f.）。

諸憲法における規定の仕方には様々のものがある（Gesetz, S. 127–8）が、立法が君主と議会の共働に服せしめられている場合には、これによって暗黙に侵害留保が認められているのである。この意味で後期立憲期の国法学がこの関係で実質的法律概念を用い、立法の留保に関する規定を侵害留保の意味に解しているのは正しい。けだし、立憲君主制における法律の留保は、人権という自然法理論を民主的法律概念にからませて合理化したものであり、社会は、国家からの固有領域の確保と国家のコントロールを立法への参与を通じて実現しようとするものだからである。全部留保の意味での国家活動の全領域への干渉は国民主権を認めることに帰し、君主制原理に矛盾しよう（Gesetz, S. 129)。

なお、「自由と財産」の概念も次第に広く理解されるにいたっている。当初は特に恣意的な逮捕などに対して身体的行動の自由を確保するものと考えられていた「人身の自由（die Freiheit der Person)」も後には包括的な活動の自由（umfassende Handlungsfreiheit）を意味するものと解釈されるにいたり、財産権の保障とともに「法律によって禁ぜられていないことをなしうる権利である」と包括的に理解されるにいたった。このようにして、基本権保障と民主的法律概念とが統一的に理解されることが可能になったわけである（Gesetz, S. 129 ff.)。

(2)　このような意味での自由・財産の定式はワイマール憲法にもとりいれられている。その一一四条一項一号の人身の自由の保障は、全行動の自由を包括する自由権（ein die gesamte Handlungsfreiheit umfassendes Freiheitsrecht）とみられた（Gesetz, S. 133)。財産権概念も同様な解釈がなされ、かつ物権の限定が解かれ債権にも及ぶこととなり、結局、私的財産権の全て（jedes privates Vermögensrecht, d. h. der gesamte private Besitzstand）がこれに含まれるものとして解釈されることとなった（Gesetz, S. 134)。

今日の基本法にも、ワイマール憲法同様に自由・財産への全侵害に対する一般的な留保を特に定めているわけではないが、法律の留保と結合した基本権から当然に生ずるものと考えられている。通説は、基本法二条一項を公権の意味での・自由に対する一般的包括的権利（generelles, umfassendes Recht auf Freiheit, i. s. eines subjektiv-öffentlichen Rechts）を意味し、かくてこれは、原則として人間の自由活動の全形式を包含するものとしている。さらに、この二条一項からは、侵害の適法律性を要求する権利（ein subjektives Recht auf Gesetzmäßigkeit des Eingriffs）をも生ずるものとされている（Gesetz, S. 135)。この二条一項の広い解釈に対応して、基本法一四条は、市民の財産的領域の包括的保障を意味するものであると通説は解している。今日全ての財産的価値ある私権が基本権の保護を享ける。ただ、公権を財産的概念に入れることには議論があるが、結局、基本権によって限界づけられた広範な自由と財産の領域が法律の留保に服することが基本法秩序によって確定しているといえる（Gesetz,

S. 136 f.)。

(c)の二　侵害留保の内容

(一)　侵害留保と命令

(1)　絶対国家では法律と命令の形式上の区別はなかったが、立憲国家は立法の分野に区別を生ぜしめた。すなわち議会の参与によって行われる国家行為と執行府が単独でなしうべきそれとを区別する必要が生じたわけである。

法律と命令（Gesetz u. Verordnung）の用語上の区別は、ロベルト・フォン・モール以来ヴュルテンベルクの国法上たちまち一般化した。当時は、君主の命令を〈Gesetze〉、議会の参与なしに行われるそれを〈Verordnungen〉と称した（Gesetz, S.141）。この大ざっぱな区別は、後にラーバントにより、その実質的・形式的基準の助けによって精細なものとされた。すなわち、伝統的理論では法規（Rechtssatz）と実質的意味での法律が同一のものとされる一方、実質的意味の命令は法規たるの性質をもたないところから一般的に行政規則（Verwaltungsverordnung）と呼ばれ、これに対して形式的意味の命令は実質的法律であるところからラーバント以来法規命令（Rechtsverordnung）と呼ばれている（Gesetz, S.142）。

ところで、自由、財産の定式は、二重の方法で法律と命令の区別に役立つ。まず、実質的法律と実質的命令の区別は、それが自由と財産に関する（betreffen）執行府の一般的命令なりや否やによって区別される。自由と財産に関するものであれば実質的意味の法律（法規命令）であり、そうでなければ実質的命令（行政規則）である。つぎに、形式的区別は、形式的意味の命令（法規命令）で、市民の自由と財産を侵害する（cingreifen）ものは、法律形式による授権に基づかなければならないという点に存する。この自由・財産の定式の二重の機能は暗黙裡ではあるが広く認められていたが、この両場合が同様に取扱われることがある。すなわち、実質的法律概念は、法の領域と非法の領域、市民の法的・個人的領域と国家の領域、国家からみての外部と内部、法的行為と法から自由な内部行為の区別のために用いられる。この法領域の区別から出発すれば、法分野に関する全ての命令を実質的意味の法律、したがって法規命令とすべきはずである。自由・財産を制限すると否とを問わず、給付の付与も、その実質的要件・形式的要件の確定を含めて、さらに、そもそも市民の法的地位の改善も同様に、個人の領域に関するものである(Gesetz, S. 143)。ところが、法律の留保に服するのは、全ての命令ではなく、自由・財産を侵害するものに限られる。このような留保の解釈は、それによって自己の法領域を守るために市民が君主の絶対的権力を制限しようとしてきた、留保の遮蔽的機能(Abschirmungsaufgabe)に応ずるものである。国家実務並びに学説も侵害留保を認める点で一致していた(Gesetz, S. 144)。

立憲時代の国法学において特別の法律の授権が不要なものとしては次のようなものがあった。(a)緊急命令、(b)自由・財産を侵害しない命令(行政規則や執行命令、給付を与える法規命令など)、(c)特別権力関係におけるもの、(d)その他内部関係における訓令等(Gesetz, S. 147 f.)。

(2) このようにして、立憲国家における執行府による命令の定立には、法律の授権なくして行われる場合と法律の授権に基づいて行われる場合とがある。

法律の授権なくして行われる場合、すなわち法律の留保の外においては、執行府は自立的命令権(selbständiges Verordnungsrecht)をもつ。この行政活動の分野では、憲法上・特別法上の授権が命令について有する場合にも、これは宣言的な意味があるにすぎない。その限りで、命令権は「国家自体の性質より生ずる」(G. Jellinek)ものであり、この命令権は、立憲国家の一般的・実質的憲法に属する(Gesetz, S. 149)。この命令権は絶対時代からの遺産である。ここでは法律は、執行府の有効な活動の原因(Ursache)ではなく、外枠(Schranke)であるにすぎない(Gesetz, S. 150)。これに対して、法律の留保領域内部においては、法律の授権は形成的性質をもつ。これなくしての命令の定立は違法であり、命令は、法に従い・法の枠内で(secundum legem u. intra leges)のみ許される。この分野では法律は、外枠のみではなく、行政活動の原因である。自立的命令権は当然否定される

(Gesetz, S.157)。

(3)　ワイマール期の国法学も、立憲君主制の基礎の上に生れた概念を採用した。概念の定義と限界づけは大体そのままで変化はない。ただ、ワイマール憲法七七条からは、全ての法規命令について特別の法律の授権を必要とすると解すべきであったが、解釈は分かれ、通説はやはり侵害留保の意味に限定した (Gesetz, S.153 N.237 S.152 f. S.144 N.204)。なお、留保の分野における委任立法の範囲につき、無制限なる授権や包括的授権を違憲とする学説も存在したが、周知の通り実際には包括授権が行われた (Gesetz, S.153 f.)。

これらの点について、現在の基本法は一段の前進をみせている。まず基本法八〇条によって、包括的授権は否定せられ、授権によって定立されることのあるべき命令の可能な内容が授権法自体より予見可能なように、授権の内容・目的および程度が法律の中に規定されるべきことが要求されている。さらに、同八〇条一項は全ての法規命令に適用あるものとされている。したがって、国家給付の付与の要件・手続を定める規律も八〇条一項に拘束される。しかしながら、実務は、まず実際上の必要に応じて便宜的に法規命令と行政規則とを区別することによって、この規定の拘束を免れている。これは、特別の法律の授権を欠く場合に、国家目的のための財産的給付その他の授益の要件・形式・内容を行政規則によって規律することによって行われている。さらに注意すべきは、法規命令定立の授権を法律による包括的授権によって行っていることである。しかも残念ながら、連邦憲法裁判所はこのような国家実務を承認しているのである (Gesetz, S.154 f. 最後の点については参照、Verwaltungsverordnungen, AöR 1959. S.74 ff.)。

(二)　侵害留保と個別的行為

(1)　立憲君主制憲法においてとりあげられた留保に関する規定は、まず第一次的には、法律の授権に依存する命令権とこれから独立の命令権との区別にその主眼があり、個別的行為については、法律の優越からの間接的コントロールはあったが、個別的行為による自由・財産の侵害に対する留保はまだ存在していなかった (Gesetz,

S. 156)。

個別的行為についての留保は、したがって憲法から直接導き出すには基本権のカタログによる他はないが、これによって保障される自由の領域は、個々の基本権との関連からこれを統一的に規定することはできないし、また条文から法律の留保を導き出すことは必ずしも直ちに出来得るようなものではない。さらに、個別的行為に対する侵害留保をも含んだ包括的な法律による行政の原理は、諸憲法の発布とともに直ちに一般に貫徹したわけではなかった。

このように、一般的に個別的侵害に対する留保の実現が遅かった理由は、既に存在する前憲法的授権並びに慣習法的授権のために、個別的行為に対する法律の根拠の原則的な必要がさほど痛切に感じられなかったからである。この点で立法の分野と事情を異にした（Gesetz, S. 157）。執行府の領域特に警察任務の分野では、絶対国家から立憲国家への変革によって急激な変化がなかったから、個別的行為に対する留保を拡大する動機が殆んどなかった。けだし、執行権の伝統的な権限の枠内での個別的行為による事実上新たな負担は、広く自明のことと受取られ、その法根拠の問題が生じなかったのである。さらに、とりわけ継続性（Kontinuität）の思想がこの問題の発生を妨げたのであった。

(2)　しかしながら、立憲思潮の要求はこのような状態を長くそのままにしておくことを許さない。個人の消極的地位（status negativus）は、一般規範に対してのみならず、特別規範（個別的侵害、行政行為）に対しても保護されなければならないはずであった。これのみが立憲国家の根本思想に適合した（Gesetz, S. 158）。

個別的行為についての留保の理由づけには種々のものがあげられる。まず、立法の分野での侵害留保を個別的行為にも拡張する考えがある。しかし、これのみでは論拠が不充分である。そこで次に、基本権の客観的機能が持出される。この目的に適した自由と財産の解釈は、法律もしくは同様の授権を欠く個別的行為に対しても個人の領域を守るにいたった。この趣旨の一八三五年ヘッセン高等控訴院の判例もある（Gesetz, S. 159 f.）。しかしながら、これらは散発的なものであるし、その他の学説上の主張も不明確なものであるにすぎなかった。個別的行為に対する留保が一般の承認を得るにいたったのは、ようやく一八七六年から一八七八年にかけてのことであった。一八七六年プロシア上級行政裁判所はその判決集の第一巻において既に負担的行為に関する行政の法律上の権限の問題を取扱ったが、そこでは別段の根拠づけはなく、元来授権規定とは考えられていなかった一般州法一〇条二項一七号を警察処分の法根拠として採用した（Gesetz, S. 162 f.）。一八七八年になって、個別行為に対する法律の留保がラーバントとロイトホルトによって主張され、両者はこれを法治国の本質から導き出した。しかし、彼等もその後継者達も正当な理由づけと筋の通った論理によったものではなく、一つの概念の他の概念による定義づけ、さらには法治国思想と適法律性原理の同一視によるものであった。ところで、この法治国概念は、一九世紀においては当初は憲法理論上の要請として登場し、後には、立憲制の或る特色を表現するものとして、または法政策的目的を根拠づけるためのスローガンとしても用いられたものであり、法治国が如何なるものであり何がこれに属するかという観念像は、時間をかけて出来上ってきたものである。しかも、国家の侵害作用についての適法律性原理は、この像における要めを成すものであって、法治国から適法律性原理が導かれるものではなく、むしろ、この適法律性原理から法治国が導かれるものである。

しかし、それはともかく、プロシア上級行政裁判所の判例及びラーバント以来、個人の領域に対する全ての侵害について法律の根拠を要するとの考えが、たちまちの間に通説となった（Gesetz, S. 163 ff.）。侵害行為に対する伝統的な留保の内容は次のように要約できる。(a)個人の領域すなわち広義の自由と財産に対する侵害のみが留保に服する。したがって負担的行政行為についてのみ法律ないしこれに準ずる法の根拠を必要とし、授益とりわけ給付については授権を要しない。(b)留保は一般権力関係にのみ適用がある。法領域外にあり、国家の内部領域（Innenraum）に属すると考えられている特別権力関係には適用がない。(c)最も広い概括条項や包括授権で充分である。これが侵害留保の元来の意味、すなわち個人の領域に対する立法に参与することによって、君主の執行府に対して身を守るという趣旨に合致する。執行府の活動が法律の授権に依存するとして、その授権を与えるかどうか、また授権の程度の如何の決定は、国民代表の手に委せられるのである（Gesetz, S. 167 ff.）。

(c)の三　立憲君主制憲法構造の要素ならびに機能としての侵害留保

(1)　侵害留保は、ドイツ立憲制において「国家」権力に対して個人の領域を確保する決定的な手段である。したがって、国家領域に属する特別権力関係には当然この保護は排除される。留保が、純粋の保護機能（Schutzfunktion）に限定されることから、法律の根拠を欠く給付や授益の付与は問題がないものと考えられた。このように、留保の考えは国家からの自由の思想にのみその基準が置かれている。侵害留保は、民主的法律概念すなわち自己支配の思想に基づく。したがって、個人の領域の侵害は当事者の同意によらなければならない。しかし、市民がその予防・統制機能を何如なる形式で行使するかはその自由に属するから、包括授権も可能である。

(2)　このようにして、侵害留保は、一九世紀立憲君主制の憲法構造の要素であり機能である。これは、市民層の代表機関たる議会の参与権限と行為権限による君主の執行府の絶対権力の制限に基づくものであった。執行府の権力は、憲法によって授権されるものではなくして、憲法によって制限されるものであるにすぎない。かくて推定は、執行府の権限のために語る。これは、とりわけ「国家」の内部領域が広範に法から自由な・絶対的性格をもつことを意味する。立憲君主制の基本構造は国家と社会との対立によってよく示される。かつての絶対国家は君主制政府によって代表され、社会は議会によって代表される。両者はともに他より干渉を受けない固有の領域を有する。国家の内部領域（その標語は特別権力関係）と社会の内部領域（その標語は自由と財産）がこれである。本書で用いる構造概念の意味において、明らかに侵害留保は、憲法構造を本質的に規定する機能的性質の要素である。これは、この憲法構造を決定的に形成するものであると同時に、この構造の機能でもある。このようにして、伝統的な形での侵害留保は、一九世紀ドイツ立憲君主制の固有な特性（spezifische Ausprägung）の中に有意味に組み込まれたものであると同時に、自由と財産の侵害に留保が制限されることにおいて、この特性に支配されているのである（Gesetz, S. 169 f.）。

(d) 憲法構造の変革と現代における適法律性原理の内容

(一) 憲法構造の変革は、イェシュの方法的仮設に従って適法律性原理の内容に変動を生ぜしめるはずである。立憲君主制の憲法構造から議会民主制への憲法構造の最も重要な変革を、彼は、執行府の地位及び議会の地位のそれぞれの変化ならびにこの両者の相互関係の変化にみている。いましばらく彼の論述を追うことにしよう。

彼によれば、この変化はまず執行府の地位の弱化に現われている。すなわち、執行府はかっての最高の地位（souveränen Rang）を失ない、言葉の厳格な意味での執行権（vollziehende Gewalt）となった。これに固有の法から自由な領域はもはやなく、これに有利に語る権限の推定はなくなった。つぎに、これに相応して議会の地位が強化される。議会は、最高の国家機関（höchste Staatsorgan）となり、憲法の沈黙するばあいは、これのために権限の推定が働く。このようにして、議会と執行府との関係において、議会はもはや、執行府の自然の自由を制限するものではなくて、これが必要とする活動の権限を新たに付与するのである。統治段階での真に政治的決断に関してのみ執行府は憲法上の活動権限を有するものとして、議会のコントロールに服するにすぎない。しかし、法的規律が可能であり、立法者が行動しうるばあいには、このような法的規律が必要である。けだし、これなくては執行府は何らの権限をも持たないからである。このような議会の優越の地位は、多極的な利益を調整するところとして議会が国家財貨の配分について指導的権限を有する点にもみられる。これは、予算と、いわゆる処分的法律（Maßnahmegesetz）に関する議会の権限に現われているものである（Gesetz, S. 171 f.）。

(二) この議会と執行府の関係の変化は、国家と社会の対立の消滅と密接に結びついている。今日の国家主権においては、全ての国家権力が国民より発する。したがって、議会のみが、新たな、すなわち憲法の中に既に与えられていない権限を他の権力担当者に指定する地位にある。議会は、もはや国家すなわち君主及びその執行府に対立して、社会の利益を代表するものではなくて、議会においてはむしろ国民の多極的な利益の代表者があい集うているのである。このような国家における社会の統合は、市民の参加請求権及び分配することは別にしても、分配されたものに対する要求をも宣言するのである。国家は配分国家（Verteilerstaat）となるのであり、ここでは、配分的正義（iustitia distributiva）を維持しつつ、一方に対しては租税処分により他方に対しては給付の付与により、社会的な調整を行うのである。配分の問題は全ての現代国家において生ずる。しかし、この問題提起それ自体は適法律性原理の内容や範囲にとって決定的なものではない。適法律性原理の特定の形は、如何なる配分がなされているかではなく、誰が配分をしているかの問題によって左右されるのである。このようにして、一定の憲法構造の枠内において、配分の問題が、適法律性原理にとって、法律上の重要性と意味とを持っている（Gesetz, S.173 f.）。

(三)　立法権と執行権との関係から分るように、法律の優越は今日でも従来通り貫徹している。法律の留保は、その積極面では、侵害留保の及んだ範囲は従来通り法律の留保に服せしめる。ただし、概括条項や包括授権でよいかどうかについては、基本法上問題がある。さらに、その消極面では従来の留保は極めて疑問である。そこで、以下においては、まず、留保が侵害に限定されるべきやの問題が、第二に、いわゆる特別権力関係における留保の排除の問題が検討される（Gesetz, S.174 f.）。

(d)の一　給付及び授益における法律の留保

(一)　現代行政の特色は、侵害行政と並んで従来みられなかった規模で生活保障を目的とする給付行政が登場したことである。これは、とりわけ第二次大戦後社会福祉・生活配慮給付が飛躍的に増大し、しかも、実際の必要と不充分な法律の規定のために法律の根拠がない場合にも行政規則によってこれらが付与されることがあり、法律の授権が問題となった。さらに、補助金等の財政援助において、従来の法律の留保が最も強く問題とされることとなった。国家給付とりわけ補助金は、この留保の問題との関連で、個別的授権に基づく場合、分野と目的と額のみを定めて相手方と要件とを行政庁に一任している包括的授権による場合、予算法により基金の管理が概括的に行政庁に委せられ、その分配基準も行政庁の定めるところに委せられている場合、おわりに予算計画にもなく、法律形式にもよらない単なる議会の決議による場合、さらには何らの法的授権を欠くものが区別される。ところで、第一の場合は問題がないにしても、法律の包括的授権、予算法に基づく基金管理及び単なる議決に基づく場合の区別は困難である。また、そもそも給付行政と侵害行政の概念も明確なものではなく、相互に交錯、混合する場合も存する。したがって、道具概念としては、負担と授益の区別が適当である（Gesetz, S. 176 ff.）

(二)　授益的行政行為及び法形式の如何を問わず国家の給付に法律の留保を拡張する問題を取扱うには、まず、種々の概念的混乱を整理しておかなければならない（Gesetz, S. 186 ff.）。

(1)　まず、行政が法に服するという適法性（Rechtmäßigkeit der Verwaltung）の原理からはこの問題について何らの解答を与えるものではない。この原理は、たしかに、法の優越は勿論、留保の問題にも或る程度の意味はある。すなわち執行府の全ての行為は法的な権限に基づくものでなければならないことを意味する。しかし、それは何らかの法的な権限付与の必要を意味するにすぎず、概括条項の形式による包括授権でも充分なことになる。したがって、法律の留保の問題にとっては意味をもたない。この意味で、スイスのルースが、適法律性原理の法治国的理解と区別された民主的理解ということをいっているが、そこでの適法律性原理を、形式的意味での法律なのか実質的意味での法律を考えているのかが不明のままに残されているため、侵害行政以外の行政についての法律の留保の内容はなお不明確のままだといわなければならない。その他、法律の留保なりや優越なりや、包括的授権なりや個別的授権なりやが不明確なまま論じられている例が多い。特に判例は、法治国思想、権力分立原理、基本法二〇条三項などを根拠にしているが、法治国思想からは、直接には適法律性原理の通用性（Geltung）についていうことはできても、その内容については何もいうことができない。さらに、権力分立原理からも、具体的な国家権力分配の内容を引き出すことはできない。最後に、基本法二〇条三項も直接には法律の優越を内容とするものであって、行政作用の如何なる部分が個別的な法律の授権を必要とするかなどについては何もいっていないのである（Gesetz, S.186 ff.）。

⑵　つぎに、法律上規定された限界を越えて給付がなされた場合について、法律の優越なりや留保の問題なりやが充分整理されないまま混乱して議論されていることがある。これは特に、行政行為の職権取消に関する一九五六年のベルリン上級行政裁判所以降同傾向に立つ諸判例とこれに反対するフォルストホフ等の学説にみられる。判例は、違法の授益的行政行為の取消しを法律の（侵害）留保の問題とし、取消し（侵害）には法律の授権を必要としている。しかしながら、侵害留保は、実定法以前に先在する個人の領域があるという考えに基づき、これを侵害するには法律の根拠を必要とするものであって、国家によって与えられた法的地位の取消し・制限を法律の授権の留保に服せしめるものではない。取消しが事実上の不利益を生ぜしめるにせよ、それが利益侵害にとどまり権利侵害でない限りは、法律の留保の問題は生じてこない。しかし、他方、違法行為によって生じた信頼状態や利益状態を考慮することは、フォルストホフのいう如くに、適法律性原理と衝突するというものではない（Gesetz, S.190 ff.）。

⑶　スイスにおいては次第に全部留保の主張がみられるが、これも明確なものとはいえない。まず、フライナーは、国民主権と平等原理を理由として全ての行政行為は法律の根拠が必要であるとしている。しかし、その法律概念の中に慣習法まで含むものなりやも不明であるし、授権の種類もまた不明である。つぎに、インボーデンは、一般抽象的性格の法規を内容とするものが法律であるということから出発し、法律による行政の原理は、第一に法による行政を要求し、第二に行政に関する全ての法原理が通常の立法形式により立法者によって制定されるべきことを要請するものとしている。しかしながら、このような歴史的根拠のない法規概念からは留保の範囲は出てこない。また彼は、本来適法律性原理が権力分立と相結合して包括的留保だったものが後に制限的なものになったというが、これは歴史的に誤まっている。このようにして、法律の留保の範囲の問題は、伝統概念の拡張解釈によってではなく、具体的な特定の憲法構造から解答が出さるべきである（Gesetz, S.196 ff.）。

次に、ドイツにおいてはどうかといえば、通説はなお伝統的見解を維持している。これに対しては、判例上疑問が述べられることがあるし、若干の学説においても全部留保が主張されることがある。しかし、多くの場合、単に行政の法適合性（Rechtmäßigkeit）ないし一般的な法規拘束性をいうにすぎないかが不明である。またルップ（H. H. Rupp）の如く、自由を要求する方向の変化、すなわち国家からの自由より個人の国家への依存性の増大から、給付行政に対する留保の拡大をいう者がある。しかしながら、これは社会的変化より生ずる法政策的要請をいうにすぎず、これより直ちに法規範の内容を導き出すことはできない（Vgl. Gesetz, S. 37, 55）。社会的変化も、一定の憲法構造の中において始めて法的意味を持ちうるものといわなければならない（Gesetz, S. 201 ff.）。

㈢　留保を給付と授益に拡張する問題は、かくして、留保を憲法構造への機能的依存性において把えたばあいにのみ、満足にかつ体系的に解くことができる。

立憲君主制において、執行府に対する立法府の授権は、その必要が憲法上に証明されうる限りにおいて必要である。すなわち、憲法がこれを明示に規定した場合にのみ、執行府は絶対的な活動の自由を失なう。このような規定がなければ、権限推定は君主・執行府のために語る。ところで、一九世紀の立憲思想は国家に対する保護（Schutz vor dem Staat）のみを目的としていたから、国家の給付権限やこのような権限なり制限の手懸りとなるものを欠いていた。したがって、給付や授益が君主並びにその執行府の絶対的権力に委ねられたのはけだし当然といえる。しかしながら、この憲法構造は決定的に変わった。基本法の憲法秩序の下においては、執行府に対する権限推定は最早存在しない。執行府はかっての活動の自由を失なっている。これは最早、憲法上制限されるにすぎないものではなく、その権限を憲法より始めて受けるのである。これはさらに、基本法秩序の構造では、行政（Verwaltung）として真の執行権（echte vollziehende Gewalt）となっているのであり、憲法自体がこれに充分の権限を指定していない限りは、これの全ての行動形式は議会の授権によることになるのである。ところで、議会による付加的な権限付与を不要とする如き、問題となる全ての給付に対する憲法上充分なる授権は存在していない。もしも、黙示的な権限付与の考えとか内在的権限（implied powers）の構成によって憲法上の権限を認めるとすれば、それは結局は執行府に対する権限推定を認めることに帰する。これは立憲君主制の憲法構造には適合するものであったが、今日の憲法秩序には合致しない。同様の理由から、同様の行政の憲法上の包括的な権限の存続を慣習法によって基礎づける試みも排除されるべきである。

議会の授権の必要性はさらに、国家機関の中における最高の機関としての議会の地位からも生ずる。議会の指導的役割は、行政の給付についても妥当するのである（Gesetz, S. 204 f.)。

(d)の二　特別権力関係における法律の留保

(一)　従来、法律の留保は市民対国家の一般権力関係にのみ妥当するものと考えられてきた。この理論の国法上の基礎は、ラーバント及びその後継者による法概念の構成に由来する。すなわち、そこでは特別権力関係は、国家の内部領域（Innenraum）に属するものとして、法の領域をはずれるものとされ、この関係内部においては、法律の根拠を要しない行政規則で足り、同様、個別的行為も留保からは自由な、非法的行為（Nicht-Rechtsakte）とされたのである。この理論の完結性は、O・マイヤーの行政行為の定義においてもみられる（Gesetz S. 206 f.）。

(二)　この法から自由な特別権力関係の理念はここしばらく激しい批判を受け、一般権力関係と特別権力関係の区別は終りを告げようとしているかにみえる。しかしながら、特別権力関係における訓令（Anordnungen）に対しては法律の授権欠缺の批判はなお今日に至るまで成功しているとはいえないのである。

これについての法根拠として次のようなものが挙げられている。

(a)　憲法上の包括的授権

(b)　法律上の包括的授権　(a)(b)いずれも、一、二の特別権力関係についてふれる規定があることからこの関係における授権あるものとする試みであるが、承認できない。

(c)　営造物利用に関しては、権限等の営造物目的による限界があるが、このことから授権を引き出すことはできない。

(d)　任意に入る特別権力関係については、同意は害しない (volenti von fit iniuria) の原理が根拠として援用される。しかし、これは個人領域の侵害について一般的同意としての法律の留保を認めるという考えと軌を一にする。

(e)　最後に、元来法とは無縁とされてきた制度を現行法秩序の中に組み入れるには、慣習法的根拠に依らざるをえない。しかし、個々の特別権力関係についての慣習法上の授権を証明しえて始めてこれも充分とはいえるが、立憲君主制に由来する特別権力関係の法律から自由な規律やこの関係内部における法律から自由な権力行使のための包括的権限を認めることは、全ゆる種類の特別権力関係を包摂する包括的授権としては適当ではない。けだし、かくては見かけはともかく、実際には国家の「内部」に「法から自由な」領域を認めるに帰するからである (Gesetz, S. 208 ff.)。

(三)　いわゆる特別権力関係における留保原則の原則的適用は、憲法構造の変遷とこれに結びついた留保の範囲の変化より生ずる。

特別権力関係における留保の排除は、立憲君主制においては、この関係が国家の内部領域に属するものとされ、絶対主義的な法からの自由が与えられ、したがって、「社会」の干渉すなわち留保原則が排除されたのであった。しかしながら、今日の憲法構造の下では、法から自由な領域は存しないから、このような考えを容れる余地はない。執行府は其の意味での執行権となり、これに有利に働く権限推定は存しない。したがって、その権力は全ての分野において憲法ないし法律上の授権に基づかなければならないのである。このようにして、留保原則に関して、特別権力関係は一般権力関係と原則として同一の地位に立つことになる。

このことは特別権力関係が全て無意味のものというのではない。しかし、憲法上のカテゴリイとしての意味はなくなり、行政法上のカテゴリイに変わったというべきである。すなわち、特別権力関係においてみられる一般の場合以上の基本権行使の内在的制約や裁量の自由は、特別権力関係の憲法上の位置づけからではなく、個々の特別権力関係の特定の性質から導き出されなければならないこととなったのである（Gesetz, S. 211 f.）。

(d)の三　包括的授権と特定的授権

(一)　立憲君主制の下においては、国家と社会の対立を前提とし、留保に服する国家行為は国民代表の同意すなわち形式的法律の根拠にかからしめられた。したがって、授権の種類や範囲の限定はなく、概括条項の形での包括的授権（Globalermächtigung）でも充分だとされた。しかしながら、租税法の発展が示す如く、次第に包括的授権は特定的授権（spezifizierte Ermächtigung）にとって代わられることになった。この特定的授権の主張は散発的にみられたが、この要請が全面的に認められるのは基本法の下にいたってのことである。基本法八〇条からは、命令制定者に対する授権の特定性並びに執行府による将来の立法の予測可能性という一般的原則が導かれる。これと結合して、個別的行為による侵害に関する授権は、侵害行為が法律上の授権に照らして予測可能（meßbar）であり、侵害の種類、範囲が関係者に予見可能である程に、構成要件上特定していなければならないという原理が発展することとなった（Gesetz, S. 213）。

(二)　基本法八〇条一項二号によれば、法規命令制定の授権の「内容、目的ならびに程度」は「法律の中に」規定しなければならない。

連邦憲法裁判所は、当初一貫した判例において、法律制定者は重要な規定を自ら定め、それによって「制定されるべき命令の可能な内容が予見しうる」ようにしなければならない趣旨であると、右の規定を解釈してきた。すなわち授権の内容・目的・程度並びに将来の命令の予測可能性が授権規範自体から直接に充分明らかに生ずるものでなければならず、法律やその解釈から始めて生ずるものであってはならないとしたのである。この見解は、連邦行政裁判所第五部も主張するところであった。しかし、後に連邦憲法裁判所は解釈を変え、授権の内容・目的・程度が法律の条文の中に明示に規定される必要はなく、解釈によって得られるものであってもよいとした。

すなわち、合憲的解釈によって確定可能であり限定可能である場合には、包括的授権も許されることが認められたのである。裁判所の見解に従えば、如何なる「プログラム」を実現すべきかの「手懸り」を用語が与えるので充分なことになる。これは予測可能性の放棄を意味する。いいかえれば、議会による審査と規律の代わりに執行権の解釈、最終的には裁判所の解釈が登場するわけである。ただ注意すべきは、この新しい判例は、経済統制法律に関するものであることである。立法の授権について連邦憲法裁判所が立てた内容上の要請もまた、規律の対象に応じて異なり、経済統制法律では包括的ともいうべき広い授権も合憲とされているが、侵害行政の分野では授権の確定性と限定性並びに将来の命令制定の予測可能性についてかなり厳格な要件が要求されている。さらに、給付行政の分野では、あまり厳格な基準は立てられていない（Gesetz, S. 214 ff.）。

(三) 以上命令の授権についていわれたことが自由・財産の侵害につき全面的に妥当することが判例上認められている。

連邦行政裁判所は、負担的行政行為のための授権は「如何なる場合に、如何なる意味と目的とをもって授権が行使され、授権に基づく処分が如何なる内容を持ちうるかが充分の確実性をもって予見しうる」ように「限定され、かつ充分に特定されたものである」ことを要求している。連邦憲法裁判所も、侵害についての法律の授権には「侵害が予測可能であり、或る程度国民にとって予見可能であり予期しうるように、その内容・対象・目的・程度が充分確定し限定したものである」ことを要求している。この「予測可能性条項（Meßbarkeitsklausel）」は、執行府の行動のための基準を立法者が自ら定立すべきこと、しかも、行政活動と立法者の特定された意思との一致性を裁判所が審査するのを可能ならしめる基準を定立すべきことを意味する。「漠然たる概括条項」は、実効ある裁判統制を排除するが故に許されないのである（Gesetz, S. 218 f.）。

この特定的授権の要求の根拠としては、基本法八〇条一項二号に関する連邦憲法裁判所の判例に従い、特に法治国家原理及び権力分立が援用されている。しかし、権力分立も法治国思想もそれのみで孤立して一義的に確定しうる内容をもつものではなく、憲法の全体構造によって形成されるものであって、こちらの方が立法府・執行府間の権力・権限分配によって特色づけられるのである。したがって、連邦行政裁判所も、白紙委任の禁止を一連の憲法上の根本規範とりわけ基本権の本質的内容の保障、法治国家原理、権力分立原理およびさらに法律による行政の原理そのものを援用して基礎づけている。連邦行政裁判所によれば、法律による行政の原理は「法律が行政の行動の要件や内容を定めず、授権が限定的な具体化されたものでもなく、ただ行政の行動に対して形式的な法律の授権があるにすぎないということによっては不充分である。立法者が行政に、実際には基本権からの一般的免除を内容とするような一般的授権を与える場合には、法律による行政の原理は、その憲法政策的意味を失ない、国家の恣意から市民の自由と財産を守るというとの機能をそこなってしまう」連邦行政裁判所は特定的授権を要請する根拠をして基本法一九条四項に保障された公権力による権利侵害に対する包括的な裁判救済を援用している。これは特に、国家の全侵害権限の「予測可能性」にとって重要な意味がある。けだし、これが実効ある裁判救済にとっての前提要件だからである（Gesetz, S. 220 f.）。

㈣　以上述べるところより、現憲法上種々の問題が生ずる。

⑴　まず、内容上・事項上無限定な包括的授権は、基本法上許されない（Gesetz, S. 222）。

⑵　つぎに、授権の限定性の程度については一般的な提言は不可能であり、行政の活動分野によって区別しなければならない（Gesetz, S. 222）。

⑶　まず、内部関係においては、その目的内容上事項的に限定された授権が必要である。しかし、細かな分配基準は議会が定める必要はない。さらに、授権の形式は議会による権限付与であれば良く、予算でも充分である。ただ単なる議決では足りない（Gesetz, S. 223）。

⑷　外部関係のうち侵害行政の分野では、連邦共和国の憲法構造より予測可能性の要件（Meßbarkeitserfordernis）が生ずる。この関係で最も重要な憲法の規定は、基本法一九条四項である。けだし、この要件は裁判統制

の保障の場合に意味をもつからである。不確定法概念の確定性の如何なる程度が憲法上許されるものなりやの問題も裁判所による予測可能性によるのである。或る一定の場合には法概念の解釈について行政庁に判断の余地（Beurteilungsspielraum）が認められることがあるが、これは例外的場合にのみ認められるものである（dazu vgl. Ermessen AöR 1957, S. 167 ff.）。結局、行政の行動の基準は議会が与えるべきものであり、裁判所は、行政がこの基準を守っているかどうかを審査するのであって、基準を基にして予測をするが予測の基準を自ら与えるのではない（Gesetz, S. 223 ff.）。

(5)　国家による給付及び授益の分野では、議会による授権の最低要件は、議会が給付及び授益にさいして果たすべき指導的・統制的役割（Leitungs-und Lenkungsaufgabe）より生ずる。この任務は、給付その他の授益の付与・配分がただ単に見かけだけ議会によって行われたというのではない程度に授権の目的・内容が実質的に確定し限定されている場合にのみ、果たすことができる。議会による授権は、実効ある授権と権限の拘束的な限定という観点から、法律の形式が必要で、単なる議決では足りない。なお、後述の場合を除き、予算法を含む（Vgl. Gesetz, S. 105, 172, 185）。ただし、これも漠然とした無限定なものは許されない。

右の最低要件は、給付の分野の確定性に尽き、それ以上に出て先の侵害行政について述べたような、予測可能性の見地から内容的に特定・限定された給付基準を要するかどうかは、給付の対象たる分野によって異なる。けだし、最低要件は変遷した憲法構造すなわち議会と執行府の間の関係より生ずるが、予測可能性の要件は行政と市民の間の給付関係の構造によるからである（Gesetz, S. 226 ff.）。

(6)　給付に対する請求権（Rechtsansprüche）は、伝統的理論では法律により又は法律に基づいてのみ認められる。したがって、この関係では予算法は排除される。この請求権ある場合には給付の要件を確定する特定的な授権が必要である。けだし、給付の拒否は負担的行為として行政裁判による審査に服するが、裁判官が審査に際して基準を必要とすることは、侵害行政におけると同様だからである（Gesetz, S. 228 f.）。

(7)　行政の給付権限が規範によって拘束されてはいるが、この規範の要件充足のばあいにも個人が請求権をもたない場合は、授権の限定について特別の要請はない。このいわゆる法の反射（Rechtsreflex）の場合には、瑕疵なき裁量行使の請求権は個人には与えられない（Gesetz, S. 229）。

(8)　裁量による給付の場合。裁量による侵害の場合は、行政庁は侵害の授権を行使するかどうかについては自由があるが、侵害の要件が与えられているかどうかを自ら定める自由を有しない。したがって、この場合には侵害の要件が限定されたものであり、これによってあり得る侵害行為が予測されうるものでなければならない。これに対して裁量による給付の場合は、これが付与されたときには裁判救済の必要はないし、拒否されたときも給付の付与その他の授益が裁量決定によることとされているため裁判統制の基準は必要でない。ただし、全ての裁量には限界があるから、これの違反あるときは疵瑕なき裁量行使の請求権が生じうる。しかし、この請求権からは要件を確定した給付権限の必要性は出てこない。けだし、この裁量の限界は授権法自体とは無関係に存在するからである（Gesetz, S. 229 ff.）。

(9)　最後に、裁量行使の統一をはかるために下級庁に対して出される行政規則における裁量基準も、私人がそれの遵守を裁判所において請求できるという意味の拘束性がある。この裁量基準の拘束性も変遷した憲法構造の結果である。国法上の法と非法の区別を前提とする法規命令と行政規則の従来の区別は最早存しない。ただし、裁量基準の機能は、法規の内容を規範的に補充することを目的とする法規命令とは異なり、行政部内における裁量行使の統一をはかることを目的とするものであるから、法規命令同様の要件に服さず、したがって、予測可能性の要件にも服さない（Gesetz, S. 231 ff.）。

(d)の四　慣習法的授権の限定的妥当性

(一)　留保の範囲が給付、授益並びに特別権力関係の分野に及ぶことになると、行政実務の大部分が違法だといわなければならないことになる。これを緩和し国家実務を新しい憲法状況に適応させるためには、絶対君主制から立憲君主制への過渡期におけると同様、憲法上の継続性（Kontinuität）の原理による他はない。

(二)　この意味で、或る範囲内で、形式的な法律の代わりに慣習法による授権が認められる。しかし、慣習法的授権は、まず内容の点で、特定されかつ限定されたものでなければならず、包括的授権は認められない。つぎに時間の点では、原則として旧来よりあるもののみが認められ新規なものは認められず、さらに、この授権は過渡期を限って認められるものであって、この経過とともに効力を失なう（Gesetz, S. 234 ff.）。

（北大法学論集一八巻三号、一九六八年）〔未完〕

2

戦争と平和の法

――ホッブズの自然状態について――

一　はしがき

(1)　深瀬忠一教授は、長年にわたり、戦争放棄と平和的生存権の確立に、その学問的努力と実践的営為を傾注してこれらた。その成果は、『戦争放棄と平和的生存権』（一九八七年・岩波書店）に結実し、いわば教授の全人格的ないとなみのあとがそこに集約されている。また、教授は、これに先立って、具体的な裁判事件とのかかわりから詳細な研究報告を、『恵庭事件における平和憲法の弁証』（一九六七年・日本評論社）、『長沼裁判における憲法の軍縮平和主義』（一九七五年・日本評論社）などの形にまとめて世に問うとともに、さらに、平和の法思想史研究として「戦争放棄と軍備撤廃の法思想史的研究(1)」（一九七二年・宮沢古稀『憲法の現代的課題』所収・有斐閣＝以下、平和法思想史研究と略称）を公にしておられる。

右の平和法思想史研究は、記念論文集掲載の論文でありながら、A五版抜刷二三六頁に及ぶ大著であって、この問題にかける教授の意気込みの激しさと該博な学問的知識の蓄積のほどを雄弁に物語っている。キリスト教における戦争と平和、ギリシャ・ローマにおける平和思想にはじまる同論文には、読むたびにいつも圧倒される思いがしている。ただしかし、ひとつだけ、素人目からする不満をいえば、そこでは近代政治哲学の祖といわれるホッブズが正面からはとりあげられていないことである。ホッブズは、モンテスキューとルソーの部分で、もっぱら消極的に、自然状態を戦争状態ととらえた過ちを批判されたものとしてのみ引き合いに出されているにとどまる（平和法思想史研究一四四頁、一五二頁）。

筆者は、もちろん、ホッブズが近代政治哲学の祖としての地位を一般に承認されているから[1]とりあげるべきだといった形式的理由から不満をのべているのではない。まさに平和を希求することの強さにおいてホッブズほどに激しい思想家を筆者は他に知らないからである。たしかに、ホッブズは、自然状態における万人の万人に対する戦いの言葉によって有名であり、自然状態を戦争状態としてとらえている。そこでは法もなければ正義もなく、力による弱肉強食の世界が展開しているかのようである。冷徹な現実主義者ホッブズがこのような悲惨な事態を肯定的に眺めているかのような誤解もありうるかもしれない。しかしながら、筆者には、まさに逆だと思われる。冷徹な目で人間の本性を観察するとき、政治社会（コモンウェルズ）なき自然状態が悲惨な戦争状態でしかありえないものであればこそ、ホッブズは、この悲惨な状態から脱却する途としてコモンウェルスの建設しかありえないことを、その『リヴァイアサン』の全体を通じて、終始、体系的、論理的に徹底して論じ尽くそうとしている。戦争という極限状況を描き出すことによって、逆説的に、これを平和建設へのバネとしているといってよい。これだけ首尾一貫して全体を平和の一点に焦点をあわせて論じた文献は他に例が乏しいであろう。

(2)　ホッブズは、自然権によって近代自然法を建設した(2)ことによって知られ、また、政治社会なき自然状態に明確な形を与えたことによって知られているが、その自然状態は、他の著者のものとくらべると、つぎのような違いがみとめられる。

(a)　ごく大まかにいうと、ホッブズの自然状態は戦争状態であるのに対し、ロックの自然状態は自然法が支配する状態であり(3)、ルソーのそれにいたっては、むしろ逆に自然状態こそ平和な状態である(4)。ホッブズの自然状態における人間像に近い先例としては、『リヴァイアサン』(5)においてホッブズが非難攻撃してやまなかった(6)アリストテレス『政治学』(7)の有名な人間は政治的動物であるとしたくだりに続く部分(8)において、自然によってポリスなき人間は劣悪な人間か超人間かのいずれかであるとし、前者は、孤独で戦いを好む者であるとし、また、人間は共同体で完成されたときは動物の中で最も善いものであるが、法や裁判から孤立させられたときには最悪のものである(9)、とする部分がある(10)。

(b)　他の著者の自然状態には二種類の自然状態ないし二つの段階があるのに対し、ホッブズの自然状態は一つである。なぜかといえば、ロックやルソーのように、自然状態が、文字どおりに、そのままで自然法が支配する平和な状態であるならば、およそ政治社会を構成すべき契機が与えられないからである。その契機を求めるとすれば、結局はホッブズ的なものとならざるをえない。これは、ルソーの『人間不平等起源論』の第一部における自然状態と、第二部における自然状態とを比較すれば明白であろう。前者において、ルソーは、ホッブズの自然状態が社会の産物である諸情念を混入したものであるとして批判しつつ、後者において、ルソーは、家族、私有財産、土地の分割などの下で、血を好み残酷となった人間の間での野心、嫉妬心、競争と対抗心によって色どられた戦争状態を描いている。[11] 後者は、ホッブズの自然状態の世界と酷似している。

このように、自然状態を一面においてユートピアとして描くとともに、他面において、ある歴史的発展段階以降を逆にユートピアならぬディストピアとして描く傾向は古くからよくみることができる。たとえば、プラトンの『国家』[12]第二巻第一二章・一三章には、健康な国家（真実な国家）と贅沢な国家（熱でふくれあがった国家）における社会像が描かれている。前者は、つつましいながら、平和で健康な社会であるのに対し、後者は、不必要な欲望にとらわれ、グルメと芸能にうつつをぬかし、プラトンが終始きびしい批判を加えている真似（模倣）の仕事にたずさわる者たち（詩人など）が横行する社会である。[13] 注意すべきは、後者においてはじめて戦争が生じ、このため専門の軍隊（ひいては守護者＝政治支配者）を必要とするとされていることである。[14] また、アリストテレス『政治学』第一巻第九章・一〇章には、財貨の取財術として家政術と商人術とが区別され、前者は必要欠くべからざるもので賞讃されるべきものであるのに対し、後者は、貨幣による国際取引誕生後のもので、交換的で限りがないゆえに非難されるべきものであるとされている。[16] この区別は、ロックによっても採用されている。『国政二論』[17]第二編いわゆる『市民政府論』第五章第四五節では、自然の需要にしたがい労働が所有権を設定した時代と貨幣使用後に共同体内部の協約と同意が所有権を確定した時代とが区別され、また、同八章一一〇節・一一一節において、政治社会発生における正直な時代ないし黄金時代（空虚な野心や邪悪な貪欲が人の精神を堕落させて真の権力と栄誉について誤解させるようになる以前）とそれ以後とが区別されている。ここには、ヘレニズム（ヘシオドス『仕事と日々』[19]など）、ヘブライズム（アダムとイブの楽園追放）を通じて西欧世界に普遍的にみられるユートピア思想である黄金時代伝説のあらわれ[20]をみることができるといってよい。

ホッブズには、このような二段階の自然状態観はみられないが、しかし、戦争状態の一面だけかというとそうとはいえない、二面的な見方があるし、後述のとおり、新約聖書を神の王国の地上における再来の予言と解し、ユートピア思想とも無縁ではないように思われる。

(c) いまひとつ、ホッブズがロックやルソーと異なる点は、伝統にしたがって家族[21]ないし家政から政治社会の発生を論ずるというやり方をとっていないことである。もちろん、ロックやルソーは、家政ないし家族と政治支配ないし政治社会との区別を強調しているが、これは、アリストテレス『政治学』においても全く同様である。[22]ホッブズは、バラバラに分解し孤立させた人間の本性から論じはじめているため、アリストテレスよりはむしろプラトンの『国家』のほうに似ている。ただ、しかし、ホッブズは、設立によるコモンウェルスと並んで獲得によるコモンウェルスをみとめ、後者には専制的支配とともに父権的支配をあげているため、伝統的思想とは無縁ではない。ここにも伝統と断絶したかにみえつつ、伝統の強い残影というホッブズの二面性をみることができる。

(d) ホッブズの自然状態＝（イコール即）戦争状態とする説に対して先の深瀬教授の平和思想史研究にも紹介があるように批判がある。たとえば、ロックは、戦争状態の語を自然法に反する暴力行為が行われた場合に限定しているため[23]、これはホッブズの戦争状態と戦闘行為の区別における後者に近い[24]。注目されるのは、ルソーの『社会契約論』第一編第四章が、戦争は人と人との関係ではなく、国家と国家との関係である、とし[25]、また、モンテスキューの『法の精神』第一編第三章が、戦争状態に個々人相互間と国家相互間との二種類のものがあるとしていることである[26]。ホッブズは、このような区別をしていないと一般にみられている。しかしながら、後の分析検討がしめすように、ホッブズの戦争状態は個人間レベルのものでなく、むしろ国家間レベル、少なくとも集団間レベルのものであって、ここにホッブズの理論をとく鍵があるように思われる。

（3）ホッブズの自然状態が悲惨な戦争状態であることをしめすものとして、必ずといってよいほどよく引かれる『リヴァイアサン』の二つの文章がある。[3]

ひとつは、第一部第一一章の「わたしは第一に、全人類の一般的性向として、次から次へと力を求め、死によってのみ消滅する、やむことなく、また休止することのない意欲をあげる。この原因は、人がすでにえているものよりも強度の歓喜を望むということでは必ずしもなくて、かれが現在有するところの安楽に生きるための力と手段を確保しうるには、それをさらにそれ以上獲得しておかなければならないからである」との文章である。[27]

いまひとつは、第一部第一三章の、このような競争、不信、誇りから争いが生じ、「人びとは、すべての人を威圧しておく共通の力をもたずに生活しているあいだは、かれは戦争と呼ばれる状態にあるのであり、そして、かかる戦争は、各人の各人に対する戦争なのである」とするあまりにも有名な文章のつぎの文段にある「このような状態においては勤労の余地はない。なぜなら、その成果が不確かだからである。したがって、土地の耕作は行なわれず、航海も海路で輸入される財貨の使用も行なわれず、便利な建物もなく、多くの力を要するようなものを運搬し、移動させる道具もなく、地表にかんする知識も時間の計算もなく、技術も文字も社会もない。そしてもっと悪いことは、継続的な恐怖と暴力による死の危険が存在し、人間の生活は孤独で、貧しく、険悪で、残忍で、しかも短いことである」とする文章である。[28]

右の文章のとおりだとすると、ホッブズの自然状態はまことに悲惨な戦争状態ということになる。しかしながら、右の第二の文章の「このような状態においては」の前には、「各人が各人にとって敵である戦争の時代にともなって起こることはすべて、同様に、人びとがかれら自身の強さや工夫によって与えられるもののほかにはなんの保証もなく暮らしている時代にも起こるのである」とする文章があって、まさに、このような時代に限定された話であって、自然状態について一般的に妥当するものとして語られた話では毛頭ない。

このことは、同じ章の後半部分の文章によっても明らかである。すなわち、ホッブズは「おそらく、このような戦争時代または戦争状態は決して存在しなかったと考えられるかもしれない。わたしも、全世界にわたって一般的にそうだったのだと信じているわけでは決してない。しかし、こんにちでも、多くの地方の人びとがそのような生活をしている」として、アメリカの多くの地方の野蛮民族の場合と内乱におちいった場合の二例をあげたあと、「しかし、たとえ個々の人びと相互に戦争状態にあった時代がまったく存在しなかったとしても、あらゆる時代において、国王や主権者はかれらの独立性のゆえに、たえざる嫉妬のうちにあり、剣闘士の構えと態度で互いに武器を擬し目を注いでいる。かれらの王国の境界にある要塞や守備兵や鉄砲およびかれらの隣国にたいする絶えざる間諜がそうであって、これはすなわち戦争の態勢である。しかし、かれらはそうすることによって、かれらの臣民の勤労を維持しているのであるから、個々の人びとの自由にともなう悲惨は、それからは生じてこないのである」としている。(29)

この文章では、個人相互間のレベルにおける戦争状態と、国家間のレベルにおける戦争状態とが明確に区別されている。しかも、後者によって、前者が解消され、個人間レベルではその勤労が維持され自由にともなう悲惨が生じないとされているから、まさに後者によって、先にいわれた悲惨な状態が解消するものとされている。(30) 国家間の戦争状態によって、国内平和が維持されるといってもよい。戦争といい、平和といっても、多元的であるといわなければならないであろう。

いまひとつ、重要なことは、ホッブズは、第一部第一三章で自然状態を論じたあとで、それに続く第一四章、第一五章において、実に詳細に自然法を論じていることである。この部分の理解のいかんによって、自然状態の理解もおのずから異なってくる可能性があるであろう。

(4)　本稿はホッブズの『リヴァイアサン』を素材として、つぎの二つのことを主たる検討対象とする。ひとつは、ホッブズの自然状態における自然法といわれるものの性格・根拠を検討する。とくにコモンウェルス成立後の市民法との関係、自然法と市民法の両者について、その窮極の妥当根拠は何か、を探究することとしたい。

他のひとつは、戦争と平和の多元的な相互関連を探究するため、国内平和と国際平和の題名の下で、個人間ではなく、むしろ国家間ないし諸団体間の戦争状態を検討する。そこでは、おのずから、ホッブズの全体の理論構成における伝統との断絶（すなわち、バラバラに分解され孤立させられた個人の次元における人間の本性からの出発）とは裏腹にある伝統の残影（家族、党派などの諸団体）を発掘し、ホッブズ理論の二面性を浮き彫りにすることになる。

さらに進んで、いまなお憶測の域を出ない仮説であるが、第二の検討課題である多元的な構造をもって、第一の検討課題である自然法および市民法の妥当性の窮極の根拠、もしくは、少なくともこれを補強する実質的根拠だとする説を展開してみたいと考えている[31]。

なお、最後に、これまた大ざっぱな憶測であるが、論者における国内平和ないし国内政治支配の理論的構造のいかんと国際平和に対する論者の態度の関連をごく簡単にみておくこととする。

いまひとつ、筆者のかねての関心事は、プラトンの『国家』とホッブズの『リヴァイアサン』の間の類似性である。プラトンは魂の構造の三区分から出発して人間の種族の三区分、国家構造を導き出し、さらに、国制の種類まで導き出すという全体構成をとるとともに、国家の理想像を統一性をもった一人の人間像に求めている。しかも、この人間像は神の似像を範として描き出されるものである[32]。おまけに、その第九巻第一二章には、多頭の怪物、ライオン、人間の三つからなる一つの人工的人間像を描き出しているから[33]、これまた人工的人間像であるホッブズのリヴァイアサン像に共通するものがある。ホッブズは『リヴァイアサン』の序説で、人間を素材しして人間がこの人工的人間を創造するといとなみは神が人間を創造するいとなみを模倣するものだとしている。このたとえ話と、同書第三部「キリスト教のコモンウェルス」における「神の王国」論との関係、とくに聖書によって神の王国と地上の王国であり、過去には存在したが、現在はいまだ存在せず、将来来るべきものであるとする理論とのそれは、ひとつのユートピア思想に仮託して、自己の理想の将来における実現を描く寓意をもつものと理解することもできそうである。実は、後述のように、本稿執筆のきっかけは第三部の謎ときにあるが、謎の第三部をふくめて、『リヴァイアサン』の全体構成を探究することも本稿のひそかな課題のひとつである。

二　自然状態、自然法と市民法

(1)　自然法の由来

ホッブズの『リヴァイアサン』第一部の第一四章と第一五章には、自然法、すなわち、第一の基本的自然法にはじまって、第一九の自然法におよぶ一九の自然の諸法があげられている。かりに、このような自然法が自然状態を支配しているものとすれば、ロック[34]の場合と同様に、自然状態は悲惨な戦争状態ではないということになる。ホッブズの自然法は、いかなる内容・性格などをもつものであろうか。

まず、その自然法は、なにに由来するものであろうか。

ホッブズは、第一部第一三章の終わりの部分[35]で、悪い自然状態から脱却する可能性はあるのであり、その可能性は、一部は諸情念に存し、一部は理性に存するとして、「人びとを平和に向かわせる諸情念は、死への恐怖であり、快適な生活に必要なことを求める意欲であり、かれらの勤労によってそれらを獲得しようとする希望である。そして理性は、人びとが同意する気になれるような都合のよい平和の諸条項を示唆する。これらの諸条項は、自然の諸法とも呼ばれる」としている。

(a) 人びとを平和に向かわせる諸情念が存在することは、すでに第一部第一一章の先に引いた「次から次へと力を求め、死によってのみ消滅する、やむことなくまた休止することのない意欲」の少しあとに[36]、「生活を楽にするものや肉感的快楽への意欲」、「死や傷害への恐怖」、「知識および平和的もろもろの技芸への意欲」は、いずれも人びとを「共通の力にしたがおうという気持ちを抱かせる」ものとし、「抑圧への恐怖は、人をして、社会の援助をすすんで求めさせる」などとするところに明らかである。また、『リヴァイアサン』の最後の「総括と結論」の部分の初めのところにおいても[37]、「人びとの意見や生活態度一般が対立的」であり、「名誉と財産と権威をもとめる永遠の闘争」のほかにほとんどなく、「不変の市民的友好をもつことは、不可能だ」とする通念に対して、ホッブズは、「困難なことではあるが、不可能なことではない、とこたえる。なぜなら、教育と規律によって、それらは和解させられうるし、ときには、和解させられているからである（中略）。したがって、人間の本性は、市民的諸義務と、ある人びとが考えるほど一致しないものではない」としている[39]。

(b) ホッブズが、第一部第一三章で[40]、「人間の本性のなかに、われわれは、争いの三つの主要な原因をみいだすのである。第一は競争であり、第二は不信であり、第三は誇りである。」としてあげているものは、第一が支配への競争であり、第二はこれに対する防衛であり、第三は「直接自己の一身にかかわるものであると、間接に自己の親戚、友人、国民、職業、家門にたいするものであるとを問わない」のであって、これら三つは、そのほとんどすべてのものが個人間レベルのものではない。すなわち、これら個人レベルの本性のなかにとうぜんにみられるものではないゆえに、万人がこれらにかかわりをもつものとはとうていいうことができないのである。

(c) そもそもホッブズがいう「力の競争」における「力」は、のちにくわしくみるように、個人レベルのものではない。すなわち、第一部第一〇章の最初の「力」の定義における「生まれつきの力」ではなくて、「手段的な力」である。後者は党派・同盟の力のように、いわば社会的に合成された力である。

(d) このように、力の競争における力が社会的に合成された力だとすると、少なくとも、その部分社会内部においては平和が必要である。プラトンの『国家』第一巻第二三章(41)で、不正は正義よりも大きな力をもち強いと主張するトラシュマコスに対し、ソクラテスが、「国家にせよ、軍隊にせよ、盗賊や泥棒の一味にせよ、あるんはほかのどんな族《やから》でもよいが、いやしくも共同して何か悪事をたくらむ場合に、もし仲間どうしで不正をはたらき合うとしたら、いささかでも目的を果たすことができるであろうか?」との質問をして、できないとするトラシュマコスの返答に、「〈不正〉はお互いのあいだに不和と憎しみと戦いをつくり出し、〈正義〉は協調と友愛をつくり出すものだからだ」と理由づけている部分が想起されよう。力の競争、戦争を行うには、まず、そのための力を合成するために、協調と友愛が必要なのである。

(2)　自然法の内容

ホッブズの自然法は一九の命題にまとめられているが、さらに、大まかに整理してみると、つぎのようなものである。

(a)　まず、基本的な第一と第二の基本的自然法があげられる。

第一の基本的自然法は「①各人は、平和を獲得する望みがかれにとって存在するかぎり、それへ向かって努力すべきであり、②そしてかれが、それを獲得できないときには、戦争のあらゆる援助と利益を求めてかつ用いてよい(42)」である（括弧内原文イタリック・邦訳の傍点を省略し、説明の便宜上①②を付した）。

第二の自然法は、第一の①から導かれるものであって、「①人は、他の人びともそうであるばあいには、平和と自己防衛のためにそれが必要だとかれが思うかぎり、すすんですべてのものごとにたいするかれの権利を捨てるべきであり、②そして、他人が、かれにたいしてもつことをかれが許すような自由を、他人にたいして自分がもつことで満足するべきである(43)」である。この第二の①は、権利の放棄を、その②は、留保すべき権利の範囲をさだめている。ごく大まかにいうと、第一の①は、自己保存のための全面的な権利（自然権）をさだめたものと解され、そのなかには、自己一身の防衛権のほかに、他人と協力して相互防衛する権利（他人のため必要な第三の他人を侵害する権利）や正邪・善悪の判断権などをふくむが、そのうち、ここの第二においては、自己一身の防衛権のみを留保し、その他のものを放棄すべきものとすると解される(44)。

(b)　第三の自然法は、正義であって、「人びとは結ばれた信約を履行すべきだ」を内容とし、先の第一、第二と並んで、ホッブズのコモンウェルス理論上、最も重要な自然法なしている。これによれば、正義は信約の履行であり、不正義は信約の不履行にほかならない(45)。このように、正義の根拠は、信約を履行すべきものとする自然法にある。しかしながら、自然状態にあっては、不履行の恐れが除去されていないから、信約は有効とはいえない。したがって、「正義および不正という名辞が存在しうるためには、人びとが信約破棄から期待する利益よりもいっそう大きな罰により、かれらに平等に信約の履行を強制し、かつまた、人びとが相互の契約によって、かれらが放棄する普遍的権利の代りに獲得する所有権を、確保すべきなんらかの強制力がなければならない。そのような力は、コモンウェルスの樹立以前には存在しない（中略）。このようにして、正義の本質は、有効な信約を守ることに存するが、信約の有効性は、人びとにそれを守らせるに十分な、社会的権力の設立によってのみはじまり、それと同時に所有権もまたはじまる(46)」とされる。

自然状態においてすでに契約の拘束力をみとめ(47)、所有権の存在をみとめる(48)ロックと異なり、ホッブズにあっては、これらコモンウェルスの樹立による社会的権力をまたなければならない。しかしながら、のちにのべるように、コモンウェルスの樹立そのもの、すなわち、第二の自然法の①による権利の放棄(49)は、その信約が守られてはじめて有効である。すなわち、まさにこの第三の自然法が守られてはじめて有効となる。信約は強制力なくしては有効ではない。しかし、強制力の基礎は信約にある。ここに大きなパラドックスがある。この矛盾をとくことが本稿の目的である。

(c)　第四ないし第八の自然法は、第三の場合のように信約（権利の相互譲渡）が先行する場合ではなくて、恩恵（無償譲与）や逆に犯罪が先行した場合やなにも先行しない場合の他人に対してとるべき態度にかかわる。

第四（報恩）は、恩恵が先行した場合で、「相手から、たんなる恩恵によって利益をえた者は、それを与えた者が、かれの善良な意志を後悔するもっともな原因をもたぬようにと、努力すべきである[50]」であり、逆に、犯罪が先行する場合について、第六は「過去に罪を犯した者が後悔して、許しを乞うならば、将来についての保証にもとづき、許してやらなければならない[51]」とし、第七は「復讐において、人びとは過ぎ去った悪の大きさをみないで、きたるべき善の大きさをみるべきだ[52]」とする。第五と第八はなんらこのようなものが先行しない一般的な場合について、第五（柔順）は「各人が自分以外の者に自己を適応させようと努力すること[53]」であり、第八（傲慢の禁止）は「だれでも、行為、言葉、顔付き、身振りによって、他人を憎悪または軽視していると表明しないこと[54]」である。

(d) 第九と第一〇は、ふたたび基本原則を内容とするものであって、第九（自惚れの禁止）は、「各人は他人を生まれながらかれに等しい者と認めること[55]」であり、平等原則の承認を内容とし、第一〇（尊大の禁止）は、「平和の状態に入るさいには、いかなる人も、自分以外の人が留保すれば自分が満足しないような、いかなる権利をも、みずから留保することを要求しない[56]」であって、第九の平等原則によるとともに、第二の基本的自然法の②と重なっている。

(e) 第一一ないし第一四は、争論の裁断（裁判官および仲裁者の仕事）において平等原則にしたがった処理（平等な配分）を内容とする。

まず、第一一（衡平）は、「もし、ある人が、人と人とのあいだを裁く仕事を託されたならば、かれらのあいだを、平等に処理すること[57]」という配分的正義[58]を内容とする。第一二ないし第一四はこれを具体化したものであって、第一二（共有物の平等な使用）は「分割できないようなものは、共同で利用できるならば、そうすること、そしてもしそのものの量が許せば、制限なしに、そうでなければ権利を有する者の数に応じてそうすること[59]」

であり、共同利用も分割もできないものについて、第一三は「全権利が、あるいは（交替に利用することにして）最初の占有が、くじによって決定されること[60]」とし、第一四は、最初の占有者または最初に生まれた者に、くじによって獲得された者と判定して、与えられるべきであるとする[61]。

(f)　最後に、第一五ないし第一九は、裁判にかかわる。第一五は「平和を仲介するすべての人びとが行動の安全を保証されること[62]」であり、第一六は「争論をしている者はかれらの権利を仲裁者の判決に服従させること[63]」である。第一七以下は公平な裁判を目的とするものであって、第一七は「だれも自分自身の裁判官たりえない[64]」、第一八は「当然に不公平となる理由をもつ者は、裁判官であってはならない[65]」、最後に第一九は「事実にかんする争論において、裁判官は（他の証拠がなければ）一方を他方以上に信用することはできないから、第三者などの当事者以外の証人によらなければならない[66]」である。

(3)　自然法の性格

問題は、以上のような内容をもった自然法はいかなる性格をもつものであろうか、である。つぎの諸点があげられる。

(a)　まず、ホッブズによれば、「自然法は、内面の法廷において義務づける。いいかえれば、それが行なわれるべきだという意欲をもつように拘束するのである。しかし、必ずしもつねに、外部の法廷において、すなわち、自然法が行為に移されるように拘束するものではない[67]」との性格をもつ。その理由として二つのことが考えられる。

ひとつは、自然法の内容自体に由来するものであって、第一と第二の基本的自然法の内容が無条件のものではなく、条件付きのものであることによる。第一の①によれば、平和の可能性があるかぎりにおいて平和に向かって努力すべきことととなっている。また、第二の①によれば、より具体的に、他の人びともまた権利を放棄し、かつ、自ら平和と自己保存のために必要だと思うかぎりにおいて権利を放棄すべきこととなっている。このような条件がみたされないかぎり、すなわち、他の人びとが自分に対して同じ自然法を守るという保証があるゆえに安全であることの保証がある場合でなければ、自ら進んで自然法を守ることは要求されていない。

他のひとつは、コモンウェルス樹立後の市民法との比較において、後者が主権者の命令として違反に対して罰則による強制力をもつため行為を拘束することができるのに対し、自然法は、これを欠くために、内面の法廷である良心を拘束するにとどまることである。

この二つの理由は区別される。しかし、前者によって、権利を放棄することが、後者において、各人の放棄した権利を統合してコモンウェルスの主権者の権力を合成する（個人の剣を公共の剣に代え、私の理性を公共の理性に代える）ことにほかならない、この両者は、盾の両面としての性格をもっている。

(b)　自然法は道徳律である。それは、内面の法廷においてのみ義務づけるものであり、後述の市民法をまってはじめて法となるもの(68)である。ホッブズは、この自然法に関する学問が真の道徳哲学であるとしている。この意味で、ホッブズは、道徳と法を区別している。それでは、ホッブズの道徳哲学の特色はどのような点にあるのであろうか。

第一に、ホッブズは、最高の善を平和とし、上記の自然の諸法にみられる正義、報恩、衡平などをその手段とする(69)。道徳哲学は、人類の交際と社会における善悪に関する学問であるが、個人の欲求が善悪の尺度であるかぎり、人は戦争状態をさけることができない。バラバラに分解された個々人の本性から出発し、人の平等という基本的前提に立って、この問題を解決する途は、徳の本質を「平和な社交的な快適な生活への手段」とするほかないものとみる。この見地から、ホッブズは、徳の本質を「諸情念の中庸性」におく見解を批判している。

このような「諸情念の中庸性」に徳をおく見解の代表例として、『ニコマコス倫理学(70)』におけるアリストテレスが想起される。アリストテレス『政治学』は、これを政治の世界に移して、その第四巻第一一章(71)において、徳が中間だとするならば、中間の生活が最善の生活であり、これを体現する「中間の人々」が少数の富裕者と多数の貧困者のほかに相当数をしめる生粋の寡頭制と極端な民主制との「中間的な国制」が実際的見地からする最善の国制であるとし、[72] また、その第三巻第一六章では、[73] 同様に、「法律は中間のもの」だからという理由で、人の支配よりも法の支配のほうが優れているとしている。このアリストテレスの政治理論は、主人的支配（デスポティアー）と政治家的支配（ポリティーケー・アルケー）とを区別し、[74] あるべき国制のメルクマールである後者においては、国民の平等を前提としているから、そのかぎりで、ホッブズの理論と類似している。しかしながら、アリストテレスにおいては、あらかじめ国民概念そのものが能動的な国民に限定されている。[75] 理論上あるべき最善の国制においては、社会構造上、筆者が講義でよくいう「士農工商」のうち「士」だけが国政に参加すべき国民とされている。[76] そこにおいては、平等な国民が順番に国政に参画するゆえに、政治支配の根拠が深刻な問題の対象とされていない。また、もともとアリストテレスにおいて、国家は個人によって構成されているのではない。複数の家共同体が村共同体を構成し、それが複数集まって国共同体（ポリス）を構成するから、[77] 国家と国民の構成単位は家族である。[78] 政治・経済・文化・宗教等の単位である家（オイコス）を基礎とするため、中間層の存在による安定化機能といった社会経済的基盤にまで目が及ぶ反面、政治の基盤となる社会構造について、おのずから、「士農工商」的な身分観によって政治的徳の帰属がきめられてしまっている。国制の種類によって、国民の範囲が拡大されるにせよ、そこには国民の種類による国家参加の範囲・程度の差異がみとめられる。

　これに対して、ホッブズは、万人の平等から出発しているから、なによりもある人が他の人を支配する政治支配の根拠が理論的に明らかにされなければならなかった。そこにおける人間像は優劣のない平均人[79]であり、また、バラバラに分解された個人レベルでの人間の本性を前提とする以上、この根拠もまたこの万人に共通の個人レベルの人間の本性の中に求めるほかないことになる。いわば人の意欲を平和に向けるべき理性の指示が自然法である。

(c)　各人が自然権を所有する万人の平等を徹底するとき、政治支配の根拠としての権力（正統性）を個人の意志すなわち同意に求めざるをえない（社会契約説）[80]が、ホッブズはさらに、政治支配の手段としての権力（力）も個人レベルの力の合成によってえられるものとしている。すなわち、コモンウェルス設立契約は、多数決によって選んだ主権者にみずからを統治する権力を放棄し授権することを内容とする各人相互間の（全員一致による）契約であるが、これによって各人全員の「あらゆる権力と力」とが主権者に与えられ、主権者は、「人びとの平和と共同防衛に、全員の力と手段を利用する」ことができることとされている。[81] そうだとすると、この点からも、これら各人の「権力と力」は、自然法においてすでにその存在が許容されていなければならない。上記のように、ほかならぬ第一の基本的自然法こそは、自己保存のためあらゆることをなしうる自然権をみとめたものであり、第二をはじめ、他の自然の諸法はことごとくこの基礎のうえにきずかれている。ホッブズの自然法は権利の体系であり、我田引水的にいえば、権利自由前提原則をとっている。そして、この「自然の権利すなわち人間の自然的自由は、市民法によって縮小または抑制されうる（中略）。法が生じたのは、相互に害することなく助け合い、共通の敵にたいして結束するように、個々人の自然的自由を制限するため」である。[82] 自然法が権利の体系であるのに対し、市民法は主権者の命令であり、義務づけるものである。この意味で、道徳と法は区別される。

(d)　自然法の究極の妥当根拠は何であろうか。ホッブズは、これを一七世紀のイギリスを支配していたキリスト教の宗教的権威に求めているようにもみられる。[83] ホッブズは、自然法を「神の言葉」の中にのべられたものとしては法であるとし、[84]「神の永遠の法」であるとし、[85]「自然法は、永遠かつ普遍的であるからすべて神的なものである」とし、[86] 理性の諸原理ではないとしても「聖書の権威からでた諸原理」であるとし、[87]「良心のほかに自然的正義の法廷はないのであって、そこでは、人間ではなく神が治め」るものとし、[88]「神の諸法」が同時に自然の諸法であるとする[89]などしている。また、自然法の全体を要約して、「おまえがおまえ自身にたいしてなされるのを欲しないようなものごとを、相手にたいしてしてはならない」と福音書の法になぞらえ、[90]さらに、主権者の本質的諸権利について十戒のたとえによって説明する[91]などしている。これらをみると、ホッブズも、ロック同様に、[92]自然法を神の権威によって基礎づけているとみることも不可能ではないかもしれない。[93]

とくに、その第三部の「キリスト教のコモンウェルス」が第二部以上の分量をもって書かれている理由もここに求められる余地がある。しかしながら、第三部の内容は、徹頭徹尾、理性的かつ世俗的に理解されたキリスト教であって、まず、キリスト教の教義の典拠を聖書に限定し、聖書を正典たらしめている権威（さらにそれを解釈する権威）は地上の政治的権力にもとづくものであるとするなど、[94]いやしくも万人の平等から出発するかぎり、神の言葉が万人の自然の理性によって理解できる自然の言葉である場合以外の、特定者に対する超自然的な啓示である予言的な言葉であって、理性をこえるものである場合であっても、自然の理性に反するものではなく、[95]また、この言葉を人に仲介する者の権威は、人と人との間の権威である以上は、人が服従することを同意した政治的権力によるもの以外にはありえないとする立場によって一貫されている。[96]聖書の権威によりつつ、これまた理性の権威によって基礎づけられている。少なくともこの両者は対等なものであるとさしあたりはみておくことにしよう。[97]

（4）　自然法と市民法の関係

自然法は、内面の法廷において義務づけるにとどまるから、法としては不完全である。義務履行を担保すべき強制力を欠いている。コモンウェルス樹立後、国家実定法である市民法が完全な意味での法として登場する。この市民法の性格や自然法との相互関係はどのようなものとされているのであろうか。

（a）　市民法は、主権者の命令である。[98]主権者がコモンウェルスにおける唯一の立法者であるが、市民法は、コモンウェルスの成員を拘束するために、主権者が作ったものである。慣習も時の力によってではなく、主権者の同意によって法となる。[99] 伝統的社会において法とはむしろ古くよりの慣習である。たとえば、アリストテレスの『政治学』[100] において法の支配をいうとき、成文による法律ではなく慣習による法律であり、慣習による法律の支配は人の支配にまさり、人の支配は成文による法律の支配にまさるものとされている。これに対して、ホッブズは、人が人為的に作るものとしての近代的立法の概念を確立したものといえる。法の解釈もまた主権者の権威にもとづくものでなければならないから、主権者の権威にもとづいて任命された人びと（個別事件について判決を下す裁判官がその代表例）が解釈者である（著作者たちの権威はいかに真実な意見であってもこれにあたらない）[101]。

(b) 刑罰的な法の分野においても、市民法がないところに犯罪はない。[102] 事後法によって犯罪としたり、より重い処罰をすることはできない。[103] これらは罪刑法定主義[104] に相当するものであるが、いわばホッブズの実定法主義は刑事法の分野においても貫徹していることになる。所有権も市民法にもとづくから民事法の分野も同様である。[105]
それでは、コモンウェルスにおいて、主権者の権威から出た実定法ではない自然法は存在の余地はないのであろうか、というと、そうではない。そのわけは、元来、市民法は、自然法上の個々人の自然の権利すなわち自然的自由を前提として、平和の目的のために、これを縮小または抑制するものだからである。[106] それゆえ、自然法は、コモンウェルス樹立後も、市民法に吸収されて存在を失うことはなく、相応の機能をはたすものとされている。

① 一般人に対する関係において、市民法が主権者の権威によることを明示するため公布・布告を必要とするのに対し、公布・布告を必要としないで万人の理性によって知るべき自然法の存在がみとめられている。[107] このことから、刑事法の分野においても、市民法を知らないことはときにはいいわけになるが、自然法を知らないことはいいわけにはならない。[108]

② 主権者に対する関係において、主権者は、コモンウェルス設立契約（信約）の当事者でないがゆえに信約破棄の責めをおうことなく、[109] また、市民法は主権者の意志であるがゆえに市民法に拘束されることもないとされているが、[110] 王の王たる神の諸法である自然の諸法は全人類を義務づけるがゆえに主権者も拘束される。[111] 第二部の

結論は、「臣民は、その服従が神の諸法にそむかないあらゆることについて、主権者にたいして単純に服従すべきこと」であって、それゆえ「神の諸法とはなにか」が第三部において探究される必要があった。[112]

③ 自然法による主権者の拘束は、具体的には、その公的代行者に対する関係において生ずる。まず、公的代行者（裁判官など）は、その行為（判決など）をする際、公的理性である主権者の理性と合致しなければならないが、主権者はつねに衡平であると解されるから、公的代行者もそうであるように自然法に拘束される。[113] また、自然的衡平に反する法を作ることはできないし、不条理な先例に拘束されない。[114] さらに、立法者の意図はつねに公平であると仮定されるから、明文の法が合理的な判決を十分に権威づけていないとき、自然法をもっておぎなうべきである。[115]

④ 最後に、主権者の他の主権者に対する関係は、諸国民の法によるが、これは自然法と同一物である。[116]

(c) 自然法と市民法の相互関係について、ホッブズは、つぎのようにいう。「自然の法と市民法は、相互に他を含み、その範囲をひとしくする。というのは、自然の法は（中略）、本来、法ではなくて、人びとを平和と服従へ向かわせる性質なのである。コモンウェルスが、いったん設立されると、そのときに、それは現実に法となるのであって、それまでは法ではないのである（中略）。それを拘束的なものとするには、主権の命令が必要であり、それらに違反する者にたいして罰則が定められるべきなのである。それ故、これらの命令は、市民法の一部であり、したがって、自然の法は、世界中のあらゆるコモンウェルスにおいて、市民法の一部である。それに対応して、市民法もまた自然の命令の一部なのである。というのは、正義いいかえれば信約を履行することと各人にそれぞれのものを与えることとは、自然の法の命令だからである。だが、コモンウェルスの各臣民は（中略）、市民法に服従することを信約したのであって、それ故に、市民法への服従もまた自然法の一部なのである」。[117]

これによると、自然法は市民法の一部であると同時に、市民法は自然法の一部である。両者は、相互に他を含み、その範囲をひとしくする。しかし、なによりも注目をひくのは、自然法に実効性を与えるものは市民法であるが、自然法に強制力を与えて、まさに拘束力ある市民法とするところのものが、ほかならぬ信約を履行すべきだとする自然法（正義の原則）に求められていることである。信約の有効性は市民法による強制力をまたなければならなかったが[118]、その市民法に根拠を与えるものは自然法だといわなくてはならない。

(d) 自然法こそは市民法の根拠だとする一見驚くべき結論は、主権者の職務を論ずる第二部第三〇章のつぎの文章[119]においても明らかにのべられている。すなわち、主権者にとって、「かれの本質的諸権利の基礎や理由について、人民を、無知のままあるいは誤解しているままにしておくことも、かれの義務に反する。というのは、そうしておいたなら、コモンウェルスがそれらの行使と運用を必要とするさいに、人びとは、かれに抵抗するように誘惑され引き入れられやすくなるからである。そして、これらの権利の基礎は、いかなる市民法や法的処罰の脅威によっても維持されえないものだから、それだけますます、熱心に正しく教えられる必要があるのである。というのは、反乱（およびすべての主権の本質的権利への抵抗）を禁止する市民法は、（市民法としては）なんら義務づけうるものではなく、ただ、誠実の違反を禁ずる自然の法によってのみ義務づけうるものなのであり、人びとがもしも、その自然的義務をしらなければ、かれらは、主権者が作るいかなる法についての権利もしりえないし、また、かれらは、処罰についても、それを敵対的な行為とのみ考え、自分たちが十分に力があると思うときには、かれらは、それを敵対行為によって回避しようと努めるからである」。

抵抗権を実定法上の権利として承認することの理論上の困難についてはしばしばいわれるところであるが[120]、逆に、抵抗権禁止の根拠が実定法ではなく自然法にあるとするホッブズの説は一見奇異な感じを与える。たしかに、コモンウェルスの樹立そのものが、設立によるものであれ、獲得によるものであれ、各人の同意という信約にもとづくものであること、この信約を破棄して主権の権威を否定する者は臣従の関係を離脱したコモンウェルスの敵として処せられること[121]、これらのことからの論理的帰結として説明することは不可能ではない。また、自由かつ平等な、バラバラに分解された個人から出発して政治社会を構成する方法をとるとき、主権者の本質的諸権利といえども、その最終の妥当根拠としては、各人の内面の法廷にこれを求めるほかない。それゆえにこそ、『リヴァイアサン』は第二部で閉じることなく、第三部を必要としたと解することもできよう。

しかしながら、宗教的権威もこの地上においては政治的権威によって基礎づけられ、その市民法は自然法に妥当根拠をもち、その自然の諸法はすなわち神の諸法であるというのでは、堂々めぐりが止むところがない。信約の破棄は市民法による処罰という恐怖をともなうがゆえに、信約の履行が強制力をもって確保されているが、この強制力も究極的には信約を守るべきであるとする自然法によるというのである。ホッブズにおいては、人間の闘争性と社交性、自由と権力、自然法と市民法、宗教的権威と政治的権威など、元来、矛盾対立するはずのものが、いわば尖鋭に矛盾対立することのまさにそのゆえをもって、きわどく調和させられているところに限りない魅力がある。とはいうものの、この堂々めぐりはどこかで断つ、断ち切らないまでも、メスを入れて断面を見る必要がある。

その手がかりは、やはり第一と第二の基本的自然法の中にある。まず、第一の自然法は徹底した個人の自由の承認にある。その上に立って、第二の自然法においても、権利の放棄（留保）による権力への統合を各人の自主的判断に委ねている。元来、ホッブズにおいて、「人間の価値すなわちねうちとは、他のすべてのねうちと同じく、かれの価格である。すなわち、かれの力の効用にたいして与えられるであろう額に等しいのである。それ故、それは絶対的なものではなく、他人の必要と判断とに依存している（中略）。他のものごとにおけると同様に、人間についても、売手ではなく買手がその価格を決定する」[122]ものであった。「力の効用」すなわち権力の価値もまた買手が決定することは、各人の自由を前提とする以上、当然のことである。権力の場合の「力の効用」は、保護の能力であって、ホッブズは、この能力のいかんに臣従をかからしめ、コモンウェルスの三形態（王政、民主政治、貴族政治）[123]間の差異、家族と王国の違い[124]、捕虜の勝利者への臣従の自由[125]、戦勝国への臣従の自由[126]、新しい権力に降服する自由[127]、等々をみちびき、その最後の「総括と結論」の終わりの部分に「保護と義務との相互関

係を示すという意図だけで、最後まで書いてきた」といっている。(128)

この保護の能力は、きわめて相対的である。力はつねに他の力との比較において価値をもつ。それゆえにこそ、力の競争が生ずる。コモンウェルスは、この力の競争による戦争状態に終結をもたらし、ある範囲と程度において安定した平和な状態をもたらす。しかし、力の競争が全面的に終結するわけでないことは、ホッブズ自身、新しい権力への降服の自由をみとめることによって承認している。コモンウェルスの内外には、力の競争が続いている。人工的人間であるコモンウェルスは、内乱による自然死、戦争による暴力死の危険につねにさらされている。であればこそ、内外の平和を願ってホッブズの理論があるのであるが、しかし、このような状況を前提としつつ、あくまで買手の論理をつらぬいて、買手に対し信約の履行が有利なゆえんを説得しなければならない。さきにふれたように、権力放棄と代表者（主権者）への授権という信約による権力への統合には、象徴的意味（正統性）のほかに、手段としての権力調達という現実的意味があるから、信約の履行はそれ自体、権力の保護能力を高める機能をもっている。しかし、単一の権力との関係においてではなく、複数の権力が存在するという現実の世界において、信約の履行の有利さが説得的に説明される必要がある。現実の世界は、多数の権力と力が存在し、戦争と平和は、それらの権力・力それぞれの内外・相互間において、多元的に存在している。そこにおいて、買手の選択の自由の余地は、現実に、どの程度存在しうるのであろうか。

三　国内平和と国際平和

(1)　戦争と平和の多元的構造

戦争（状態）といい平和といっても、それが多元的なものであることは、本稿のはじめに引いたホッブズ自身の言葉において明らかであろう。そこでは「たとえ個々の人びとが相互に戦争状態にあった時代がまったく存在しなかったとしても、あらゆる時代において、国王や主権者はかれらの独立性の故に（中略）戦争の態勢である、しかし、かれらはそうすることによって、かれらの臣民の勤労を維持しているのであるから、個々の人びとの自由にともなう悲惨は、それからは生じてこないのである[129]」としている。したがって、個人間レベルの戦争状態と国家間レベルの戦争状態が明確に区別されるとともに、後者によって前者が解消され、個人間レベルでは悲惨な自然状態はなくなり勤労の成果を享受できる平和な状態となっている。国際的な戦争状態によって、かえって国内平和が維持されているといってもよい。これは、アリストテレス『政治学』の第五巻第八章の国制の保全を論ずる部分で、国制はその破壊者が遠くにあるときばかりでなく時には近くにあるときに保全される[130]とするのを想起させる。

いまひとつ、重要なことは、個人間レベルの戦争状態を論じたかにみえるところも、実は、単なる個人ではなく、大家族・党派・同盟などの諸団体、諸グループ間のそれであることがその大部分をしめていることである。これは、まず、戦争の原因とされている力の競争における「力」の概念の分析からえられる。

(a)　ホッブズによれば、力は、「生まれつきの力」と「手段的な力」とに区別される[131]。前者は、身体または精神の諸能力の優秀性であり、後者は、前者の利用または僥倖によって獲得されるものであって、「財産や評判や友人」などを獲得するための方法・手段である。ところで、前者の肉体の強さと精神的諸能力については人びとは生まれつき平等だとホッブズはしている[132]。そうだとすると、競争の対象となるのは、主として、後者の「手段的な力」である。また、前者の肉体の強さの平等の理由は、「もっとも弱い者でさえ、ひそかなたくらみにより、あるいはかれ自身と同じ危険にさらされている者と共謀して、もっとも強い者を殺すだけの強さを有している」からであった。さらに、知力も、「生まれつきの知力」と「獲得された知力」に区別される[133]。前者は、構想の迅速と目標への確固たる指向であるが、後者は、言葉の正しい使用にもとづく推理による。そこにおいて、知力の相違をひき起こす諸情念は、「主として、力や財産や知識や名誉にたいする大小の意欲である。それらはすべて、最初のもの、すなわち力の意欲に帰せられうる。財産や知識や名誉は、力のさまざまの種類にほかならないからである」としている[134]。

右に傍点をふった語のうち、「友人」と「共謀」とは、個人をこえた力の合成を意味している。「財産」、「評判」、「知識」、「名誉」も、ホッブスの言葉の定義によれば、やはり力を合成するゆえに、その価値をもつものとされている。たとえば、「気前のよさと結びついた財産もまた力である。というのは、それは友人をえ、召使を抱えるようにするからである。」また、「力があるという評判は力である。なぜならそれは、そのことによって保護を必要とする人びとに帰依するようにさせるからである[135]」。同様に、「ある人を多くの人に愛されあるいは怖れられるようにする、すべての才能や、かかる才能をもつという評判も力である。それは多くの人びとの援助と奉仕とをえる方法だからである」「りっぱな成功は力である。それは知恵または幸運をもつという評判を作り、この評判は人びとをして、かれを恐れさせるかあるいはかれにたよらせるからである」「すでに力をもっている人びとが、愛想のよさをもっているのは力をいや増すことになる。それは人の愛をかちうるからである」「私戦の処理において慎慮を有するという評判は力である。というのは、われわれは、慎慮を有する人にたいしては他人にたいするよりも、すすんで自分たちを統治することをまかせようとするからである[136]」。しばしば「評判」が力として登場するのは、さきにふれたように、「人間の価値すなわちねうちとは（中略）、他人の必要と判断とに依存し（中略）売手ではなく買手がその価格を決定する[137]」ものだからである。その「価値の表明は、普通に、名誉を与えることおよび不名誉にすることと呼ばれているものである[138]」。

(b)　以上によって、力とは合成された力をさすことはすでに明らかであるが、ホッブズ自身も、つぎのように明言している。「人間のもつ力のうちで最大のものは、できるだけ多くの人びとが、同意によって、自然的なまたは社会的な一人格に統合された力の合成力であって、この人格は、かれらのすべての力をコモンウェルスの力がそうであるように、かれの意のままに使用しうるか、あるいはまた、党派の力やさまざまの党派の同盟の力がそうであるように、それぞれの者の意志に応じて使用しうる。したがって、召使たちを抱えることは力であり、友人たちをえることも力である。というのは、かれらは統合された力となるからである[139]」。ここには、社会的な一人格に統合された力の典型例であるコモンウェルスの力のほかに、「党派の力」や「党派の同盟の力」などの合成された力の存在がみとめられている。

(c)　力の競争における力とは、右のような合成された力の間の競争であり、競争とは、まさに力の合成を求めておこなわれるものにほかならない。

「全人類の一般的性向として、次から次へ力を求め、死によってのみ消滅する、やむなくまた休止することのない意欲」をホッブズはあげ、その原因は、人が「現在有しているところの安楽に生きるための力と手段を確保しうるには、それをさらにそれ以上獲得しておかなければならないからである[140]」とし、そこで、「最大の力の所有者たる王は、国内では法により、国外では戦争によって、それを確保しようと努力し、そのことが達成されると新しい意欲がそれに続く[141]」としている。そこにおいて、競争は、「財産、名誉、支配またはその他の力についての競争」であるがゆえに、「争論、反目、闘争になりやすい[142]」のである。

同じく、あまりにも有名な「各人の各人に対する戦争」にいたる三つの原因としてあげられているものは、ことごとく合成された力がおたがいに力の合成における優劣をきそう競争を内容としているものと解することができる。第一の獲得を求める競争は、さきに〈平等から不信が生ずる〉とされる部分[143]に相当するもので、「結束した暴力」によって、他人の労働の成果、生命、自由を奪おうとするものであり、第二の防衛のため他への不信は、さきの〈不信から戦争が生ずる〉とされる部分[144]に相当するもので、防衛のため先手をうって「自分をおびやかすほどに大きな他の力がないようになるまで、できるかぎり多くの人身を支配すること」であり、それが許される理由として「人によっては、自己の安全のための必要を越えた征服を追求し、この征服行為における自己の力を眺めて喜びを感じる人もいるので、もしそうでなければ謙虚な限界内で安楽を楽しんでいたような他の人たちも、侵害することによって自分たちの力を増大させることなく守勢に立つばかりでは、長く生存して行くことができないであろう。それ故、人びとに対する支配をこのように増大することも人の保存に必要なこと」だからであるとしている。第一が攻撃ないし征服のための力の合成であり、第二が防衛のための力の合成である。これに対し、第三の誇りは、これら力の合成における優劣の評価をさしている。このような力の合成による支配と防衛をめぐる競争であればこそ、現状に甘んじていては、現在のものを確保することができない。やむことのないより多くを求めてエスカレートする一方の競争に追われることになる。ここには、後代の力の均衡論によるたえざる軍備拡張競争や防衛の名の下に行われた侵略の数かずを想起させる。

(d)「各人の各人にたいする戦争」は、その内実において、個々人相互間のものではなく、合成された力（大家族・党派・同盟・国家など）相互間のものであり、力の合成をきそって行われるものだとすると、これら合成された力（組織体）内部においては、平和がなくてはならない。内部で相争っていたのでは、力の合成ができないからである。これら諸団体や諸組織は、正規のコモンウェルスにあたらないまでも、ミニ・コモンウェルスないしコモンウェルス類似の側面をもつ。このようにして、戦争と平和は、諸団体・諸組織の相互間と内部に多元的な形で存在するといわなくてはならないのである。

(2)　国内における合成力

ホッブズは、万人の自由と平等とを基本的前提とし、バラバラに分解した個人から出発して、全体のコモンウェルスを構成する方法[145]をとっているため、国家と個人以外の中間的諸団体を排除し、中間項ぬきで国家と個人とを対立させ、しかも、その個人の自然権を統合することによって、まさに国家の主権者の権力を創出しているところに、近代政治哲学の祖としての面目がある。伝統との断絶が顕著である。しかしながら、その前提にある力の競争が合成された力の競争である以上、諸団体、諸組織（大家族・党派・同盟など）が、コモンウェルス内において、現実に力を振っている事態を無視することはできない。そこに、伝統の影響も残っていることは否定できない。

(a) まず第一に、伝統との断絶の面を強調しておくことが公平であろう。最初の手がかりとして、第二二章「政治的および私的な臣民の諸団体について」[146]をみると、コモンウェルス以外の諸団体はことごとくコモンウェルスの主権に従属するものであって、そのうち政治的なものは、コモンウェルスの主権の権威によって作られるものであり、また、私的なもので合法的なものはコモンウェルスが承認したものである。コモンウェルスの主権の権威と各人の同意によるもの以外に、諸団体の代表者に成員を代表する資格が与えられることはない[147]。個々の成員と団体との間の訴訟事件の裁判権は主権の権威にもとづく裁判官にあるのであって、団体自身にはない[148]。個々の成員も諸団体もすべてコモンウェルスの法（市民法）の下にあるといってよい。さらに、コモンウェルスの保護の下にある以上、党派・徒党などのコモンウェルス内の相互防衛のための同盟は原則として非合法であり[149]、大家族の私兵も不正であり[150]、国家統治のための諸党派も、主権者の手から剣を奪うことになるから、不正である[151]。

(b) 伝統的特権は否定される。ホッブズは、主権者の仕事のうちすぐれた忠告者を選ぶべきだとするところで、「富裕なまたは高貴なものから、国事についての、すぐれた助言を期待できない」とし、身分的議会特権について、「これは、古代ゲルマン人の征服に起源を有するものであって、そこでは、多くの絶対領主が、他国民を征服するために連合したが、かれらは、将来において、自分の子孫と臣民の子孫との、ちがいを示すしるしとなるような特権をえることなしには、連合しなかったのである。そういう特権は主権と両立しない」[152]とする。むしろ、国内問題について「最良の忠告は、各地方の人民の一般的な通報や不満からとられるべきである」[153]としている。

また、犯罪の処罰や裁判に関する部分では、「多数の有力な親類縁者をもつ人びとや、大衆のあいだで名声を博し人気ある人びとは、法を施行しうる権限をもっている人びとを抑圧しうるという期待を抱いて、あえて法を破る」[154]ことがあるが、このような「法を施行すべき人びとに抵抗する力や財産や味方があるのだという推定」から生じた犯罪の処罰は重い[155]とし、「人民の安全は、さらに、主権をもつ人または人びとに対して、いかなる階層の人民についても、平等に裁判が行われることを求めるのである。すなわち、富裕で権勢のある人も、貧乏で無名な人も、その受けた侵害については、平等に権利を回復してもらえること、同様に、上流の者が、下層の者に暴力をふるったりその名誉を傷つけたりその他なんらかの侵害をした場合に、後者のだれかが前者のだれかにそのようなことをしたばあい以上の免罪の期待はない[156]」とされている。むしろ、貧しい人からの略奪[157]や上流の人びとによる暴力などは[158]、かえって重く罰せられるべきであるとされる。なお、保護の対価である租税についても保護の平等から対価の平等を導き、ホッブズは「平等は、消費する人びとの財産の平等よりも、むしろ消費されるものの平等に存する[159]」として、消費税を平等の見地から肯定している。周知のとおり、ホッブズは、労働価値説の元祖の一人でもあり[160]、「多く労働してその労働の果実を貯えてわずかしか消費しない人が、なまけて生活してわずかしかえず、えたものすべてを消費する人よりも多く賦課される理由[161]」がないからである。

(c)　人工的人間であるコモンウェルスは、人間を素材として人間によって創造されたものであるが、その下における諸団体は、この権威と成員の同意による以外の権能をもちえない。すべてがバラバラの個々人の意志の産物である。しかし、ホッブズの獲得によるコモンウェルスの存在が示すように、諸団体、諸組織のすべてが人工的、人為的に作られたものではなく、自然発生的に存在するものがある。その第一は、家族であって、ホッブズは、家長的支配を獲得によるコモンウェルスの第一にあげ[162]、一大家族を父親ないし主人を絶対主権者とする一小王国とし、コモンウェルスとの差異を保護能力の程度の差異に求めている[163]。コモンウェルス設立後も、父親ないし主人は子供たちや召使たちを法の許すかぎり義務づけ、かれらが家内的統治のもとにあるあいだは、その父親や主人に、直接の主権者にたいするように臣従する[164]。また、「親を殺すことは他の人を殺すことよりもその犯罪は重い。というのは、親は、(かれは自分の権力を市民法に譲渡したのだとはいえ)、主権者たる栄誉を、本来、自然によって与えられたのだから」である[165]。ホッブズは、さらに、両親を尊敬すべきだとする十戒の五をのべる部分でも「本来、各人の父親はかれにたいして生殺与奪の権力をもった主権者であった」[166]とし、最後にまとめの部分で、『リヴァイアサン』全体の理論の理解について、「だれでも、かれ個人の家族を統治するのに十分なだけの理性をもつと主張するものは、無知であるはずがない」[167]として、その読者ないし理論のあて先として家族の長を想定している。これらからみると、コモンウェルスという国家社会の構成単位をバラバラの個人にみる、およそ伝統と断絶したものとばかりみることは、やはり一面的なように思われる。少なくとも力の合成力としてのコモンウェルスにおける力の構成単位としては、家族だとしているといってよい[168]。

たしかに、ホッブズとホッブズにしたがったロックは、父権的支配の根拠を子供の同意にもとづかせている。しかしながら、その同意は、ホッブズにおいては、「自分を危害から保護してくれた人に従うべきだからである。そのわけはといえば、人が他人に服従するようになるのは、生命の維持を目的とするのだから、各人は、自分を救ったり滅ぼしたりする力のある人に服従を誓うものと考えられるから」という理由から想定される同意であり[169]、ロックにおいては、「暗黙の、ほとんど避け難い同意」[170]である。これはおよそ明示の同意に対する黙示の同意でもなく、理論的仮説として想定される同意にすぎない。けだし、ロックにおいて、政治支配の根拠としての同意は法を理解できるだけの理性をもった自由人の同意だったはずで、未成年の子供はこの理性を欠くゆえに教育することこそが親の権利義務の内容の一つであったから[171]、成人前には同意はありえないし、成人後の同意も避けがたい同意である[172]。なお、ホッブズは、神の主権の権利を全能者としての万能の神から導いている部分で、「抵抗しえぬほどの力をもつ人びとには、その力の優越によって、すべての人びとにたいする支配が、当然に、帰属する」としている[173]。

(d) 家族以外にも、さまざまの諸団体が存在することは否定されていない。たとえば、合議体に、属州または植民地の統治を委任する場合について、「合議体は、かれらが作った法律を破る成員にたいしては、だれにでも科料を課する権利をもっているが、その植民地外では、それを行使する権利をもたない」としたあとで、そこで

「合議体の権利についてのべたことは、都市・大学・学寮・教会の統治、あるいは、そのほかの、人びとの身体を拘束するいかなる統治にもあてはまる」[174]としている。もちろん、個々の成員と団体自身との間の訴訟事件の裁判権は、コモンウェルスの主権に属することは、これに引き続いてのべられているものの、逆に、ある程度の団体の自治が予定されている。ホッブズは、コモンウェルスの弱体化と解体についてのべる第二九章の中で、コモンウェルスの弱点の一つとは、「都市が不当に大きくて、それ自身の範囲内で、一大軍隊の成員と費用とを供給できるばあいである。組合が多いばあいもそうであって、それらは、いわば、大きな腹中コモンウェルスの多数のコモンウェルス」[175]であるとしている。

　コモンウェルスの中のミニ・コモンウェルスの数かずをなくし、内乱の禍根を断つことこそがホッブズの目的であった。第三部のキリスト教のコモンウェルスにおいて、教会をコモンウェルス内においては世俗権力に服させるのもこのためであり、相互防衛のための同盟としての党派・徒党を非合法視する[176]のもこのためである。しかしながら、現実にこれらが存在することは否定できない。まさにそれゆえこそ、ホッブズは、主権の確立による平和の確保を説く、すなわち、「人びとが、不完全で無秩序にもどりやすいものである」ため、コモンウェルスの「構成を永続的たらしめるための理性の諸原理」[177]を説くのである。しかし、そのホッブズは、コモンウェルスを作るさい、自分自身を防衛する権利は放棄しないが、他人を防衛する権利は放棄するものとし、[178]他人を防衛するために、コモンウェルスの剣に抵抗する自由はだれももたないとしつつ、「多数の人びとが結束して、すでに主権者にたいして不正な抵抗をなし、あるいは、死刑に値する重罪を犯したりしたため、かれらのおのおのに死が待ちうけているばあいに、かれらは結束し、相互に援助し防衛する自由をもたないであろうか。たしかに、かれらは、もっている。なぜなら、かれらは、自分の生命を守るだけのことなのであって、それは、罪のあるなしにかかわらずだれでも、同じようになしうるからである」[179]としている。元来、ホッブズの授権理論[180]によれば、臣民各人は、主権者が行うすべての行為の本人である[181]から、かりに主権者の行為や判断がまちがっていたとしても、これを非難することができない。しかるに、ここにおいては、臣民の側に不正や罪があっても、相互に援助し防衛する自由がみとめられている。それは、もっぱら主権設立の目的に由来し、自分の身体を侵害するものにたいしては、たとえそれが合法的なものであっても防衛する自由をもつゆえんであり、自分の身体を防衛しないことをきめたような信約は無効だからである[182]。ここから、消極的な戦時の戦闘拒否などの服従拒否がみとめられているが、ここの相互に援助し防衛する自由となると、それが個別的ではなく、放棄したはずの他人を防衛する権利にもとづく集団的なものであり、かつ、結束した不正な抵抗に連続してみとめられるものだとすると、消極的な抵抗権にとどまらない積極的な抵抗権とみる余地があるものである。もちろん、この段階にいたれば、すでに主権者と抵抗者とは相互に戦争状態にたちかえっているから[183]、もはや抵抗権という構成さえ必要としない事態にある。

抵抗権の問題[184]に本稿で立ち入る余裕はないが、ここで注意すべきは、コモンウェルスにおいて、公共の剣が私の剣にとって代わり、私兵による諸家族間の防衛[185]も、党派・徒党による相互防衛の同盟[186]も必要がなくなったとはいっても、それは権利問題であって、事実問題ではない。私の剣がことごとく消え去ったうえで、全き公共の剣が存在するのは、後世の話で、一七世紀中葉のヨーロッパ世界にはいまだ常備軍も、領土の末端に及ぶ行政機構も存在していない。公共の剣はすでにある私の剣を集めて、極論すると必要のつど作られる必要があった。いわばコモンウェルスは、力の合成力の完成体であるが、権威としての権力は独占しているが、手段としての権力までは独占していない。上記のとおり、都市も後者を調達できる能力をもつ。後者は、コモンウェルス以下のその他の力の合成力である諸団体にもなお残されている。コモンウェルスは、この見地からすると、力の合成力のさらに合成された力である。その意味で、権力は多元的であるばかりでなく、多層的ないし重層的な構造をもっている。したがって、内乱や主権に対する抵抗を起しやすくしている実質的基盤がそこにある。

(3)　国際関係における合成力の争い

ホッブズの世界に存在するものは、バラバラの個人と国家（コモンウェルス）だけではなく、数かずの力の合成力が諸団体の形をとって存在する。コモンウェルス自体がこれらの合成力をさらに合成したものであり、また、コモンウェルスも地上に唯一のものではなく、多数存在するものである以上、これらの相互関係が問題とならなければならない。

(a)　獲得によるコモンウェルスの第二類型である専制的支配は、征服や戦勝によって獲得された支配権であって、敗北者の同意、すなわち、敗北者自身による勝利者への服従の信約にもとづくものとされている[187]。その成立の契機において、各人相互間の恐怖によるものではなく、勝利者に対する恐怖による点で異なるが、成立後の主権と国民との関係は、設立によるコモンウェルスの場合となんら異ならない[188]。ホッブズは、アリストテレス『政治学』の用語例[189]にしたがって、召使に対する主人の支配権という言葉を使っているため誤解を招きやすいが、右の信約後、主権に対する関係で、被征服国民と従来の国民との間で差異はみとめていない[190]。したがって、ここには、個別的ないし諸団体間の征服・戦争のほかに、複数のコモンウェルス相互間の戦争によって戦勝国が敗戦国を吸収合併する場合がふくまれている。

設立によるコモンウェルスにおいては、戦争状態はコモンウェルス設立契約という信約によって終結しているが、この場合には、戦争状態は、まさに戦争によって、しかしなお、最終的には戦争終結のための戦勝者に対する敗北者の服従の信約によって終結している[191]。論理構造においてつねに信約が終結させるとはいえ、実質的には、戦争状態がほかならぬ戦争によって終結するというのは興味深いところであるが、しかし、ようく考えてみると、なにもわざわざ戦争を介在させる必要はない。戦争を始めてすぐに形勢不利とみて和を結んでもよいのと同様、戦争をするまでもなく、形勢判断によって、あらかじめ和を結んでおいてよい。とくに強大な第三国に対する不安から、複数国家が同盟を結んでおいたほうがよい場合がある。ペルシャに対するスパルタなどのペロポネソス同盟、これに対するアテネなどのデロス同盟がその例である。これらは国家間同盟をこえて一つの国家形成にいたることがある。わが国の戦国大名の多くが有力国人の同盟契約によるのがその例である。したがって、自発的な相互協定にもとづく設立によるコモンウェルスの中には、個人相互間のものばかりではなく、むしろ、諸団体相互間やコモンウェルス相互間においてこのような契機によるのが存在するといってよい。合成力を合成した力であるコモンウェルス自体がさらに、その力を合成することによって、他に対する競争力を高めて行くわけである。

(b)　このような解釈が筆者の独自のものでないことは、随処にあらわれるホッブズのつぎのような言葉によって裏づけられる。

まず、「臣民たちの主権者にたいする義務は、かれがかれらを保護しうる能力をもち続けている期間中、その期間内だけ続くものと解される（中略）。服従の目的は保護にあり、人が、自分自身の剣によるにせよ、他人の剣によるにせよ、保護がえられると考えるばあいはつねに、自然は、かれの服従をそれに向け、その維持に努めさせるのである[192]」。わが国の戦国大名の臣下の戦国武士における「居留の自由[193]」ないし「居住の自由」を想起させる。また、「もしも臣民が、戦争において捕虜となり、かれの身柄や生活手段が敵の監視下におかれ、勝利者に臣従するという条件で、生命と身体の自由を与えられるとすれば、かれは、その条件を受け入れる自由を有する[194]」。さらに、臣民ではなく、逆に、「もしも君主が戦争にやぶれ、勝利者の臣民となるならば、かれの臣民たちも、これまでの義務を解除されて、勝利者にたいして義務づけられることになる[195]」。なお、「もしも君主が、かれ自身とその世継たちの双方について、主権を放棄するならば、臣民たちは、自然の絶対的自由に復帰する[196]」。そもそも『リヴァイアサン』の全体は「保護と義務の相互関係を示すという意図だけで、最後まで書いてきた[197]」ものであることはすでにふれたとおりである。

このように、コモンウェルスの主権は絶対だとはいっても、それは保護する能力をもつかぎりにおいてであるから、各人はよりよく自己を保護してくれる「新しい権力に服従する自由[198]」をもっている。ホッブズの国家像は、プラントの『国家』におけると同様に、本来期待されるべき機能はたらきに即して描かれた徹底的に合理的なものである。しかしながら、ここで注意すべきは、現在のコモンウェルスを離脱して「新しい権力に服従する自由」はあるとはいうものの、「およそ権力に服従しない自由」もしくは「自分たちで新しい権力を作る自由」は、現実には、きわめて選択の余地が乏しいことである。コモンウェルスに対する抵抗やこれからの離脱は、「新しい権力に服従する自由」ならぬ「新しい権力に服従する結果」に終わるおそれが強い。ホッブズはいう。「主権が強大すぎると考えて、それを制限しようとする者はだれでもそれを制限しうる権力すなわち、より強大な権力に臣従しなければならないのである[199]」。すなわち、このような動きは、「外国のコモンウェルスによって支持されるだろうからである。外国のコモンウェルスは、かれら自身の臣民の利益のためには、これらの隣人たちの状態を弱めるほんのわずかの機会すらのがさないのである[200]」からである。

(c) 外国のコモンウェルスの存在は、それぞれの国家の領土をみとめる領土国家の承認をうかがわせる。ホッブズは、これを明確にみとめている。家長的支配をのべる部分で、二つの国王の君主である男女間に生まれた子供に対する支配権について、両者間に契約がなければ、子供の居住する「場所の支配に従うのである。なぜなら、各国の主権者は、その国に住むすべての者にたいして支配権をもつからである[201]」としている。領土という言葉は、とくに第三部—『リヴァイアサン』中最も長大な第四二章の後半の法王権力を論ずる部分に最もよく用いられている。後に論ずる。ロックも、この領土国家概念をとっていることは、政治社会結成のための契約における同意について、周知の「黙示の同意」をみとめ、「どの政府の領土のどの部分にでも、財産をもちあるいはそれを享受しているものはすべて、これによって黙示の同意を与えたものであり、そうしてこのように財産を享受している間はその政府の法に対し、そのもとにある何人とも同様、同じ程度にまで服従の義務がある、と。この場合それは、彼自身およびその子孫にとって永久的な土地の所有でもいいし、あるいはただ一週間の宿りでもいい。あるいはまたたんに街道を自由に旅行することでもいい。いずれにしても、その政府の領土内に人が存在しているということ自体に基づいてそういう義務を負う」[202]としているところに明らかである。領土内に存在すること自体が黙示の同意という構成は、理論上の仮説といわんより、ただ領土国家論のいいかえにすぎないように思われる。ただし、明示の同意による場合と異なり、黙示の同意による場合は、右の財産を手放しさえすれば、自由に他の国家に加入することも、新しい国家をはじめることもできるとされている。[203]しかし、新国家建設がむずかしいとすれば、他の国家の領土主権に服するだけの話であろう。すなわち、領土国家の現実を前提とするかぎり、領土となっていない土地に新国家を建設する余地はとぼしく、新国家建設も既存国家の主権間の問題と無関係ではありえないことになる。

このようにして、父権的支配に始まった国家が連合によって設立によるコモンウェルスとなり、征服によって、他のコモンウェルスをその属州とするなど、三つのコモンウェルス成立による種類が同一国家において重複する。とともに、かつてのコモンウェルスが新しいコモンウェルスの下における諸団体の一つ（家族、属州など）となることがある。

(d)　領土国家にとって、領土をこえた普遍的権力を主張する法王権力は、地上の主権の絶対性にもとづく政治的統一による平和に対する脅威となるおそれがある。これがホッブズをして、第二部以上の分量でもって第三部を書かせた理由の一つであり、しかも、全編最大の分量をついやした第四二章において、とくに後半部分で、法王権力批判を書かせた理由であろうと推測される。そこにおいて、領土の語がしきりに登場するのは、[204]領土国家の領土内において、政治的権威を最高のものとならしめ、法王権力やこれに呼応・加担する内外諸勢力の脅威をとりのぞくためである。内面の法廷を支配すべき神の諸法の典拠、解釈をさだめる地上の権威をも主権者の政治的権威と一致させることによって、主権の権威をゆるぎないものとすることが、その目的であったと思われるが、詳論は別の機会にゆずりたい。

(4)　ホッブズの世界――二つのイメージ

ホッブズが描くコモンウェルスの世界のイメージには、二つのものが可能のように思われる。ひとつは、巨大なリヴァイアサンとバラバラの個人とが二極に分解している世界である。他のひとつは、大小さまざまの多数のコモンウェルスが離合集散を重ねて止むことがない世界である。

(a)　前者は、一般にとられているものであって、ホッブズの論理構造と合致している。すなわち、①その方法の点でも、バラバラに分解された個人を素材としつつ、政治体に結合するのは各人の信約であって、これによって人工的人間リヴァイアサンたるコモンウェルスを創造するものであり、②その内容の点でも、各人の自由と平等から出発するかぎり、政治的権威への服従の根拠は、本人の意志しかありえないものであって、中間的諸団体の権能も、各人の統合された同意にもとづく政治的権威か各人個別の同意かによるものである。③このことを論理的に説明するため、ホッブズは、政治社会に先立つ自然状態における各人の自然権を想定し、政治社会の設立に際して、平和維持の目的に必要なかぎりの部分を放棄して、主権者にこれを授権し、私の剣に代わる公共の剣、私的理性に代わる公共の理性を生みだすものとしている。いったんコモンウェルス樹立後、自らが作った唯一絶対の主権の前に、個人は、中間的諸団体の媒介なく、相対峙する。これらにふさわしいイメージである。

(b)　後者は、本稿において筆者が仮説して提供するものである。後者は、前者のイメージを否定するのではない。これを前提としつつ、しかし、二つの点で修正を加える。第一は、ミクロには前者によりつつ、マクロには、大小さまざまの前者の世界が多数共存しているものとみる。第二には、しかも、これらが静止しているのではなくて、離合集散を重ねて止むことがない動態的な状態だとみる。逆にいうと、前者のイメージは、動いているものを静止画像でとらえ、しかも、数あるコモンウェルスのうち一つの内部構造だけしかみていないことになる。しかしながら、離合集散を重ねて止むことがない動態的な状態においては、内部といい外部といっても、相互に密接な関連をもって変転している。ホッブズにおける「力」の概念、とくに合成力としての力の分析からえられる多元的な戦争と平和の状態は、このような動態的な考察によってはじめてとらえることができるはずである。

(c)　そこで、本稿が課題とするホッブズの理論の堂々めぐり、とくに自然法が有効性をもつには、主権者の命令である市民法による強制力が必要であるが、このほかならぬ市民法は、服従の信約を履行すべきだとする自然法上の義務に基礎をおいている、という自然法と市民法の妥当根拠の相互依存関係ないしディレンマをとくことにしよう。

第一のイメージによるときは、信約の不履行は、先に信約を履行した者やこれから信約を履行しようとしている者など、不履行者と同様ないし類似の立場にある者に対して、相応の反応をよび、不履行者はそれなりの不利益をこうむることが予想される。この予想は内面の法廷において、信約の履行を義務づける。しかし、状況いかんによって、行為にまでは義務づけない。

第二のイメージによるときは、バラバラの個人ではなく、すでに大小さまざまの諸団体が存在し離合集散を重ねている状態にあるから、類似・同等の立場にあるバラバラの個人の反応ばかりではなく、このような諸団体とくに自己が帰属している諸団体の反応が問題となる。この場合、信約の不履行は、この帰属団体の制裁とくにそこからの排除の恐れをともなう。ホッブズは、信約を履行すべしとする正義の原則（第三の自然法）は理性に反しないとする部分で、つぎのようにいう。「すべての人びとを畏怖させておく共通の力がないために各人が各人の敵であるような、戦争状態においては、仲間の助力なしに、自分の力や知力によって自分を破壊から守ることは、だれものぞみえない。そこでは、各人が、同盟によって、すべての他人と同じく、防衛しようと期待している。したがって、ある人が、かれを援助する者たちをあざむくことが合理的だと思うと言明するならば、かれは当然、自分だけの単独の力によってえられる以外には、安全のための手段を期待しえない。それ故、信約を破ったうえで、しかも、理性にそむかずにそうすることができると言明する者は、平和と防衛のために結合しているいかなる社会からも、あやまって人びとがかれを受容するばあいを除いては、受容されえない（中略）。したがって、かれが社会のそとに残され、または投げだされるとすれば、かれは滅び、もしかれが社会のなかに生きているとすれば、それは、他の人びとのあやまちによるものである。このあやまちは、かれの予見し当てにしえぬものであるから、かれの自己保存についての理性に反する」[205]。

右の文章中における社会（Society）の語は戦争状態におけるそれであって、ホッブズが第二のイメージをとっていることは明らかであろう。そこで戦争状態とは「仲間の助力なしに、自分の力や知力によって自分を破壊から守ることは、だれものぞみえない。そこでは、各人が、同盟によって、すべての他人と同じく、防衛しようと期待している」状態である。これはすなわち、戦争状態における力の競争が、個人単独の力のレベルのものではなく、同盟など、合成された力のレベルのものであることをしめしている。そこには、「平和と防衛のために結合している」数かずの社会が存在し、「自分の力や知力」という「自分だけの単独の力」では安全に生きていけない状態にある。「社会のそとに残され、または投げだされるとすれば、かれは滅び」るのである[206]。

コモンウェルスの成員を一〇〇単位と仮定とすると、前者のイメージによるとき、各単位の価値は等価値である。信約不履行に対する反応は、この等価値をもつ複数単位の者の動きによってあらわれされる。しかし、後者のイメージによるとき、各単位に一〇〇点から一点までの合成力の力の差異にもとづく等級づけをすることができる。これによるとき、単位社会からはみだした者は、安全性の点で、最下位にまで脱落する。誰からもやっつけられることになる。しかし、このイメージでは、最上位一〇〇点のものも、下位の例えば、等級二〇点のものをあなどってはならない。全面戦争によって自ら力を二〇点を失って八〇点になるとすると、たちまち等級八〇点の位置にまで下落する。同盟ないし統合（合従連衡）などの形で離合集散が重ねられるゆえんである。このように、単位社会の外側が、合成された力の間の戦争状態にあればこそ、個人は、単位社会の内側にとどまっておくことが安全である。この個人レベルでいわれたことは、合成された力についても、孤立して安全でないかぎり、妥当するであろう。

結論をいえば、第一のイメージによるとき、信約不履行による不利益は、利害打算上の一要素にとどまっているが、第二のイメージによるときは、致命的である。したがって、信約を履行すべしとする正義を内容とする第三の自然法は、戦争状態である自然状態においても、相当程度の妥当力をもっているといってよい。第四の自然法（報恩）も、それによって「相互援助」や「和解」がえられるものであり、第五の自然法（相互の適応、従順）も、それによって、「社会の厄介ものとして、のけものにされ、あるいは投げだされる」ことのないようにするものであった。これらをはじめとする自然法は、いずれも、第二のイメージを背景においてはじめて、その意義を鮮明に浮かび上がらせるであろう。これは、まさに悲惨な戦争状態という対極にあるものをバックに描くことによって、鮮烈に平和の価値を描き出し、それへの希求を訴えるというホッブズのとった方法にそった見方といってよいであろう。

(d) 以上の第二のイメージによる物の見方には、しかしひとつの弱点がある。それは、コモンウェルスの設立によって、まさに第二のイメージによる世界をすっかり解体し、第一のイメージによる世界に作り変えたのではないかという批判である。巨大なリヴァイアサンたるコモンウェルスの主権の前に、構成各単位の等級づけのごときは霧散し、等級なしの同等の単位すなわちバラバラの個人しか存在しない。この状態では、戦争状態であるがゆえに、かえって信約に相当程度の実効力があるという逆説は、戦争状態が対外的にはともかく対内的には消滅しているゆえに、通用しなくなる。対外的な外国のコモンウェルスの恐怖だけによって、国内の平和（信約履行、内乱防止）を維持できるであろうか[207]。

しかしながら、筆者は、コモンウェルスの樹立は、合成力の合成ではあれ、決して、それ以前に存在したさまざまの力の合成力を解体しつくすものではないと考える。それは、ホッブズの世界ではなく、むしろルソーの世界である[208]。一七世紀のホッブズの国家像は、権威としての権力を独占するものであれ、手段としての権力まで独占するものではない。しかし、後者の独占が実現し第一のイメージが現実の世界となったあかつきにおいて、主権の根拠は、一方の極限において、それ自体の実力であろうか。それとも、他方の極限において、やはりホッブズに従って、それは理性の諸法であり、神の諸法ということになるのであろうか。

四 永遠平和のために

(1) プラトン

ごく簡単に、国内支配の構造と対外支配の構造ないし国際平和についての考え方との関連についてふれておきたい。(209)

まず、プラトン『国家』の場合、プラトンは、魂の三区分から、国制のあるべき構造、国制の種類など、すべてのものを導いて論じている。(210) (1) 個人の魂は、①理知的部分、②気概の部分、③欲望的部分の三つに分けられる。(2) 人は、①知を愛する人、②勝利・名誉を愛する人、③金銭・利得を愛する人に分けられ、(3) 人の種族は、①守護者の種族、②補助者の種族、③金儲けを仕事とする種族に分けられる。(4) 最善の国制は、知を愛する人（哲学者）が守護者となって支配し、名誉を愛する人が補助者となってこれを助け、金を愛する人である金儲けを仕事とする人などは支配される国制である。(4) 国制の種類には、①の最善の国制のほかに、②名誉を愛する人が支配者となる名誉支配制、③の1として金を愛する人が支配者となる寡頭制、③の2として、不必要な欲望にとらわれた人が支配する民主制、③の3として不法な欲望にとらわれた人が支配する僭主独裁制がある。(5) 支配者となるべき哲学者とは、善のイデアを知るものであるが、太陽、線分、洞窟のたとえ話によって区別される①直接知（知性的思惟）、②間接知（悟性的思考）、③直接的知覚（確信）、④間接的知覚（影像的知覚）は、それぞれ①が知を愛する人、②が名誉を愛する人、③④は、数かずの欲望にとらわれた人びとに対応している。(211)

プラトンは、個人の魂の構造から国家の構造を導き、前者において、理知的部分が非理知的な欲望的部分を支配している状態が一人の人間として健康であるのと同様、後者においても、理知的部分にあたる知を愛する人（哲学者）が、他の部分にあたる種族の人を支配し、三つがそれぞれの分をおかさないで調和している状態を国家における正義であるとしている。[212] ところで、このような国内支配の構造を国際関係におよぼすとどうなるか。

プラトンは、敵対関係の相手が、ギリシア人の場合と夷狄（バルバロイ）の場合とを分け、前者を内乱とし、後者を戦争とする。[213] 前者においては、戦勝者は敗北者を奴隷とすることもできないし、土地を荒らしたり、その住居を焼くこともできない。それぞれの国におけるすべての人びとではなく、ただその不和を引き起こした責任者である少数の者だけを敵とみとめるべきである。逆に、後者においては、これと正反対のことがみとめられる。その理由として、そこにあげられているのは、ギリシア人の種族はお互いどうし身内であり同族であるが、夷狄に対しては異民族でありよそものだから、というものである。[214] しかし、これだけの理由で、相手方を奴隷としないとかするとかいうには不十分である。そこに、合理的な理由を見い出すとすれば、魂の構造、国内支配構造にみられるハイラーキーが、おのずから、国際的関係にも及んでいるとみることが可能である。国内支配において、支配者たるべき哲学者は、人間に可能なかぎり神的で秩序ある人となるが、自己自身をそのように形づくるにとどまらず、他の人間の品性のなかにこれをつくりこむという仕事を担当し、[215] 他方、他の人間は、「最もすぐれた人間を支配している部分と同様の部分によって支配されるようになるためにこそ、その人はかの最もすぐれた人間、自己の内に神的な支配者をもっている人間の下僕とならなければならない（中略）。あらゆる人にとって、神的な思慮によって支配されることこそが――それを自分の内に自分自身のものとしてもっているのがいちばん望ましいが、もしそうでなければ、外から与えられる思慮によってでも――より善い（為になる）」[216] とする考えによれば、これを国家間の関係になぞらえると、先進国が後進国を支配し、バルバロイを奴隷とすることは許されることになる。[217]

(2)　アリストテレス

アリストテレス『政治学』は、主人的支配（デスポティアー）と政治家的支配（ポリーティケー・アルケー）とを区別し、前者は支配者の利益をめざすのに対し、後者は共通の利益をめざし、互いに自由・平等な者の間の支配である。[218] この区別に応じて、後者による正しい国制として、王制、貴族制、「国制」、前者による逸脱した国制として、僭主制、寡頭制、民主制という国制の種類[219]がみとめられる。ただし、アリストテレスは、プラトンと異なり、理論的に首尾一貫した論理を徹底しないで、実際的見地からする相対的な立場に立っているため、国際的な関係に対する見解は必ずしも明確ではない。ただ、最善の国制を論じた第七巻の序説的部分（第一章ないし第三章）において、主人的な性格よりも自由人の生活がまさり、主権者の生活が自由人の生活よりもまさるとしている。[220] ここに、主人的な生活とは、ラケダイモン（スパルタ）やクレテのように、戦争と隣国を主人的に支配することを国家目的としている国制をさし、アリストテレスは、本性上優劣が明確でないかぎりは、主人的支配を否定する。[221] 相互に等しい自由人の間においては、政治家的支配であるべきであり自由人の交代による理念とする。対外的関係においては、自分だけ離れた位置をしめ、他とは孤立した生活を選んでいる国もよいとしている。[222] それは、幸福とは善く行為することであり国にとっても個人にとっても行為的な生活が最善であるが、自己完結的思惟も行為的であるという理由によるものである。このように国において、国制の目標は戦争でも征服でもなく、戦争は、国にとって、ただ手段にすぎないとしている。[223] なお、プラトンの『法律（ノモイ）』においても、戦争は平和のための手段であった。[224]

(3)　カ　ン　ト

カント『永遠平和のために』は、永遠平和のための第一確定条項として、「各国家における市民的体制は、共和的でなければならない」とし、共和的とは、①社会の成員が（人間として）自由であるという原理、②すべての成員が唯一で共同の立法に（臣民として）従属することの諸原則、③すべての成員が（国民として）平等であるという法則、この三つにもとづいて設立された体制であるとする。[225] この共和的体制は、永遠平和への期待にそった体制であって、戦争をすべきかどうかを決定するために、国民の賛同が必要であるため、戦争にきわめて慎重であるのに対し、他の体制では慎重さを要しないものとする。[226] つぎに、永遠平和のための第二確定条項は「国際法は、自由な諸国家の連合制度に基礎をおくべきである」とするものである。各国家間に上下がない以上、それぞれの存在をみとめたうえでの連合制度にもとづくかなければならないからである。[227] カントも、「人間の本性にそなわる邪悪は、諸民族の自由な関係のうちにあからさまに現われるが（もっともこれは、市民的＝法的状態では、統治の強制によって、ほとんどおおい隠されているが）[228]」として、人の間、諸国家間の戦争状態をみとめているが、この諸国家間の戦争状態は、個別の戦争を終結させるにとどまる平和条約によって終結するものではなく、平和連合によってのみ、すべての戦争を終結させることができるものとしている。[229] さらに、永遠平和のための第三確定条項は、「世界市民法は、普遍的な友好をもたらす諸条件に制限されなければならない」である。[230]

なお、注目されるのは、その第二補説で、「国王が哲学することや、哲学者が国王になることは、期待されるべきことではなく、また望まれるべきことでもない[231]」としている点である。哲学者の自由な発言を要求する趣旨のほかに、暗にプラトンの哲人王思想を批判したもの[232]とすると、さきにあげた国際関係に対するプラトンの立場とカントとの差異が、国内支配構造の差異にもとづくものだとする理解もあながち的はずれではないであろう。

(4)　ホッブズ

個人の本性から出発して国家生活ないし国内支配の構造を論じ、それがさらに国際関係の説明にも推及されるという古典時代からの伝統的思考方法は、わがホッブズにおいてもとられている。先にみたように、ホッブズの世界は、大小さまさのコモンウェルスが離合集散を重ねて止むことがない世界である。力の合成力が、その合成を競い合って変転きわまりない状態にあるから、国内といい、国際といっても、時間の流れの中では相対的である。ティリイは「ヨーロッパ国家形成史の回顧」の中で、一五〇〇年にヨーロッパで五〇〇を数えた統治体が一九〇〇年には約二〇になったといい、また、「戦争が国家を作り、国家が戦争を作った」といっている。[233] 昨日のコモンウェルスは、明日は、新しいコモンウェルスの属州となるなど、離合集散の結果が、右の数字となっているわけであるが、ホッブズの世界像は、右の歴史を描き出していたといってよい。ホッブズが英訳したツキディデスの『歴史』の世界を抽象化したように、[234] 客観的であり、いわば価値中立的のようである。しかし、ホッブズは、中立的ではない。

(a)　ホッブズは平和に最高の価値をおいている。伝統的な善悪といった徳目の諸価値は、私的理性の判断に差異があり、この差異こそは争いのもととなるから、平和こそ最高の善として、これを公的理性におきかえるべきだとする。[235] 絶対的主権の害悪は、ロックと異なり、無政府状態よりもましである。[236]

(b)　最高の善である平和の手段は、自然の諸法である。この自然法は、諸国民の法すなわち国際法と同一物である。「市民政府をもたない人びとが、相互になにをなし、なにを回避すべきかを指示するその同じ法が、コモンウェルスに、すなわち主権者王侯や主権者合議体の良心にたいして、同じことを指示するのである」。[237] 上位に共通の主権をもたない国際社会において、第一の基本的自然法の後半②の部分においていわれるとおり、各国は自己保存のため戦争の権利をもっている。しかし、平和を第一の目標とする自然の諸法は、極力戦争をさけ平和に向かうことを指示しているのである。また、自然の諸法は「内面の法廷」である良心を義務づけるにとどまるものであるが、大小さまざまのコモンウェルスが離合集散を重ねて止むことがない戦争状態は、逆説的に、かえって、これに相当程度の妥当力を与えるものであることは、さきにのべたとおりである。

(c)　ホッブズによるコモンウェルス設立のモデルは、国際間においても、平和と協調のための組織のモデルを提供している。とくに注意すべきは、それは、単に、「仲間」、「家庭」、「同盟」をこえたもので、すなわち立場上の味方も敵をもふくめた結合をさしていることである。後世の国際連合、相互安全保障の組織にとってのモデルといっていいすぎではないであろう[236]。

(d)　一五〇〇年に五〇〇を数えた統治体が一九〇〇年には二〇に減少するという離合集散の究極の姿は、将来、いかなるものとしてホッブズの脳裏に描かれていたのであろうか。想像をほしいままにするほかないが、『リヴァイアサン』第三部にいわれる地上に一つのコモンウェルスが政治的権威と宗教的権威とを統一的にもつ、「神の王国」の地上への再現であろうか。しかし、一方で、ホッブズは、昔の道徳哲学者の書物がのべているような究極目的とか至高善とかは存在しないとし、「ある意味がある目標に到達した人は、感覚と構想力が停止してしまった人と同じく、もはや生きていられない[239]」としているから、これになぞらえると、人類が生存を続けるかぎり、止むことのない力への意欲がさまざまに形を変えた戦争と平和の状態を継続させ、完全な平和のユートピアは、永遠の彼方にあるのであろうか。他方、アダムとイブの楽園追放後、人類に課せられた苦役である労働について、ホッブズは、怠惰の予防のための労働の強制を論ずる部分[240]で、「全世界の人口が過剰になれば、すべてにとっての最後の手段は戦争であって、それは、各人に勝利または死を与えるのである」というこわい予言をしている。自然、環境、資源の見地からして、世界の人口はすでに過剰である。プラトンのいう熱でふくれあがった贅沢な国家（いわゆる先進国家）の消費水準を健康な国家（いわゆる後進国家）が真似るとき、自然、環境の破壊、資源の枯渇、これらの配分をめぐる戦争によって、人類の破滅は、見やすい道理であると、警告しているのであろうか[241]。

五　あとがき

(1)　本稿執筆の経緯は、つぎのような事情（連想の連環）によるものである。

本年（一九八九年）秋の公法学会総会において、池田政章教授は、「宗教・国家・日本人――『憲法と宗教』の歴史的心理」と題する報告をされた。日本神道がいかに仏教、道教をはじめ土俗の習俗を混合した、習俗と区別のつかない存在であるかを、蘊蓄をかたむけて話をされた。総会報告としては珍しく聴かせる話であった。この話を聞きながら、ホッブズの『リヴァイアサン』の第三部、第四部を思い出していた。ホッブズもまた、キリスト教の中に、土俗の習俗をはじめ、いかに多くの夾雑物がふくまれているかを指摘し、あやまれる教説を批判することの激しさにおいて、池田教授以上のものがあったからである。神道もキリスト教も事情は変らぬ不思議な暗合に驚いた。

(2)　筆者は、かねて、ホッブズの『リヴァイアサン』の第三部や第四部が、なぜ、第一部、第二部に匹敵する分量で書かれなければならなかったのか、疑問であった。一応、およそつぎのような理由が考えられる。

(a)　ホッブズ自身が、第二部第三一章の最初にのべているように、「コモンウェルスは、主権がなければ、実体のない言葉にすぎず、存立しえないこと、臣民は、その服従が神の諸法にそむかないあらゆることについて、主権者にたいして単純に服従すべきこと」を書いてきたゆえに、神の諸法とはなにかが分からなくては、市民的服従と神の諸法への服従とが矛盾するおそれがあるからである。ルソーの言葉によれば、「鷲の双頭を一つにする」(242)問題である。ホッブズは、これを地上の政治的権威の優越によってといた。

(b)　ホッブズが恐れたものは、内乱による悲惨さであり、平和をみだす私的理性の対立のうち、当時の内乱原因の最たるものは、キリスト教における宗派の争いであった。(243)戦争とは宗教戦争といっても過言でなかった。それゆえ、教義の典拠を聖書に限定し、その内容をイエスがキリストであるという一点に集約し、論争の種となるその他の一切の余計な議論を排除しようとした。

(c)　領土国家の立場から、ローマ法王の普遍的権威の主張を排斥した。全編中の最長編の第四二章（第三部終りから二番目）で、これを展開している。

(d)　一七世紀イギリスは宗教の世紀であった。よく知られたホッブズ誕生時の一五八八年（フィルマーも同じ年に誕生）スペイン艦隊の潰滅は清教の風、すなわち、神風によるものであったし、ペストの流行は罪に対する神の天罰というのが当時の世論であった。[244] 法制度上にも、教会礼拝出席義務、非国教徒なかんずくカトリック教徒の公職・教育職からの排除、一八八〇年にいたにまでの無宗教者の証人資格の剝奪などがあり、最大多数の文盲の庶民には聖書の言葉以外によるべきものがなかった。ホッブズが、臣民の服従を十戒の教えにたとえるなど、理性と並んで聖書の権威によらしめる必要があった。ロックの『キリスト教の合理性』などでは、聖書に理性以上の権威を与えている。[245]

以上のほか、さらに、本稿では、(5) 内面の法廷で義務づける自然法が、かえって、市民法の妥当根拠であり、第三の自然法（正義の原則）が、主権者の本質的諸権利の根拠である以上、内面の法廷を支配すべき神の諸法について論ずる必要があり、しかも、(6)『リヴァイアサン』序説にある人工的人間リヴァイアサンを作った「約束および信約は、創世のさいに、神が宣し給った、人間をつくろうという、あの命令にたとえられる」という言葉と、聖書の「神の王国」を地上のものとみるホッブズの説とをあわせて、ひとつのユートピアを説くものとする見方を展開する予定であったが、時間と能力の制約で、今回ははたすことができなかった。

(3)　つぎの連想は、聖徳太子である。このたびあらためてホッブズの『リヴァイアサン』を読み返して、その全体の構想や自然法の部分などの基本的なところにおいて、聖徳太子「一七条の憲法」[246]の内容との類似性に驚かざるをえなかった。一七条の憲法は、なによりもまず第一条に「和をもって貴しとし、忤《さか》らうことなきを宗とするる」ものであり、その理由は「人みな党《たむろ》あり、また達《さとれ》れる者少な」いゆえに生ずる社会的混乱をさけるためであり、第一五条に「私に背いて公《ゆ》に向くは臣の道なり」とし、私あるときには「制に違《たが》い、法を害《やぶ》る」ゆえに、第一条において「上下和諧」をといたのであるとしている。目ざすところが私的な政治的・経済的な諸勢力の否定による公権力の確立にあることは明らかである。この趣旨は、第三条に、「詔《みことのり》を承りてはかならず謹《つつし》め。君を天とし、臣を地とする」に明言され、さらに、公権力の代表である租税について、第一二条に「国司・国造、百姓に賦斂《おさめと》ることなかれ。国に二君なく、臣に両主なし。率土兆民、王をもって主となす。所任官司みな王臣なり。なんぞあえて公とともに、百姓に斂《おさめと》らん」とする。そのほか、万人「ともにこれ凡夫のみ。是非の理、たれかよく定むべき。相共に賢愚なること鐶《みみがね》の端なしがごとし」とする第一〇条には、万人平等の思想をみることができるし、第九条に「信はこれ義の本なり。ことごとに信あるべし。それ善悪成敗要《かなら》ず信にあり。群臣（梅原・後掲三八七頁は君臣と訓む）共に信あるときは、何事かならざらん。群臣信なきときは、万事悉く敗れん」とあるのは、コモンウェルス存続のかなめといってよいホッブズの第三の自然法（信約を履行すべしとする正義の原則）を想起させる。公平な裁判をのべる第五条など、その他の類似点は多いが、ここでは省略しよう。

ところで、この聖徳太子の一七条憲法への関心は、梅原猛『聖徳太子・憲法一七条』とともに、深瀬忠一教授から、そのフランス語訳(247)をいただいたことによるのである。そこで、池田政章教授、ホッブズ、聖徳太子と続いた連想の環は、深瀬教授にいたって完結する。深瀬教授の退官記念のために、本稿を草したゆえんである。

(4)　最初に問題の一つとしてあげたプラトン『国家』とホッブズ『リヴァイアサン』の類似性については、とりあえず、つぎの諸点をかかげて、なお今後の検討課題としておきたい。

(a)　プラトンの『国家』は、ケパロスのハデス（冥界）の物語に始まって、最終巻はハデスの物語、すなわち、魂の不死の証明に終わっている。しかし、ホッブズの『リヴァイアサン』は、可死の人間を素材として可死の人間が作る可死の人工的人間リヴァイアサンの話から始まって、第四部の終りの部分で、魂の不死性が否定されている。死の恐怖が神の恐怖や救済によって、とってかわられたり柔らげられることがない(248)。あたかも、プラトンをポジとすれば、ホッブズをネガとするような世界が描かれている。

(b)　プラトンは、社会契約説をとっていないが、国家における節制を論ずる部分で、「誰が支配しなければならないかについて、支配している人と支配されている人々の間に同一の考えが成立している国家[249]」「このような合意こそが〈節制〉にほかならない[250]」としている。

(c)　近代的な社会契約説であるホッブズにおける合意は社会成立時に社会構成そのものについて要求されるもののごとくであるが、しかし、既成社会の維持に重点をおいたとみられる部分が少ないない[251]。

(d)　ホッブズは、プラトンのような理性の支配でなく、死の恐怖という情念にコモンウェルス形成の契機を求めていることが、その特徴として、よく指摘されている。しかし、この情念を前提としつつ、人びとを社会へと向かわせるのは、理性の戒律である自然の諸法であり、また、主権は人工的人間の魂である[252]。

(e)　プラトンは、人間に優劣の差異をみとめるものとみられている。しかし、そのイデア論における有名な洞窟のたとえ話からもわかるように、各人の真理を知るための器官と機能とははじめから魂の中に内在しているのであって、問題はそれを転向させ「魂の全体といっしょに生成流転する世界から一転させて、実在および実在のうち最も光り輝くものを観ることに堪えうるようになるまで、導いて行[253]」くことであり、教育とは、まさにこの「向け変えの技術[254]」にほかならない。その哲学者支配における哲学者とは、①一〇歳からの少年時代の予備的教育、②二〇歳からの科学的教育、③三〇歳からの哲学的問答法の研究、④三五歳から五〇歳までの実務従事をへて、⑤五〇歳から守護者職に交替で順番に従事するものであり、右の各段階における選抜[255]をへたものであって、あらかじめきまった哲学者が支配者となるわけでは毛頭ない。今日ひろくみられるエリート支配といってもよい。

(f)　プラトンもホッブズも、教育にきわめて重要な意義を与えている。それゆえ、プラトンは、理性にもとづく新しい国家の建設のため、情念に訴えることによって社会の習俗を形成してきた詩人たちに激しい攻撃をくり返した[256]。ホッブズもまた、宗教と政治支配に関するあやまれる教説に激しい批判を加えざるをえなかった。

(g) しかし、誤れる教説（言葉の誤用による推論のあやまり）の存在を知るゆえに、ホッブズは、理性の体現者によるエリート支配の考えをとることができなかった。プラトンによれば、言葉の誤用による推論のあやまりは、まさに哲学的問答法によって克服されるはずであるが、ホッブズはこれをとらずに、コモンウェルスの保護の能力とこれに対する需要者（買手）[257]側の服従の自由選択にゆだねた。

以上のような数かずの素人考えを忘年会、新年会などの機会に辛抱強く聴いて下さって、貴重なご教示をいただいたのが小川晃一教授である。教授のご教示がなければ、とうてい本稿を公にする勇気をもたなかったであろう。本稿は、プラトンのイデア論でいう第四の間接的知覚（影像的知覚）の段階にとどまっている。本稿は、もっぱら、平和思想の専門家である深瀬忠一教授と、政治思想の専門家である小川晃一教授とから、ご教示をいただくことを目的として書かれた。両教授の今後とも変らぬご教示によって、いつの日か洞窟の外に出られることを念願しつつ、筆をおく。

（1） たとえば、レオ・シュトラウスによれば、「ホッブズが、他の誰でもなく、近代政治哲学の父である」（Leo Strauss, The Political Philosophy of Hobbes.Its Basis and Its Genesis, 1952, p.156）。これにしたがう説は多い（p.ex., M.Forsyth, Thomas Hobbes : Leviathan.in A Guide to the Political Classics edited by M.Forsyth and M.Keens-Soper, 1988, p.120 ; G.Mace, Locke, Hobbes and Federalist Papers.An Essay on the Genesis of the American Political Heritage, 1974, p.56 ; Frank M.Coleman, Hobbes and America.Exploring the Constitutional Foundations, 1977, p.68）。しかしながら、シュトラウス自身が、右のホッブズ研究のアメリカ版序文において、ホッブズを近代政治哲学の創設者としたのは誤りだったとして、その栄誉はマキャベリ（Machiavelli）にあるとしつつ、なお、結論として、ホッブズが、キティオンのゼノン（Zeno of Citium）、パドヴァのマルシリウス（Marsilius of Padua）、マキャベリ、ボダン（Bodin）、さらにはベイコン（Bacon）以上に先行する政治哲学との断絶をより明確にしているから、なお、ホッブズを近代政治哲学の創設者としてよいとしているところに、問題の複雑さ

をうかがわせるものがある。

まず、レオ・シュトラウスは、マキャベリについて、「ホッブズが理論構造を建設した大陸を発見した偉大なコロンブスはマキャベリだった」(Leo Strauss, Natural Right and History, 1974, p.177) とし、「ホッブズによってなされた革命は、マキャベリによって決定的に準備されていた」(Leo Strauss, Studies in Platonic Political Phil osophy, 1983, p.212 = Leo Strauss, Thomas Hobbes, in History of Political Philosophy edited by Leo Strauss and Joseph Cropsey, 1981, p.273) としている。

ついで、ホッブズではなく、グロティウスを近代政治哲学ないし近代自然法の祖とするものが少なくない (Richard Tuck, Natural Rights Theories : Their Origin and Development, 1979, pp.58-81, 156-77 ; James Tully, A Discourse on Property : John Locke and his Adversaries, 1980, pp.70-72, 81-85, 112-14 ; Richard F. Teichgraeber, Free Trade and Moral Philosophy : Rethinking the Sources of Adam Smith's Wealth of Nations, 1986, pp.22, 58-9, 156)。なお、わが国における本格的なグロティウスの総合研究である大沼保昭編『戦争と平和の法』(一九八七年、東信堂) では、約二〇か所におよぶホッブズの引用部分のほとんど全てにおいて、ホッブズの近代性に対するグロティウスの前近代性が対照的に強調されている。そのグロティウス評価 (後期スコラ哲学との継続性) はグロティウス研究の成果 (同書五七九頁注54、55) によるとして、そのホッブズ評価は、わが国の従来のホッブズ研究によっているようであるが、そこには、上記のレオ・シュトラウスのほか、マクファーソン (C.B.Macpherson, Political Theory of Possessive Individualism, 1962) の影響が無視できないように思われる。マクファーソンのホッブズ解釈に問題が多いことは、ホッブズ研究においてほとんどつねにいわれていることであるから、ここでは深く立ち入らない。なお、マクファーソンのロック解釈に対して、高木正道『ヨーロッパ初期近代の諸相』(梓出版社、一九八九年) 参照。

さらに、ホッブズについて、中世後期スコラ哲学などとの連続性を指摘する説も少なくない。たとえば、オークショット (Michael Oakeshott, Hobbes on Civil Association, 1975) がその例であって、ホッブズは懐疑的後期のスコラ哲学の伝統の中にあり (op. cit., p.25)、その政治哲学の基礎となった懐疑主義と個人主義は後期スコラ哲学の贈物であって (中略)、ホッブズの偉大さは、新しい伝統を始めたこはとではなく、一五世紀、一六世紀に神学者達によって始められた知的変化を反映した政治哲学を構成したことである (op.cit., p.58. なお、上掲書七四頁までは、オークショット編集の一九六〇年オックスフォード、ブラックウェル版『リヴァイアサン』のIntroduction to Leviathanの再録である）。近代政治哲学の最も深い運動は、ストイックの自然法理論にエピキュリアンの理論を接合したものの復活であり（中略）、ホッブズを近代政治哲学の創始者というのはいいすぎだとする（op.cit., p.148）。ゴーチェも、ホッブズは自然法の中世的概念から完全には解放されていなかったから自然の諸法について語っている、といい（David P.Gauthier, The Logic of Leviathan : The Moral and Political Theory of Thomas Hobbes, 1979, p.70）、クロップも、ホッブズは、ポリスを懐古するものとし、近代はイノヴェイションではなく復古（restoration）だとし、ホッブズと初期近代は、伝統のある部分に訴えることによって、伝統の他の部分に反対しているものだ（Josef Cropsey, Political Philosophy and Issues of Politics, 1977, pp.225, 313）というい方をしている。

たしかに、一三世紀末のアリストテレス『政治学』の発見（数かずの翻訳・註釈書の登場）と、トーマス・アクィナス（cf.Saint Thomas Aquinas, Selected Political Writings edited by d'Entreves（te.by Dawson）1959 ; M.P.Malloy, Civil Authority in Medieval Philosophy, 1985, p.141 et s.）に始まる中世後期スコラ哲学によるこれとキリスト教神学との調整の試みは、近代政治思想への途を開くものだといってよかった。というのは、アリストテレスの『政治学』にいう「人間は本性上、政治的動物である」（1253a3）という言葉には、単に人間が本来政治社会を構成すべき性格をもつというほかに、人間は政治社会（ポリス）、すなわち、現世の地上の国家において、その本性を完成することができるという意義がある。これは、彼岸の神の国においてこそ人間は救済されるとするアウグスティヌスなどの正統的キリスト教神学にとって許しがたいことであろう。加えて、ポリスの市民はポリスの政治に積極的に参加することによって市民（国民）であり（第三巻第一章）、政治的動物としての人間の本性を完成させることができるものとされている。このようなアリストテレス『政治学』の影響は、後期スコラ哲学における政治理論や国家論に、一見きわめて近代的な色彩を与えるのであって、たとえば、右のレオ・シュトラウスが名前をあげているパドヴァのマルシリウスなどにおいては、人民ないし全体としての共同体に主権をみとめ、その授権にもとづいて政府が存続すべきものとするなど、一七世紀・一八世紀の近代政治哲学といわれるものの骨子がことごとく見い出されるといっても過言ではなような状況があるようである（cf. The Cambridge History of Later Medieval Philosophy edited by N.Kretzmann, A.Kenny and J.Pinborg, 1988, pp.741-2, 755, 759, 767, 770. 以上の引用部分は、次の二論文にあたる。A.S.McGrade, Rights, Natural Rights and the Philosophy of Law ; D.E.Luscombe, The State of Nature and the Origin of the State）。

筆者の困惑は、ホッブズによるアリストテレス批判が、かりに右の社会的動物たる人間のいわば現世における自己完結性の破壊にまで及ぶものとすれば、それゆえ『リヴァイアサン』の第三部を書かざるをえなかったのではないかという疑問をいだきつつ、まだ解けないことである。ウォーレンダーのように、ホッブズの理論を神の命令たる義務の体系とし、自然法の伝統にあると断定できればよいのだが（Howard Warrender, The Political Theory of Hobbes : His Thery of Obligation, 1957, pp.213, 312 ; cf.B.Barry, Warrender and His Critics.in Hobbes and Rousseau ed.by M.Cranston and R.S.Peters, p.37 ; J.Watkins, Hobbes's System of Ideas, 1989, p.57.）。

（2） Leo Strauss, Natural Right and History, p.182 ; Karl-Heinz Ilting, Naturrecht : in Geschichtliche Grundbegriffe Bd.4 S.245 ff. 280.

（3） John Locke, Two Treatises of Government edited with an Introduction and Notes by Peter Laslett（Cambridge U.P.）, 1988, p.271. 鵜飼信成訳『ロック・市民政府論』（岩波文庫＝以下「邦訳」と略称）第二章第六節、一二頁。

（4） ルソーの引用は、本稿では、白水社版の『ルソー全集』（＝以下「邦訳」と略称）による。第四巻「人間不平等起源論」第一編参照。

（5） 『リヴァイアサン』は、ブラックウェル版、コリエ（Collier）版、エブリマンズライブラリー版も参照したが、本稿では、引用頁数は英語全集版（English Works）による。邦訳は、岩波文庫（水田洋訳）、中央公論社版（永井道雄・宗片邦義訳）も参照したが、引用は河出書房新社版（水田洋・田中浩訳＝以下、「邦訳」と略称）による。

（6） Hobbes, Leviathan, pp.678, 683. 邦訳第四部第四六章、四五五、四五六頁。

（7） Aristotelis, POLITICA edited by W.D.Ross, 1986 ; Aristitle, The Politics translated by B.Jowett and edited by S.Everson, 1988 ; Aristotle, Politics translated by H.Rackham（Loeb）1977 : 山本光雄訳『アリストテレス・政治学』（岩波文庫＝以下「邦訳」と略称）。

（8） Aristotle, Politics, 1253a3. 邦訳第一巻第二章、三五頁。

（9） Aristotle, Politics, 1253a30. 邦訳第一巻第二章、三六頁。

(10) なお、プラトンの『法律』の最初の部分にも、万人の万人に対する戦いに類した表現が登場するが、あとでふれる。
(11) ルソーは自然状態を歴史的なものでなく、仮説的・条件的なものとしつつ(邦訳第四巻「人間不平等起源論」二〇〇頁)、「あいつぐ発展を通して」描く(同二〇二頁)結果、きわめて発展的、歴史的色彩をおびている(cf. William Pickles, The Notion of Time in Rousseau's Political Thought : in Hobbes and Rousseau edited by M.Cranston and R.S.Peters, 1972 p.365)。これは、フィヒテ『フランス革命論』(桝田啓三郎訳)一四九頁における自然法の領域などとは大いに異なる点である。
(12) Platonis, OPERA, TOMVS IV, RES PVBLICA ; Plato, Republic translated by P.Shorey, 1982 (Loeb). 藤沢令夫訳『プラトン著・国家』(上)(下)(岩波文庫=以下「邦訳」と略称)。
(13) Platon, Republic, 372a-373b. 邦訳(上)一三九頁以下。グラウコンは後者を「豚の国」とよぶ。
(14) Platon, Republic, 373e. 邦訳(上)一四三頁。
(15) Aristotle, Politics, 1256b40-1258b8. 邦訳五一頁以下。
(16) Aristotle, op. cit., 1258a39. 邦訳五七頁。
(17) Locke, Two Treatises of Government, p. 299. 邦訳五〇頁。
(18) Locke, op. cit., p. 342. 邦訳一一五頁。
(19) 松平千秋訳『ヘーシオドス・仕事と日』(岩波文庫)二四頁以下の五時代の説話参照。
(20) たとえば、ハリー・レヴィン『ルネッサンスにおける黄金時代の神話』(若林節子訳、ありえす書房、一九八八年)参照。
(21) オットー・ブルンナー「『全き家』と旧ヨーロッパの『家政学』」『ヨーロッパ―その歴史と精神』(石井・石川・小倉・成瀬・平城・村上・山田訳)一五一頁以下参照。
(22) Aristotle, Politics, 1252a8, 1255b20, 1278b33-1279a10, 1280b30-38. 邦訳三一、四六、一三七、一四七頁。
(23) Locke, Two Treatises of Government, p. 280. 邦訳第三章第一九節、二四頁。
(24) Hobbes, Leviathan, p.113. 邦訳第一部第一三章、八五頁。
(25) 邦訳第五巻二一七頁。とくに邦訳第四巻二六九頁以下「戦争状態は社会状態から生まれるということ」にくわしい。

(26) Montesquieu, De l'esprit des lois, introduction par V. Goldschmidt, 1979, p.127 ; Montesquieu, The Spirit of the Laws translated and edited by A.M.Cohler, B.C.Miller and H.S.Stone, 1989, p.7. 野田・稲本・上原・田中・三辺・横田訳『モンテスキュー・法の精神』（岩波文庫・上）四六頁。

(27) Hobbes, Leviathan, p.85. 邦訳六七頁。

(28) Hobbes, Leviathan, p.113. 邦訳八五頁。

(29) Hobbes, Leviathan, p.115. 邦邦訳八六頁。

(30) アリストテレス『政治学』にも「もろもろの国制はそれを破壊する人びとから遠くにあるが為のみならず、また時には近くにあるがためにも保持される、というのは国民たちが彼らを恐れて、それだけ一層固くその国制を握りしめるからである」という言葉がある。Aristotle, Politics, 1308a 27. 邦訳二五二頁。アウグスティヌス『神の国』にも、ライバルのカルタゴの滅亡によりローマが内部から崩壊したという話がくり返し登場する。Augustine, City of God I. translated by W.M.Green（Loeb）, pp.127.203.367 ; St. Augustine, Concerning The City of God against Pagans translated by H.Betterson, pp.42, 68, 122 ;『アウグスティヌス著作集11』（教文館）八九、一三二、二二〇頁参照。

(31) 近時の英語圏の若干の諸文献が、ホッブズの自然状態における契約の拘束力をゲームの理論を用いて説明している。とくに、つぎの二著に顕著である。Gregory S.Kavka, Hobbesian Moral and Political Theory, 1986, p.126 et s ; Jean Hampton, Hobbes and the Social Contract Tradition, 1986, p.61 et s. それについて少し疑問を感じたため、別のより簡明な説明を試みたものであるが、あまり自信はない。なお、数あるホッブズ解釈の概観は、D.D.Raphael, Hobbes, Moral and Politics, 1977, p.74 et s ; W.H.Greenleaf, Hobbes: The Problem of Interpretation. in Hobbes and Rousseau ed. by M.Cranston and R.S.Peters, 1972. p.5. et s ; D.Baumgold, Hobbes's Political Theory, 1989, p.1 et s. 水田洋『近代人の形成』三一三頁以下、三九一頁以下参照。

(32) Platon, Republic, 501b. 邦訳（下）六二頁。

(33) Platon, Republic, 588c–589b. 邦訳（下）二九一頁以下。なお、ルソーの「政治経済論」（邦訳第五巻六一頁以下）においても、政治体を「人間の身体に類似した生命をもつ一つの組織体」であるとし、主権をその頭（ただし、

「社会契約論」第三編第一一章では、主権を政治体の生命の根源とし、その立法権を心臓としている）とし、また、「一つの意志をもつ一個の精神的存在」であるとして、この一つの意志のことを「一般意志」とよんでいる（六六一七頁）。あとでふれる。

(34) Locke, Two Treatises of Government, p. 271. 邦訳一一二頁。

(35) Hobbes, Leviathan, p. 115. 邦訳八七頁。

(36) Hobbes, Leviathan, p. 86. 邦訳六八頁。

(37) Hobbes, Leviathan, p. 702. 邦訳四七六頁。

(38) ホッブズは、その「政府と社会に関する哲学的基礎論」第一章第二節の最初の注の中でも、人は、自然によってではなく、教育によって、社会に適合するようにできている（man is made fit for society not by nature, but by education）といっている。Hobbes, Philosophical Rudiments concerning Government and Society, p. 2.

(39) 前注におけるホッブズの言葉は、その本文においてアリストテレスの政治的動物（ポリティコン・ゾオン）を批判する部分のために書かれている。したがって、ホッブズはあくまでアリストテレスと異なるというべきだと思われるかもしれない。しかし、アリストテレスの言葉の英訳「人は自然によって政治的動物である（man is by nature a political animal）」における「自然（φύσις）」の語は、周知のとおり、アリストテレスの用語例において、その直前の説明のように、「生成がその終極に達した時に各事物があるところのもの」（1252b30）をさし、目的的で規範的な色彩の濃いものである。プュシスとノモスの対立はそこにはまだないといってよい。R. G. Mulgan, Aristotle's Political Theory, 1977, p. 18; A. Rapaczynski, Nature and Politics. Liberalism in the Philosophies of Hobbes, Locke, and Rousseau, 1989, p. 30; M. Ostwald, From Popular Sovereignty to the Sovereignty of Law. Law, Sociert, and Politics in Fifth-Century, Athens, 1986, p. 89. なお、R・G・コリングウッド＝平林康之・大沢忠弘訳『自然の観念』一一三頁以下、E・ハイニマン＝広川洋一・玉井治・矢内光一訳『ノモスとプュシス』参照。この自然概念とホッブズにおける自然概念（福田歓一「政治理論における『自然』の問題」近代政治原理成立史序説四〇七頁以下、四一五頁参照）とは内容を異にしている。アリストテレスは、プラトンの『国家』におけるソクラテスの私有財産制否定論を批判する部分で、国は「多数であるから、教育の力によってそれを共同的なものにし、かくて一つのものとしなければならない」（1263b36. 邦訳七九頁）として、プラトン『国家』の行きすぎた単一化を非難している。ホッブズとアリストテレスの差は、ホッブズが強調するほどは大きくないように思われる。なお、プラトンの『国家』に描かれている国家の物語は、守護者（支配者）の特権としてみとめられるウソ（作り話）であることがほのめかされている（379a1, 382c7, 389b3, 414b9, 459d. 邦訳（上）一五八、一七〇、一八四、二五一、三六七頁）から、人民を説得するために創作された新しい神話であって（cf. J. G. Gunnell, Politiacl Philosophy and Time: Plato and the Origins of Political Vision, 1987, pp. 143-150）、プラトンが本当に信じていたかいささかあやしい気がする（cf. 471c-473a, 540d）。

(40) Hobbes, Leviathan, p. 112. 邦訳八四頁。

(41) Platon Republic, 351c7-d5. 邦訳（上）八九頁。アウグスティヌス『神の国』（前注30）第一九巻第一二章にも戦争の目的がよりよい平和にあり、同第一三章にはある種の平和なくして戦争がありえないとの言葉がある。

(42) Hobbes, Leviathan, p. 117. 邦訳八八頁。

(43) Hobbes, Leviathan, p. 118. 邦訳八八頁。

(44) cf. Hobbes, Leviathan, p. 297. 邦訳一〇四頁参照。ただし、例外的に相互援助防衛の自由がみとめられることがある。cf. Hobbes, Leviathan, p. 206. 邦訳一四七頁。

(45) Hobbes, Leviathan, p. 130. 邦訳九七頁。

(46) Hobbes, Leviathan, p. 131. 邦訳九七頁。

(47) Locke, Two Treatises of Government, p. 277. 邦訳第二章第一四節、一二〇頁。

(48) Locke, Two Treatises of Government, pp. 288, 291, 298. 邦訳第五章第二八節・三四頁、同三四節・三八頁、同四四節・四九頁。ただし、ロックにおいても所有権の成立と確定とは区別され、後者は、自然状態の第二段階（貨幣使用に対する同意、社会内部の法）という一定の社会の存在を前提としている。Locke, op.cit., pp. 293, 295, 299, 310. 邦訳第五章第三六節・四二頁、同三八節・四四頁、同四五節・五〇頁、同五〇節・五四頁。

(49) 『リヴァイアサン』の第二部第一七章と第一八章によれば、コモンウェルスの設立は、①構成員全員一致による結合契約（各人の各人に対する信約）、②多数決による代表者（主権者）の選任、③代表者（主権者）への代表権の授権（主権者の行為と判断を各人本人のものとする）の三つの側面があるが、②③は①の内容とされているため、これら三つが別個の行為や時間的に異なる段階を形成するものではないと解される。各人の権利放棄は、代表者への授権と対応しているが、後の第二八章の処罰権のところで、「臣民たちがその権利を主権者に与えたのではなくて、ただ、かれら自身のものを放棄することによって、主権者が、かれらの全体の維持のために適当だと思う通りに、かれ自身のものを用いるのを強めた」(p.298. 邦訳二〇四頁)としているので、放棄ではあるが、譲渡ではない。この点、ロックと異なるが、ここでは立入らない。

(50) Hobbes, Leviathan, p.138. 邦訳一〇二頁。
(51) Hobbes, Leviathan, p.139. 邦訳一〇二頁。
(52) Hobbes, Leviathan, p.140. 邦訳一〇三頁。
(53) Hobbes, Leviathan, p.138. 邦訳一〇二頁。
(54) Hobbes, Leviathan, p.140. 邦訳一〇三頁。
(55) Hobbes, Leviathan, p.140. 邦訳一〇三頁。
(56) Hobbes, Leviathan, p.141. 邦訳一〇四頁。
(57) Hobbes, Leviathan, p.142. 邦訳一〇四頁。
(58) cf.Hobbes, Leviathan, p.137. 邦訳一〇一頁参照。
(59) Hobbes, Leviathan, p.142. 邦訳一〇四頁。
(60) Hobbes, Leviathan, p.142. 邦訳一〇四頁。
(61) Hobbes, Leviathan, p.142. 邦訳一〇四頁。
(62) Hobbes, Leviathan, p.143. 邦訳一〇五頁。
(63) Hobbes, Leviathan, p.143. 邦訳一〇五頁。
(64) Hobbes, Leviathan, p.143. 邦訳一〇五頁。
(65) Hobbes, Leviathan, p.143. 邦訳一〇五頁。
(66) Hobbes, Leviathan, p.144. 邦訳一〇五頁。
(67) Hobbes, Leviathan, p.145. 邦訳一〇六頁。
(68) Hobbes, Leviathan, p.253. 邦訳一七六頁。ホッブズが道徳哲学と自然法を同一視している点について、F. Tönnies, Thomas Hobbes, Leben und Lehre, 1971, S.198.

(69) Hobbes, Leviathan, p.146. 邦訳一〇七頁。
(70) Aristotelis, ETHICA NICOMACHEA edited with notes by L.Bywater, 1104a24, 1106a26-1108b31, 1133b32. 加藤信朗訳『アリストテレス全集13・ニコマコス倫理学』四三頁、五一頁以下、一六二頁。
(71) Aristotle, Politics, 1295a37. 邦訳二〇二頁。
(72) Aristotle, Politics, 1296a7. 邦訳二〇五頁。
(73) Aristotle, Politics, 1287b4. 邦訳一七一頁。これに対しては、ホッブズは、「いったいどのような人間が、法すなわち言葉が、人びとの手も剣もなしに、かれを傷つけると信ずるであろうか」と批判している(Hobbes, Leviathan, p.683. 邦訳四六四頁)。しかし、法の支配ではなく、人の支配をとくこの部分はホッブズの全体の体系と合致しない。ホッブズは、最初のゴドルフィン氏への献辞の中で権力にある人についてではなく、抽象的な権力の座(職)について語る(I speak not of the men, but, in the abstract, of the seat of power)ものとし、主権は自然人でなく、人工的人間に対する授権にもとづくものとする全体の理論にそぐわないというべきであろう(cf. Gauthier, op.cit, pp.126, 171. ; G.Mace, op.cit., p.39)。なお、オークショットも、ホッブズは法の支配たる結社としての国家の理論を作ったとする。M.Oakeshott, On History and Other Essays, 1983, p.119 et s. ただし、アリストテレスにおいて、法とは主として、慣習法であるのに対し、ホッブズにおいては、主権者の命令である実定法というちがいがある。
(74) Aristotle, Politics, 1278b31. 邦訳第三巻第六章・一三七頁。
(75) Aristotle, Politics, 1274b40-1275b20. 邦訳第三巻第一章・一二一頁以下。
(76) Aristotle, Politics, 1328b4-1329a39. 邦訳第七巻第九章・三二八頁以下。
(77) Aristotle, Politics, 1252b10-1253a1, 1280b30-1281a3. 邦訳三三頁以下、一四五頁。
(78) Aristotle, Politics, 1289b29. 邦訳一八一頁。
(79) ホッブズは、第一部人間論の第四章で言葉の効用と並んで言葉の悪用をあげ、第五章で推理の効用と並んで背理をあげ、「学問をもたぬ人びとでさえ、生まれつきの慎慮をもっていれば、まちがった推理のために、またあやまった推理をしている者を信頼したために、まちがった背理的な一般法則をみつける人びとよりも、まだましな、結構な状態にある」としている。なお、第一三章の人の生まれつきの平等における精神的諸能力は、努力にもとづく学問のレベルのものではなく、経験にもとづく慎慮のレベルでいわれている（Hobbes, Leviathan, pp. 19-20, 31-37, 110, 325. 邦訳二三頁以下、三三頁以下、八三頁、二二二頁）。

（80）　契約説は、プラトン『国家』第二巻におけるグラウコンの説（Platon, Republic, 359a, 邦訳（上）一〇六頁）や『クリトン』の後半部分（久保勉訳『プラトン著・ソクラテスの弁明、クリトン』岩波文庫、七九頁以下）に登場するなど、ギリシャ・ローマ時代からみられ、一二一五年のマグナ・カルタがしめすように、人的結合を特色とする中世封建契約にもその特異の形のものがみられる。ごく大ざっぱにいって、政府機能の基盤となる政治社会そのものが構成員の合意によってつくられるとする近代的な社会契約の観念は、中世後期のスコラ哲学（ラウテンバッハのマネゴルト、パドヴァのマルシリウス、クザのニコラス、スワレツなど）に始まるもののようである（cf. D. E. Luscombe, pp. 759, 769）。ホッブズ、ロック、ルソーなどは、これを発展させた。とくにホッブズは、政治社会に先立つ自然状態を悲惨に描くことによって、政治社会の構成の人為性をきわだたせた。シュトラウスによれば「ホッブズ以来、自然法理論は本質的に自然状態となった」（Leo Strauss, Natural Right and History, p. 184）。しかし、実際には、古典社会や中世社会と異なり、近代主権国家が領土国家であるため、かえって、ホッブズ、ロック、ルソーなどにおける「同意」は、きわめてフィクション性の強いものとなっている。

（81）　Hobbes, Leviathan, p. 158. 邦訳一一五頁。

（82）　Hobbes, Leviathan, p. 254. 邦訳一七七頁。

（83）　ウォーレンダーは、義務の動機と根拠とを区別し、自己保存を前者とし、神の命令を後者とする。Warrender, op. cit., p. 213.

（84）　Hobbes, Leviathan, p. 147. 邦訳一〇七頁。

（85）　Hobbes, Leviathan, p. 264. 邦訳一八三頁。

（86）　Hobbes, Leviathan, p. 272. 邦訳一八八頁。

（87）　Hobbes, Leviathan, p. 325. 邦訳二二一頁。

（88）　Hobbes, Leviathan, p. 342. 邦訳二三三頁。

（89）　Hobbes, Leviathan, pp. 348, 587. 邦訳二三六、四〇〇頁。

（90）　Hobbes, Leviathan, p. 144. 邦訳一〇六頁。

(91) Hobbes, Leviathan, p. 326. 邦訳二二二頁以下。
(92) Locke, Two Treatises of Government, I, § 86, 19–20 and note (p. 205), II, § 6 (p. 271), § 56 (p. 305). 邦訳一二、五八頁。なお、John Locke, The Reasonableness of Christianity. 田中正司『増補ジョン・ロック研究』九八頁以下、友岡敏明『ジョン・ロックの政治思想』八二頁以下など参照。
(93) とくに、Warreder＝前注(83)
(94) Hobbes, Leviathan, pp. 378, 444, 512–20. 邦訳二五六、三〇二、三四八頁以下。
(95) Hobbes, Leviathan, p. 360. 邦訳二四三頁。
(96) Hobbes, Leviathan, pp. 366, 424-426, 436. 邦訳。二四八、二八七―二八九、二九六頁。
(97) ロックは、The Reasonableness of Christianity の中で聖書の権威のほうを理性の権威よりも上にあるものとしている。ホッブズについては、第三部の解読がまだできないため、結論を留保しておきたい。
(98) Hobbes, Leviathan, p. 252. 邦訳一七五頁。
(99) Hobbes, Leviathan, p. 252. 邦訳一七六頁。
(100) Aristotle, Politics, 1287b5. 邦訳一七一頁。なお、1265a20、邦訳一〇〇頁参照。cf. Platon, Republic, 426c–e. 邦訳二七八―九頁参照。ちなみに、ロックが市民政府論でしきりに引用しているフッカー（Richard Hooker）においては、人民の同意と慣習と法とは同一のものをさした（cf. David Little, Religion, Order and Law, 1969, pp. 160. 182.; Richard Hooker, Of the Laws of Ecclesiastical Polity edited by A. S. McGrade, 1989, pp. 93, 145, 180. クリストファー・モリス＝正井正樹訳『宗教改革時代のイギリスの政治思想』二〇一頁）。なお、ルソー『社会契約論』第三編第一一章の終り（邦訳第五巻一九七―八頁）でも「法律が古くなるにつれて力を弱めてゆくようなところではどこでも、そこにはもはや立法権は存在せず、国家は生命を失っている証明である」としている。
(101) Hobbes, Leviathan, p. 263. 邦訳一八三頁。
(102) Hobbes, Leviathan, p. 278. 邦訳一九二頁。
(103) Hobbes, Leviathan, p. 281. 邦訳一九四頁。
(104) カール・シュミット＝長尾龍一訳『リヴァイアサン』一一六頁注参照。
(105) Hobbes, Leviathan, p. 234. 邦訳一七七頁。

(106) Hobbes, Leviathan, p. 254. 邦訳一七七頁。
(107) Hobbes, Leviathan, p. 258. 邦訳一七九頁。
(108) Hobbes, Leviathan, p. 274-80. 邦訳一九三頁。
(109) Hobbes, Leviathan, p. 161. 邦訳一七一頁。
(110) Hobbes, Leviathan, p. 252. 邦訳一七五頁。ただし、臣民が民事事件であれ刑事事件であれ、「主権者と既存の法をもとにして（grounded on a precedent law）論争するばあいには、かれは、臣民と論争するさいと同じように、主権者によって任命された裁判官に、自分の権利について訴訟をおこす自由をもっている」（pp. 206-7. 邦訳一四七頁）とされている。絶対的主権の圧倒的権力の前に臣民の権利自由が無にひとしいかのような俗説的ホッブズ解釈をときおりみかけるが、これはホッブズの一部をみて、全体を読んでいない。ホッブズにあっては、司法権に関する叙述が具体的かつ詳細で（第二部第二六章ないし二八章）、権利自由保障の尊重のほどは、ロック、ルソーなどの亜流ホッブズにくらべて、群を抜いている。シュトラウスが、自由主義の建設者はホッブズだった（Leo Strauss, op. cit. p. 182）とし、オークショットが、ホッブズはほとんどすべての自称自由主義者よりも、より自由な哲学をもっている（M. Oakeshott, op. cit. p. 63）というのがあたっている。ロックでなく、ホッブズこそがアメリカ建国の思想とされるものもそのためであろう（G. Mace, F. M. Coleman 前掲）。
(111) Hobbes, Leviathan, p. 343. 邦訳二三三頁。
(112) Hobbes, Leviathan, p. 343. 邦訳二三三頁。なお、p. 275（邦訳一九〇頁）。
(113) Hobbes, Leviathan, p. 258. 邦訳一七九頁。
(114) Hobbes, Leviathan, p. 263. 邦訳一八三頁。
(115) Hobbes, Leviathan, p. 267. 邦訳一八五頁。なお、ウォーレンダー（Warrender, op. cit., p. 146）は、自然法の解釈について、個人解釈による古い型と公的（主権者による市民法の一部としての）解釈による新しい型とを区別している。ホッブズ自身は、後者を基本としつつ、必ずしも明確でないように思われる（cf. p. ex., pp. 263. 258. 邦訳一八三、一七九頁）
(116) Hobbes, Leviathan, p. 342. 邦訳二三三頁。
(117) Hobbes, Leviathan, p. 253. 邦訳一七六頁。

遠藤博也著『行政法研究（全4巻）』の刊行にあたって

Ⅰ　行政法学の方法と対象
Ⅱ　行政過程論・計画行政法
Ⅲ　行政救済法
Ⅳ　国家論の研究
　―イェシュ、ホッブズ、ロック

栞
信山社
23.7.13

本書は先生ご逝去の時（一九九二年）から関係の先生方のお力添えをいただき鋭意準備を整えて参りましたが、やっと刊行の運びとなりました。遠藤博也先生のお仕事はなおその魂魄とともにこの世に存在しておられるように思い、ここに生前からのご厚意に感謝して刊行致します。

（信山社、二〇一一年七月一三日）

遠藤博也：その行政法研究の特徴と成果

――遠藤博也先生のご経歴と業績――

畠山武道

故遠藤博也教授は、昭和四一年二月に助教授として着任以来、二六年間にわたり北大法学部で、行政法を中心とする研究・教育にあたられた。その間、多数の業績を発表されたが、ここでは、教授の行政法理論を特徴づけると思われるいくつかのキーワードを提示し、それにそって教授の業績の一端を振り返ることにしよう。

なお、文献の引用は、後出の業績一覧に依拠し、著書については書名のみを、論文については、論文名と発表年次のみを付記するにとどめる。

一　利益衡量

遠藤教授の行政法研究の第一の特徴は、利益衡量的な視点である。その視点ないし発想は、教授の論稿に底流として一貫して流れており、終生、変わることがなかったといえる。ただし、ここでは、「利益衡量」の意義を、それほど厳格には考えず、たとえば遠藤教授が、行政行為論については、一般抽象的な行政行為の本質論や性格論から求められている解答をひきだすのではなく、行政行為を具体的法律関係の中において具体的事情に即して検討すべきことを強調されるように、具体的な利益状況とその状況に応じた判断を重視し、概念法学的・演繹的思想を排除することを、一般的に広く指すこととしたい。

博士論文であり最初の著書である『**行政行為の無効と取消**（一九六八）』は、利益衡量的な視点を明確にした最初の著作である。この著書の意義は、従来の概念論的、規範論的な瑕疵論を排し、具体的な利害状況・利益状況を念頭に概念の区分や解釈論を展開すべきことを主張したことである。たとえば、従来の瑕疵論によれば、無効と取消の区別は瑕疵が重大・明白かどうかで区別され、取消と撤回の違いは、瑕疵が原始的な瑕疵か後発的な瑕疵かで区別された。しかし、同書は、具体的な利益状況の違いに着目して「職権取消」と「裁判による取消」という区別を提唱し、明白性の意義や公定力の及ぶ範囲についても、それぞれの場合を区分して、細かい解釈論を展開している。その後、職権取消と裁判取消の対比、取消と撤回の相対化などの主張が、広く支持されつつあるが、遠藤教授の主張は先駆的意義を有するものといえる。また、本書では、行政過程論的な発想が、すでに随所に見られることも注目される。

ただし、本書は、行政行為の無効と取消に関するドイツ・フランスの判例・学説が膨大な文献を駆使して縦横に分析されているため、従来の見解を崩すような優れた指摘が随所にみられる一方で、遠藤教授が、行政法理論体系の中心的なテーマであった行政行為の瑕疵論に対して、どのような体系を新たに提示するのかという点が、読者に十分理解されたとはいいがたい。むしろ、「**行政行為の無効と取消の区別の基準**（一九七二）」、「**行政行為の瑕疵**（一九七九）」、「**違法行為の転換**（一九七九）」、「**職権取消の法的根拠について**（一九八四）」などに、さらに明解で、こなれた説明がみられる。

利益衡量的な思考は、瑕疵論（ただし、遠藤教授は、「瑕疵」にかえて、「欠陥」という言葉を用いている。『**実定行政法**』一一三頁）のみならず、実定法の理解や解釈においても発揮される。その発想を実定法において広く示したのが多くの土地法・都市法に関する論稿であり、なかでも、「**公共施設周辺地域整備法について**（一九八一）」は、利害調整メカニズム、ないし費用負担調整の仕組みとしてこれらの多数の法律・法制度を統一的に把握し、さらに社会影響アセスメントにまで発展させることを課題として提示した貴重な作業である（なお、『**行政法スケッチ**』第一二章参照）。また、『**都市計画法五〇講**（一九七四、改訂版一九八〇）』は、都市法研究のための基礎作業であると同時に、優れた法律解説書でもある。その他、「**都市再開発法の位置づけ**（一九六九）」、「**政令指定都市と行政区の問題**（一九七五）」、「**土地収用と公共性**（一九八〇）」など。

しかし、遠藤教授の利益衡量論の総仕上げ・到達点は、大著『**国家補償法（上）（中）**』であるように、筆者（畠山）にはおもえる。この著書において、遠藤教授は、損害塡補・被害者救済的機能、利害調整・資源配分的機能、行政の活動を規制する行為規範機能という三つの機能（役割）を国家補償法の中心的課題とすべきことを提案する。記述は、特に具体的事実関係を重視し、ケース毎の考慮事項、被害法益の判断要素、財政的制約その他の特殊事情の有無、他のケースとの比較検討など、詳細かつ膨大な作業量に裏打ちされたもので、執筆の苦労がしのばれる。

しかし、その後、同書が注目されることになったのは、国家補償法の役割・機能として利害調整・資源配分的機能を強調し、「なすべき行政措置に必要な財政支出が、一般に予想される危険に比較して客観的な期待可能性がなく、現実に生じた損害との関連においても、手落ちとしてとがめだてするのは実際上酷だと判断される場合に、その責任を否定するという考えは十分なりたちうる」（五六頁）と述べて、学説が責任成否の判断の際に判断要素として考慮することを躊躇してきた財政的制約を、正面から取り入れたところにある。周知のように、昭和五九年の大東水害訴訟最高裁判決は予算制約論を判示し、それがその後の水害訴訟を支配することになったが、遠藤教授の論稿は、最高裁判決以前に公表されたものだけに、とくに、その影響が注目される（なお、『実定行政法』二九一頁参照）。

また、「行政法における法の多元的構造について（一九八五）」「危険管理責任における不作為の違法要件の検討（一九八五）」なども、一種の利益衡量論であって、その提唱する「違法性相対化論」が議論を呼んだことも、周知のとおりである（『国家補償法（上）』一七六頁、『行政法スケッチ』第六章参照）。

二　危険管理責任

遠藤教授の危険管理責任論も、その後の判例学説の発展に大きく寄与した。危険管理責任とは、行政活動の対象となるべき社会の中においても多様な危険が存在することに着目し、警察権限を適正に行使するなどによって社会に存在する危険に対処すべき行政庁の責任をいう。この種の行政責任は、規制権限行使義務、行政介入請求権などともいわれるが、行政権力自体が内包する危険責任と区別して、行政庁の危険管理責任を自覚的に議論したのは、遠藤教授が最初である。この考えは、『行政法Ⅱ（各論）』一四七頁でまず示され、『国家補償法（上）』三七七頁以下、『実定行政法』二九八頁以下、「危険管理責任における不作為の違法要件の検討（一九八五）」などによって、さらに事例別・

類型別に詳細な検討がなされている。この考えは、たとえば阿部泰隆『国家補償法』一八〇頁（一九八九）の「行政の危険防止責任」論など、有力な学説に受け継がれている。

また、遠藤教授は、行政庁の危険管理責任を認める一方で、私人にも責任の分担を強く求め、私人の危険管理責任を強調していたが（『行政法Ⅱ（各論）』一四九頁、「**危険管理責任における不作為の違法要件の検討**（一九八五）」四八二頁）、私人の危険管理責任論は、「動物園の猿」という比喩はともかく、解釈論的な範疇にまで練り上げられることのないままに終わった。

三　行政過程論

行政法解釈にあたって具体的な利益状況を考慮すべきことは、従来の通説を形成してきた美濃部・田中理論も、ある程度、主張してきたところであって（例えば、取消権・撤回権の制限、法規裁量と自由裁量の区別等）、個々の法令の適用や解釈にあたって当事者の利益を考慮するという程度の主張では、それほど画期的なものとはいえない。むしろ、利益衡量の仕方こそが問題であるといわなければならない。そこで、遠藤教授が展開したのが、行政過程論である。遠藤教授の行政過程論は、『行政行為の無効と取消』にもみられるが、その後、「**複数当事者の行政行為―行政過程論の試み―**（一九六九）」、「**行政法学の方法と対象について**（一九七七）」、「**戦後三〇年における行政法理論の再検討**（一九七八）」、「**行政過程に関する判例の検討**（一九八一）」、「**規制行政の諸問題**（一九八三）」などの論稿によって、本格的な展開をみることになった。

遠藤教授の行政過程論は、やや晦渋であるが、対象としては、従来の行政行為論が念頭におかれ、行政行為を具体的法律関係の中において具体的事情に即して検討すること、抽象的な行政行為一般の本質ではなく、行政行為が具体的にいかなる全体の過程の中で、何を処分要件とし、そのため他の処分手続といかなる関係にたっているかなどを検討すること（「**戦後三〇年における行政法理論の再検討**（一九七八）」一七四頁）が、基本的な課題とされる。

では、従来の行政行為論との関係はどうなるのか。教授は、その点を、「行政過程論も、行政行為の存在を否定するものではなく、行政行為や行政手続などを部分的プロセスや全体としてのプロセスに焦点をあてる行政過程論のレンズを通して具体的に精細にみることによって、具体的な問題点をめぐる議論を活性化させよう」（同一七三頁）とするものであり、行政過程論は、「物の考え方」「行政上の諸現象をどのようにとらえるかという物の見方である」（「行政過程論の意義（一九七七）」五八七頁）とも説明される。

しかし、そうすれば、さらに、行政過程論とは別に、何によって行政活動の適法律性、適目的性を判断するのかという問題が生じる。そこで、遠藤教授が、個々の行政行為や単一の行政処分の効力を考察するだけでは足りず、全体の過程を考える必要があるとしてあげたのが、行政過程全体の正常性という基準である。たとえば、「行政権限の競合と融合（一九六九）」、「トルコ風呂と児童遊園―行政過程の正常性をめぐって（一九七五）」、「手続による行政の原理と行政過程の正常性（一九七八）」などが、その具体的な例証である。また、この考えは、対象を計画化された行政全体の合理性へと拡大することによって、次にみる計画行政論へと連なっていく。

このような行政過程全体の正常性を強調する論旨に対しては、行政法規のもつ規範的・拘束的意義を相対化しかねないとする批判が強い。しかし、遠藤教授の見解を行政作用全体に及ぼすことにはためらいがあるとしても、宅地開発指導要綱事件に典型的にみられるような一連の指導行政、誘導行政については、教授の見解が、伝統的な法律の留保論・法律の優位論より、はるかに有益で生産的であるように、筆者にはおもえる（畠山「石油ヤミカルテル事件最高裁判決の検討―行政指導分析に関する従来の理論の再検討」経済法学会研究年報六号七一頁参照）。

ただし、遠藤教授の行政過程論は、必ずしも厳密に定義された方法論ではなく、また、多数の実定法を咀嚼した上で縦横に議論が展開されているので、議論の背景を知らない一般の読者が、その輪郭や実際の意図を理解するのは困難な場合が少なくない。行政過程論が注目をあびながら、広く支持されるまでには至らなかった原因のひとつが、ここにあるといえよう。行政過程という言葉は、遠藤教授以外にも、いく人かの有力な行政法学者によって用いられており、それらの論者の主張が出そろうのをまって、再度、本格的な議論がされるべきであろう。

四　計画行政

さて、個々の行為の法適合性からはなれて、行政過程全体の正当性・妥当性を議論し、判断するために、遠藤教授の提示したもうひとつの理論的枠組みが、「計画行政法」である。「計画行政」とは、特定の「○○計画」を指すものではなく、そのような特定の計画が存在していない場合においても、法律そのものが計画実現の手段として政策体系の中に位置づけられ、法律や各種の行政措置が、目的＝手段の関係で幾重にも重層しているような一般的法構造をさす。すなわち、そこでは「異種複数の行政権限を体系的に組織化し、それが全体として新たな行政機能を生み出し、これによって、一定の目的が動態的に達成されることを狙いと（し）、そこには、常に具体的状況依存性と多数の政策との関連性とがある」（「**土地所有権の社会的制約**（一九七二）」一〇三頁）という状況認識ないし問題関心が議論の出発点である。遠藤教授の問題関心は、このように、法律自体が政策化し、法律の規範的な意義が希薄化した現代行政を、どのようにコントロールするかということにあったものといえよう。『計画行政法』は、その本格的な論証であり、「**都市再開発法の位置づけ**（一九六九）」、「**行政過程における公共の福祉**（一九七〇）」、「**土地所有権の社会的制約**（一九七二）」、「**計画における整合性と実効性**（一九七九）」、「**規制行政の諸問題**（一九八三）」など、さまざまの論稿を通してその雄弁な主張が展開されている。

遠藤教授の計画行政法も、論点・内容が多岐にわたるために、方法論については論者によってさまざまの受けとめ方があり、個々の論点や指摘には多くの論者が納得するものの、計画行政論が、どのような方向へ、どのような形で収斂していくのか（あるいは、しないのか）という点は、結局、判明しないままに終わったようにおもえる。遠藤教授の問題提起を正面からうけとめ、さらに実証的な研究を積み重ねることによって、その行政過程論を、学界共通の遺産とすることが、われわれ後進の任務である。

五　公共性

公共性というキーワードも遠藤教授が好んで用いられたものである。公共性分析の必要を最初に提示したのが「**行政過程における公共の福祉**（一九七〇）」であり、「**土地所有権の社会的制約**（一九七二）」、「**公共性概念の検討**（一九七四）」、「**交通の公共性と環境権（交通問題）**（一九七五）」、「**公共性**（一九八二）」などを含む多数の論稿で、問題が議論されている。公共性とは、従来、公共の福祉として一括されてきたものと、部分的に重なるが、行政機能の拡大は、行政作用の目的である公共の福祉の内容を著しく拡大するとともに、公共性の意味を不明確なものにしている。そこで、遠藤教授によれば、公共性の判断にあたって、「一般抽象的スローガンで一刀両断できるような単純きわまりない場合は稀で、複雑困難な比較衡量が要求され」、「公共性の判断が具体的状況に依存する結果として、考慮すべき諸要素・諸利益について、具体的状況を抜きにした一般抽象的な価値の序列をつくることは不可能である」（『計画行政法』四九頁）。こうして、「公共性とは、具体的な計画なり行政措置なりの合理性であ（り）」、公共性分析とは、「多種多様の事情の具体的な比較衡量による総合的な判断」（「公共性（一九八二）」一五頁）であるということになるのである。

このような遠藤教授の公共性論に対しては、従来の行政法学が、「行政の公共性・公益性を法律上すでに確定したものとして前提し、その内容を具体的に分析することなく、価値中立的、無媒介的にさまざまな法律技術論ないし法解釈論を展開してきた」ことを批判する点では問題意識を共通にしつつ、「公共性論は、諸利害の対立・矛盾を調整・克服し、市民的生存権的公共性確立のための立法論や解釈論を導くにあたっての法的基準を明らかにするところに、その法律学的作業の重点を見いだす」（室井力「国家の公共性とその法的基準」室井力編『現代国家の公共性分析』一五頁（一九九〇））べきであるとする観点からの批判がされている。しかし、遠藤教授は、すでに指摘したように、「考慮すべき諸要素・諸利益について、具体的状況を抜きにした一般抽象的な価値の序列をつくることは不可能である」と述べて、一義的な法的基準の定立を最初から度外視しており、議論はすれ違いに終わっている。私見（畠山）は、法解釈論としてはともかく、法制度論・制度批判には、資源配分、費用便益性、費用効果性、効率性、公平性などのさまざまの法的基準以外の基準が必要と考えており、遠藤教授の主張に、より魅力を感じる。

しかも、遠藤教授の公共性分析は、まったく無原則な利益衡量ではなく、「現代行政の構造の著しい変貌は、公共の福祉の内容だけではなく、その具体化の過程にも重大な変革を生じさせずにはおかない」という観点から、ヘーベルレを引用しながら、「公益はむしろ創造的活動を通じて形成される」（『計画行政法』四八頁）と述べていたことを忘れるべきではない。すなわち、公共性が、決定過程の公開、プロセスへの参加などの手続的側面を同時にもつということが、遠藤教授の主張の眼目であり、その点では、室井教授の最近の主張（同前八頁）と軌を一にするのである。「**都市再開発法の位置づけ**（一九六九）」、「**土地所有権の社会的制約**（一九七一）」、「**公共性の変貌と現代行政法**（一九七九）」、「**土地収用と公共性**（一九八〇）」などは、利害の錯綜する土地法制における公共性をより具体的に検討したものである。また、『**行政法スケッチ**』第四章、『**実定行政法**』五頁以下も参照。

六　請求権的行政法理論

従来の行政法理論体系のなかにあっても、せいぜい「私人の公法行為」なる範疇でしか捉えられなかった私人の地位を、理論上も実際上も重視し、さらには中心に据えて、行政法理論を作りなおすという構想は、見果てぬ夢のごとく、常に行政法学者の脳裏に去来する考えであった。遠藤教授は、「行政行為の抽象的性格によって事を決しようとする従来の行政法学は、議論が抽象的であるのみならず、なによりも個別実定法と乖離する傾きがあった」という批判のうえに、「取消請求権をはじめとする請求権を中心とした行政法の体系」の構成を提案された（「**行政法上の請求権に関する一考察**（一九八八）」一〇四一頁。他に、「**取消請求権の構造と機能**（一九八九）」、「**収用裁決取消判決の第三者効について—取消請求権に関する一考察**（一九八九）」、「**取消請求権に関する一考察**（一九九〇）」参照）。その基本的な構図は、私人の権利自由を前提に、許認可手続・給付手続など、請求権実現・具体化のための行為過程、権利の救済回復をはかる是正措置のための手続、賠償・補償など利害調整のための手続、権利実現のための訴訟手続を配するというもので、『**実定行政法**』は、その全体像を示したものである。

本書は、「主として法学部学生のための教科書」として書かれたものであるが、国家補償・行政訴訟を除いて、従来の行政法教科書の体系と著しく異なること、聞きなれない用語が氾濫することなどから、講義で使用するには、若干の勇気を必要とする。しかし、従来の教科書の多くが、基本的に田中行政法学の体系を祖述し、あるいはその概念の多くを言い替え、もしくは裏返して利用したものにすぎなかったのに比べると、本書は、行政手続法もふくめて、従来の教科書に記載された事項を、ほとんど漏れなく網羅し、明確な意図のもとに徹底して組み替えた点で際だった特徴を有しており、類似の試みを圧倒するものといえる。

本書の試みが成功しているかどうかは、今後さらに検討される必要があるが、すでに若い世代の研究者からは、「実体法主体の行政法の構想を総合的な形で示すものとして注目に価する」（高木光「当事者訴訟と抗告訴訟の関係」雄川一郎先生献呈論集『行政法の諸問題（中）』三六七頁）として、遠藤教授の試みを高く評価する声があがっており、今後の世代の研究者への影響が注目される。

七　国家論

最近の遠藤教授が全力投球していたのが、**国家論研究**である。その準備・構想は、精緻かつ壮大なもので、博覧強記な二つの論稿「**戦争と平和の法—ホッブスの自然状態について**（一九九〇）」、「**キーヴィタースとレース・プーブリカ**（一九九一）」を通読するだけで、その尋常でない打ち込みぶりがうかがわれる（なお、ジュリスト一〇〇一号八頁の筆者の追悼文［後掲］参照）。したがって、ここで遠藤教授の論稿を批評することは不可能である。この短文では、遠藤教授が、国家論研究に情熱を傾けるに至った理由に関し、筆者なりの推測を記すにとどめよう。

遠藤教授の国家論研究は、『**行政法Ⅱ（各論）**』の「制度の枠をとり払ったとき、行政とは何かといえば、国家作用の一つではなく、社会管理機能であるといえよう。（略）近代行政法の対象となる行政が国家作用の一つとされることは、社会管理機能が国家に集中されていることを意味する。そのすべてではないまでも重要の社会管理機能を国家が独占していること、いいかえると、近代国家は、かつて社会に遍在していた社会管理機能を自らの手に集中し、かつて社会管理機能の担い手であったものを解体し、抽象的に自由平等なバラバラの個人と相対立することをいみするのである。（略）この歴史的過程のあり方は国によって様々であるが、この過程の中から、封建的制約をとりはらった自由な所有権などに基づく私法の体系とこれと対立する公法の体系や、権力分立、地方自治などが生まれてくる」（九頁）という記述が、出発点になっているようにおもえる。

このような国家論の視点には、無論、伝統的なマルクス主義者からの批判を含めて、さまざまの批判がありうる。しかし、遠藤教授の国家論研究は、国家や国家成立に関する歴史的研究ではなく、近代国家論あるいは近代市民社会論の論理構造の分析に、そもそもの目的をおいたものである。また同時に、社会管理機能が国家に独占されている結果として、社会管理機能の主体ではなく、行政の相手方もしくは利害関係人としての地位に貶められ、その執行を職業的な公務員集団に委ねるしかなくなった私人(市民)の自己回復の試みであり、それを当然視して理論体系を築いてきた近代行政法理論を相対化しようとした野心的な試みであったという評価を、ここではしてみたい。

遠藤教授は、原典にかえって国家論を研究するために、病室でギリシャ語、ラテン語の勉強をしておられた。古典古代から現代まで、さらには日本の近中世までをも視野にいれた壮大な試みの未完に終わったことが、重ねて残念でならない。

八　まとめ―普遍的なもの、変わらないもの

『行政法スケッチ』を手にした読者は、遠藤教授が、たいへんな読書家で、法律書以外の哲学書、文学書、歴史書等に広く目を通していたことに、すぐに気づかれるだろう。特に、第一六章は、教授の面目躍如というところである。また、教授は、クリスチャンではなかったが、聖書に理解が深く、日曜学校に通ったこともあると話しておられた。これらの事実から、遠藤教授が、一方で、果てる事なく続く立法改正や判決の整理・解説からの避難口を求め、さらに、普遍的で変わらないもの、すなわち実定法の改正や判例の変更に左右されない「市民と行政の一般理論」を構想し、そこから、長年の関心を温めていた国家論研究へと傾倒していったと推論するのは、おそらく短絡にすぎるだろう。

しかし、今日のシステム化された情報化社会において、一人の研究者が、膨大・最新の情報を独占し駆使する国・自治体・企業等に立ち向かうのは、槍で風車に立ち向かう以上に難しい。情報の量や早さに一喜一憂している限り、行政法研究者は、急速に変化する行政現象を永遠に後追いするしかない。そのむなしさに気づいたとき、行政法に関する理論の役割とはなにか、さらに、その研究を生業《なりわい》とすることにいかほどの意味があるのか、という問いかけが始まる。しかし、それを遠藤教授に問いかける方法は、いまとなっては、四次元空間における再会（『行政法スケッチ』のむすび）を願う以外に、残されてはいない。

（北大法学論集四三巻三号より転載）

遠藤博也先生ご経歴

昭和一一年　六月一〇日　徳島市に生まれる
昭和三五年　三月　東京大学法学部第二類卒業
昭和三七年　三月　東京大学大学院法学政治学研究科修士課程修了
昭和四〇年　三月　東京大学大学院法学政治学研究科博士課程単位取得退学
昭和四一年　二月　北海道大学助教授（公法講座担任）
昭和四一年　三月　東京大学大学院法学政治学研究科博士課程修了（法学博士）
昭和四二年一〇月　北海道収用委員会予備委員（昭和四四年一月まで）
昭和四四年　一月　北海道収用委員会委員（平成四年四月まで）
昭和四四年　九月　札幌市公害対策審議会委員（昭和五四年九月まで）
昭和四五年　八月　北海道大学法学部教授（公法講座担任）
昭和四六年　五月　北海道公害対策審議会委員（平成四年二月まで）
昭和四八年　七月　札幌市居住環境審議会委員（昭和五四年七月まで）
昭和四八年一〇月　日本土地法学会理事（平成四年四月まで）
昭和四九年　一月　北海道自然環境保全審議会委員（昭和五一年三月まで）
昭和四九年　八月　北海道公害審査会委員（平成四年四月まで）
昭和五二年一一月　建設省沿道環境整備制度研究会委員（昭和五三年三月まで）
昭和五四年　八月　北海道大学評議員（昭和五七年一二月まで）
昭和五七年一二月　北海道大学法学部長（昭和五九年一二月まで）
北海道大学大学院法学研究科長（昭和五九年一二月まで）
北海道大学評議員（昭和五九年一二月まで）
昭和五九年一一月　北海道環境影響評価審議会委員（平成四年四月まで）
昭和六〇年　二月　札幌市がけ地対策調査専門委員（昭和六一年四月まで）
昭和六〇年　七月　札幌市スパイクタイヤ問題対策審議会委員（昭和六一年九月まで）

昭和六一年　四月　日本計画行政学会理事（平成四年四月まで）
昭和六一年　六月　北海道都市環境指標作成検討委員会委員（昭和六三年三月まで）
昭和六三年　六月　社団法人北海道都市再開発促進協会顧問（平成四年四月まで）
昭和六三年一〇月　北海道公文書開示審査委員会委員（平成四年四月まで）
平成　元年一〇月　日本公法学会理事（平成四年四月まで）
平成　元年一一月　公共用地審議会委員（平成四年四月まで）
平成　四年　四月　六日　逝　去

遠藤博也先生業績一覧

（北大法学論集四三巻三号をもとに作成）

Ⅰ　著　書

一九六八年
行政行為の無効と取消　東京大学出版会
一九七四年
都市計画法50講　有斐閣
一九七六年
計画行政法　学陽書房
一九七七年
行政法Ⅱ（各論）　青林書院新社
行政法入門（原田・小高・田村共著）　有斐閣
教材行政法判例（熊本・秋山・畠山共編）　北大図書刊行会
一九七八年
講話　行政法入門（〔講話〕と略）　青林書院新社
行政法学の基礎知識（1）（2）（広岡・田中舘共編）　有斐閣
一九八〇年
都市計画法50講〔改訂版〕　有斐閣
一九八一年
国家補償法（上巻）〔現代法律学全集61〕　青林書院新社

一九八二年
講義行政法Ⅱ（行政救済法）（阿部泰隆共編著）　青林書院新社
一九八四年
国家補償法（中巻）〔現代法律学全集61〕　青林書院新社
一九八七年
講義行政法Ⅰ（総論）（阿部泰隆共編著）　青林書院新社
一九八九年
行政法スケッチ（〔スケッチ〕と略）　有斐閣
実定行政法　有斐閣
一九九〇年
行政法入門〔新版〕（原田・小高・田村共著）　有斐閣

Ⅱ　論説

一九六八年
イェシュにおける憲法構造論—憲法と行政法との関連に関する一考察　一
（北大法学論集一八巻三号、〔本書第四巻*1*〕）
一九六九年
行政権限の競合と融合
（北大法学論集一九巻四号、〔本書第二巻*1*〕）
複数当事者の行政行為—行政過程論の試み一、二、三
（北大法学論集二〇巻一号～三号、〔本書第二巻*2*〕）
都市再開発法の位置づけ（特集・都市再開発法の課題）
（ジュリスト四三〇号、〔本書第二巻*8*〕）
一九七〇年
行政過程における公共の福祉（特集「公共の福祉」の現代的機能）
（ジュリスト四四七号、〔本書第二巻*3*〕）
取消訴訟の原告適格『実務民事訴訟講座８　行政訴訟Ⅰ』
（日本評論社、〔本書第三巻*5*〕）
一九七一年
土地所有権の社会的制約（臨時増刊）〔特集・土地問題〕
（ジュリスト四七六号、〔本書第二巻*9*〕）
一九七二年
行政行為の無効と取消の区別の基準〔特集・判例展望〕
（ジュリスト五〇〇号、〔本書第一巻*11*〕）
一九七三年
景表法上の公正競争規約認定判決に対する消費者（団体）の不服申立資格の有無—いわゆる果汁規約と主婦連の原告適格をめぐって—
（ジュリスト五三八号、〔本書第三巻*12*〕）
一九七四年
「公共性」概念の検討（特集・大阪空港公害訴訟）
（ジュリスト五五九号、〔本書第二巻*10*〕）
一九七五年

政令指定都市と行政区の問題
ジュリスト増刊　総合特集1〔現代都市と自治〕
（有斐閣、〔本書第二巻*11*〕）
公共施設と環境訴訟（季刊環境研究九号、〔本書第三巻*9*〕）
トルコ風呂と児童遊園―行政過程の正常性をめぐって―
（〔講話〕所収）時の法令九一二号）
交通の「公共」性と「環境権」
ジュリスト増刊　総合特集2〔現代日本の交通問題〕
（有斐閣、〔本書第二巻*12*〕）

一九七六年
損失補償の基本原則
不動産法大系7『土地収用・税金』（青林書院新社）
公権の放棄　公法関係と民法一七七条　行政法違反の法
律行為（『ワークブック行政法』有斐閣）
自治立法論（『行政法（3）地方自治法』有斐閣）
勧告審決取消訴訟の原告適格
（ジュリスト六〇七号、〔本書第三巻*13*〕）
行政庁の釈明義務　上水道と下水道　法律と条例　行政
庁の調査義務　行政行為の事後的違法　行政手続上の
権利　行政庁の作為義務　権利の内在的制約　当事者
訴訟的義務づけ訴訟
（〔講話〕所収）時の法令九二五号～九四九号）
地方公共団体における計画行政の課題
（日本都市企画会議年報三号）

一九七七年
行政法学の方法と対象について　田中二郎先生古稀記念
『公法の理論』下Ⅰ（有斐閣、〔本書第一巻*1*〕）
行政過程論の意義
（今村献呈）北大法学論集二七巻三・四合併号、
〔本書第二巻*4*〕）
災害と都市計画法（法律時報四九巻四号、〔本書第二巻*13*〕）
競馬の公共性とおもちゃのピストル　環境行政訴訟の問
題点（一～三）内閣総理大臣の権限　公務員の期限
付任用　地方自治と行政争訟　酒屋、たばこ屋、まあ
じゃん・ぱちんこ屋　公企業あれこれ　計画許可ない
し調整許可　営業規制と消費者保護　都市施設の設置
（〔講話〕所収）時の法令九五二号～九八五号）

一九七八年
国土総合開発法と国土利用計画法、土地利用基本計画と
国土利用計画、〔本書第二巻*14*〕基礎法律学大系実用
編12『土地法の基礎』（青林書院新社）
行政行為の意義、公定力、不当利得
（『行政法を学ぶⅠ』有斐閣）
戦後30年における行政法理論の再検討

土地収用法の性格と土地収用手続の諸問題
（公法研究四〇号、〔本書第一巻*2*〕）
公共施設の管理　法律に暗い老人　公共施設の利用
（全国収用委員会連絡協議会研究集会講演録）
（〔講話〕所収）時の法令九八八号〜九九四号）
手続による行政の原理と行政過程の正常性
（札幌市例規通信一〇〇号記念特集号、〔本書第二巻*5*〕）

一九七九年

行政行為の瑕疵〔本書第一巻*12*〕、行政計画〔本書第二巻*16*〕、行政権限の融合〔本書第二巻*6*〕、演習法律学大系3『演習行政法』
（青林書院新社）
公共性の変貌と現代行政法
（土木学会誌六四巻五号、〔本書第二巻*17*〕）
経済法と現代行政法
（経済法二二号、〔本書第一巻*3*〕）
計画における整合性と実効性
（計画行政二号、〔本書第二巻*15*〕）

一九八〇年

財産権補償と生活権補償に関する覚書
（建設月報三六八号、〔本書第三巻*10*〕）
土地収用と公共性　ジュリスト増刊〔行政法の争点〕
（有斐閣）

一九八一年

公共施設周辺地域整備法について
（〔小山退官記念〕北大法学論集三一巻三・四合併号、〔本書第二巻*18*〕）
土地利用規制と行政指導
（法令資料解説総覧20号、〔本書第三巻*15*〕）
行政過程に関する判例の検討
（今村教授退官記念『公法と経済法の諸問題』（上）有斐閣、〔本書第二巻*7*〕）

一九八二年

公共性（特集・大阪空港公害訴訟上告審判決）
（判例時報　一〇二五号、〔本書第二巻*19*〕）
田中先生の行政手続法論（特集・田中二郎先生と行政法）
（ジュリスト七六七号、〔本書第一巻*4*〕）

一九八三年

権力と参加
（岩波講座『基本法学6――権力』岩波書店、〔本書第一巻*5*〕）
規制行政の諸問題
（『現代行政法大系』第一巻　現代行政法の課題
（有斐閣、〔本書第一巻*6*〕）
現代型行政と取消訴訟
（公法研究四五号、〔本書第三巻*1*〕）
法の不備と行政責務
（法と社会研究　第2輯）

一九八四年

職権取消の法的根拠について
（田上穰治先生喜寿記念『公法の基本問題』有斐閣、〔本書第一巻 *7*〕）

一九八五年

注釈地方自治法74条　（『注釈地方自治法』第一法規）

行政法における法の多元的構造について
（田中二郎先生追悼論文集『公法の課題』有斐閣、〔本書第一巻 *8*〕）

一つの行政　二つの法・裁判　三つの法根拠　四つの基本原則　五つの法過程　六つの法局面　なぜか行政行為の諸分類　八つの行政委員会　民法七〇九条と憲法二九条（〈スケッチ〉所収）月刊法学教室五五号〜六二号）

危険管理責任における不作為の違法要件の検討
（〈富田追悼〉北大法学論集三六巻一・二合併号、〔本書第三巻 *8*〕）

都市再開発について
（都市問題研究三七巻一二号、〔本書第二巻 *20*〕）

一九八六年

国家賠償法総説　『基本法コンメンタール　行政救済法』
（日本評論社）

時効一〇年　一一時間目に来た男　一二の法律　行訴一三条・請求と訴え　武器平等の原則　取消判決の効力　行訴四四条・仮の救済　一七条の憲法　一八番・本稿のまとめ
（〈スケッチ〉所収）月刊法学教室六四号〜七二号）

国家賠償法の基本論点
（法学セミナー三八四号、一九八六年、〔本書第三巻 *7*〕）

一九八七年

都市計画・建築法制の課題〔特集・転換期の日本法制〕
（ジュリスト八七五号、〔本書第二巻 *21*〕）

一九八八年

行政法上の請求権に関する一考察
（〈山畠退官〉北大法学論集三八巻五・六合併号、〔本書第三巻 *2*〕）

一九八九年

取消請求権の構造と機能
（雄川一郎先生献呈論集『行政法の諸問題』下　有斐閣、〔本書第三巻 *3*〕）

収用裁決取消判決の第三者効について—取消請求権に関する一考察
（〈藪・五十嵐退官〉北大法学論集三九巻五・六号（下）、〔本書第三巻 *6*〕）

一九九〇年

取消請求権に関する一考察

（高柳信一先生古稀記念論集『行政法学の現状分析』勁草書房〔本書第三巻*4*〕）

戦争と平和の法―ホッブスの自然状態について―

（深瀬・小川退官）北大法学論集四〇巻五・六合併号（上）、〔本書第四巻*2*〕）

土地収用と公共性（ジュリスト増刊〔行政法の争点〕（新版）有斐閣、〔本書第二巻*22*〕）

一九九一年

キーヴィタースとレース・プーブリカ――ロックの市民社会について

（石川退官）北大法学論集四一巻五・六合併号、〔本書第四巻*3*〕）

一九九二年

国家賠償請求訴訟の回顧と展望

（特集・国家賠償法判例展望）ジュリスト九九三号、〔本書第三巻*19*〕）

Ⅲ　判例評釈・判例解説

一九六六年

免職処分取消請求事件

（法学協会雑誌八三巻一号、〔本書第三巻*11*〕）

一九六八年

不服申立期間の徒過と「やむを得ない事由」

（別冊ジュリスト17〔租税判例百選〕）

残地収用の性格、未登記無届権利者と換地予定地指定なき移転命令

（別冊ジュリスト19〔土地収用判例百選〕）

更生処分の取消訴訟係属中に再更生および再々更生処分が行われた場合と訴えの利益

（ジュリスト年鑑）一九六八年版　ジュリスト三九八号）

工場誘致奨励金打切事件

（臨時増刊〔昭和43年度重要判例解説〕ジュリスト四三三号、〔本書第三巻*16*〕）

明治憲法前の法令の効力

（別冊ジュリスト21〔憲法判例百選〕新版）

一九六九年

基本権類似の権利

（別冊ジュリスト23〔ドイツ判例百選〕）、〔本書第一巻*9*〕）

設権的行政処分の取消

（別冊ジュリスト25〔フランス判例百選〕、〔本書第一巻*10*〕）

一九七〇年

違法性の承継、瑕疵の治癒、違法行為の転換

（別冊ジュリスト28〔行政判例百選〕（新版））

一九七三年

更生処分の取消訴訟係属中に再更生および再々更生処分

が行われた場合と訴えの利益
（ジュリスト増刊〔昭和41・42年度重要判例解説〕）

一九七四年
宅造法上の規制権限の不行使と国家賠償責任
（臨時増刊〔昭和49年度重要判例解説〕ジュリスト五九〇号）
明治憲法前の法令の効力
（別冊ジュリスト44〔憲法判例百選〕第三版）

一九七五年
宅造法上の規制権限の不行使と国家経営責任
（ジュリスト臨時増刊『昭和四九年度重要判例解説』、〔**本書第三巻*17***〕）

一九七九年
違法性の承継、瑕疵の治癒、違法行為の転換
（別冊ジュリスト61〔行政判例百選Ⅰ〕）、〔**本書第一巻*13*・*14*・*15***〕）

一九八〇年
明治憲法前の法令の効力
（別冊ジュリスト69〔憲法判例百選Ⅱ〕）

一九八六年
処分事由の追加
（別冊ジュリスト88〔公務員判例百選〕）、〔**本書第三巻*14***〕）
パトカーに追跡された逃走車両（加害車両）が第三者に生じさせた損害について国家賠償責任が否定された事例
（判例評論三三四号（判例時報一二一〇九号）、〔**本書第三巻*18***〕）

一九八八年
明治憲法前の法令の効力
（別冊ジュリスト96〔憲法判例百選Ⅱ〕第二版）

Ⅳ その他

一九七七年
今村成和教授の経歴と業績
（〈今村献呈〉北大法学論集二七巻三・四合併号）

一九八六年
いま、国家賠償責任訴訟は（特集・シンポジウム）
（法学セミナー三一巻一二号）

一九八七年
公法学会第二部会討論要旨（シンポジウム　現代行政の手法）
（公法研究四九号）

遠藤博也先生を思う

畠山武道
（はたけやま・たけみち＝当時、北海道大学教授）
早稲田大学大学院法務研究科教授

遠藤博也先生が、一九九二年四月六日　早朝、亡くなられた。最近の先生は、八時に登校、五時に帰宅、夕食後は九時前後に就寝という規則正しい生活をおくられ、心身ともに好調にみうけられた。また、私とは、昨年一一月一一日、国税局のきき酒会に参加し、先生は酒類判定コンテストで優勝して大いに鼻を高くしておられた。それだけに、その後ほどなく入院し、逝去されたことが、今でも信じられない思いである。先生は、心から北大法学部を愛され、また、多くの教職員、院生、学生が先生の人柄を慕い、先生に接するのを楽しみにしていただけに、五五歳という若さで先生を失った悲しみは、はかりしれないほど大きい。

葬儀の後、親族の方々と、研究室で先生を偲んだ。書架や床には文献が山積みされ、机の上も、わずかにノートを広げることのできるスペースをのぞいて、文献があふれていた。中でも、最近購入した「アウグスティヌス著作集」「荻生徂徠全集」、Loeb Classical Library の中のプラトン、アリストテレス、キケロなどのシリーズや、独、仏、伊、ラテン語で詳細に書き写されたキケロ・マキュアベリに関する多数の研究ノートなどが目をひいた。さらに、新しい教科書や著書の目次、構想などを細かくメモ書きしたポケット・ノートの数々が、突然に研究を中止せざるをえなかったご本人の無念さを物語っていた。先生は、よく「普通の学者の三倍は勉強したよ」と話しておられたが、筆の速さは学界でも有名だっただけに、これらの著書が日の目をみることなく終わったことは、学界にとっても大きな損失である。

遠藤先生は、温厚で誰とでも気軽に親交をもたれ、学部長のころの教授会運営も、名人芸であった。また、法学部教職員ビール・パーティーも、先生が学部長のときに始められたものであり、先生の美声がその彩りであった。同時に、その反骨ぶりも相当なもので、公法学会で、遠藤先生が、恩師である田中二郎博士ほかを公然と批判されたのを覚えている人も多いことであろう（公法研究四〇号一八二頁参照）。

さらに、改めて述べるまでもないが、『行政行為の無効と取消』（東京大学出版会）、『計画行政法』（学陽書房）、『国家補償法（上・中）』（青林書院）、『行政法スケッチ』（有斐閣）、『実定行政法』（有斐閣）などの代表的著作は、孤立や批判に臆することなく、反権威の立場を貫いた先生の生き方の所産ともいえる。また、余談であるが、北大行政法スタッフのユニークな顔ぶれも、先生の人望に負うところが大きい（という声もある）。

法要のとき、田鶴夫人が、「遠藤なら、きっと、葬式はにぎやかにススキノでやってくれ、といったでしょう」という遺言（?）をもらされたが、参加者で違和感をもったものはいなかった。もはやススキノを徘徊し、最近は小唄に凝っていた先生の美声をきくことはできない。ススキノの灯が目に入るたびに、北海道の人と自然をこよなく愛した先生のことを思いだしたい。

〔ジュリスト一九九二年六月一日号（一〇〇一号）〕

日本立法資料全集

塩野 宏編著

高木 光解説

行政事件訴訟法

行政事件訴訟法（昭和37年）⑴

行政事件訴訟法（昭和37年）⑵

行政事件訴訟法（昭和37年）⑶

行政事件訴訟法（昭和37年）⑷

行政事件訴訟法（昭和37年）⑸

行政事件訴訟法（昭和37年）⑹

行政事件訴訟法（昭和37年）⑺

塩野宏・小早川光郎編

仲　正・北島周作解説

行政手続法（全6巻）

(118) Hobbes, Leviathan, p. 131. 邦訳九七頁。
(119) Hobbes, Leviathan, p. 323. 邦訳二二〇頁。
(120) 例、宮沢俊義『憲法Ⅱ』一一六頁以下。
(121) Hobbes, Leviathan, pp. 300, 305. 邦訳二〇六、二〇九頁。
(122) Hobbes, Leviathan, p. 76. 邦訳六〇頁。マクファーソンは、この部分を競争的市場の本質的諸特徴をあらわすものとして引いている。(Macpherson, op. cit., p. 37)。しかし、前後の文脈から、経済的価値でなく、包括的な力の価値の評価にかかわるというべきであろう。たとえば、R・C・リチャードソン著・今井宏訳『イギリス革命論争史』三四頁以下参照。
(123) Hobbes, Leviathan, p. 173. 邦訳一二五頁。
(124) Hobbes, Leviathan, p. 191. 邦訳一三六頁。
(125) Hobbes, Leviathan, p. 208. 邦訳一四八頁。
(126) Hobbes, Leviathan, p. 321. 邦訳二一九頁。
(127) Hobbes, Leviathan, pp. 703-4. 邦訳四四七―八頁。
(128) Hobbes, Leviathan, p. 713. 邦訳四八四頁。
(129) Hobbes, Leviathan, p. 115. 邦訳八六頁。
(130) 前注(30)参照。
(131) Hobbes, Leviathan, p. 74. 邦訳五八―九頁。
(132) Hobbes, Leviathan, p. 110. 邦訳八三頁。
(133) Hobbes, Leviathan, p. 56. 邦訳四九頁。
(134) Hobbes, Leviathan, p. 61. 邦訳五二頁。
(135) Hobbes, Leviathan, p. 74. 邦訳五九頁。
(136) Hobbes, Leviathan, p. 75. 邦訳六〇頁。
(137) 前注(122)参照。
(138) Hobbes, Leviathan, p. 76. 邦訳六〇―一頁。

(139) Hobbes, Leviathan, p. 74. 邦訳五九頁。
(140) Hobbes, Leviathan, p. 86. 邦訳六七頁。
(141) Ibid.
(142) Ibid.
(143) Hobbes, Leviathan, p. 111. 邦訳八四頁。
(144) Ibid.
(145) cf. Hobbes, Leviathan, Introduction ; John Watkins, Hobbes's System of Ideas, 1989, p. 47.
(146) Hobbes, Leviathan, pp. 210-225. 邦訳一四九―五九頁。ホッブズの国家の近代性は、以下の中間団体、特権身分の排除に求められる。藤原保信『近代政治哲学の形成―ホッブズの政治哲学―』二六〇頁。
(147) Hobbes, Leviathan, p. 212. 邦訳一五一頁。
(148) Hobbes, Leviathan, p. 217. 邦訳一五四頁。
(149) Hobbes, Leviathan, p. 222. 邦訳一五七頁。
(150) Hobbes, Leviathan, p. 224. 邦訳一五八頁。
(151) Ibid.
(152) Hobbes, Leviathan, p. 340. 邦訳二三一頁。
(153) Hobbes, Leviathan, p. 341. 邦訳二三二頁。
(154) Hobbes, Leviathan, p. 283. 邦訳一九六頁。
(155) Hobbes, Leviathan, p. 250. 邦訳二〇〇頁。
(156) Hobbes, Leviathan, p. 332. 邦訳二二六頁。
(157) Hobbes, Leviathan, p. 296. 邦訳二〇三頁。
(158) Hobbes, Leviathan, p. 333. 邦訳二二七頁。
(159) Hobbes, Leviathan, p. 334. 邦訳二二七頁。
(160) Hobbes, Leviathan, pp. 232-3. 邦訳一六三―四頁。なお、アリストテレスにも、プラトン『国家』の財産共有制を批判するところで労働と消費の比例をいう部分がある。1263a10. 邦訳七六頁。

(161) Hobbes, Leviathan, p. 334. 邦訳二二七頁。
(162) Hobbes, Leviathan, p. 186. 邦訳邦訳一三三頁。
(163) Hobbes, Leviathan, p. 191. 邦訳一三七頁。
(164) Hobbes, Leviathan, p. 222. 邦訳一五七頁。
(165) Hobbes, Leviathan, pp. 295-6. 邦訳二〇三頁。
(166) Hobbes, Leviathan, p. 329. 邦訳二二四頁。
(167) Hobbes, Leviathan, p. 710. 邦訳四八二頁。
(168) この点、アリストテレス『政治学』以来の伝統の反映をみることができる。なお、前注(21)、成瀬治『近代市民社会の成立』一〇三頁など参照。
(169) Hobbes, Leviathan, p. 188. 邦訳一三四頁。
(170) Locke, Two Treatises of Government, § 75, p. 317. 邦訳七八頁。
(171) Locke, Two Treatises of Government, §§ 57-59, pp. 305-7. 邦訳五九―六三頁。
(172) ＝(170)
(173) Hobbes, Leviathan, p. 345. 邦訳二三五頁。
(174) Hobbes, Leviathan, p. 217. 邦訳一五四頁。
(175) Hobbes, Leviathan, p. 321. 邦訳二一九頁。
(176) ＝(149)
(177) Hobbes, Leviathan, p. 324. 邦訳二二一頁。
(178) Hobbes, Leviathan, p. 297. 邦訳二〇四頁。
(179) Hobbes, Leviathan, p. 206. 邦訳一四七頁。
(180) Hobbes, Leviathan, chap. 16. pp. 147-152. 邦訳一〇七―一一一頁。この授権(authorization)理論を高く評価するのは、ゴーティエであって、これをホッブズの政治思想への不朽の貢献であるとし、これが政府の市民ないし臣民の代理ないし代表としての役割を明らかにし、ロックの信託(trust)のメタフォール以上に、政府の市民との複雑な同一性と差異の関係とを明らかにすることができるものとする(D. P. Gauthier, op. cit., pp. 171, 174, 175)。

ウートンは、「人民」の同意について、「統一的な政治体」としての同意と「多数個人の集合体」としての同意を区別し、ホッブズの授権理論は当時のレベルラーズのとった後説をあらわすものとみる。David Wootton, Divine Right and Democracy, 1986, p.57. なお、cf.D.Baumgold, Hobbees's Political Theory, 1988, p.39.

(181) Hobbes, Leviathan, pp.163,199. 邦訳一一八、一四二頁。

(182) Hobbes, Leviathan, p.204. 邦訳一四五頁。

(183) Hobbes, Leviathan, pp.300, 305, 324. 邦訳二〇六、二〇九、二二一頁。

(184) 抵抗権については、つぎの諸文献参照。R・C・マイヤー・タッシュ＝三吉敏博・初宿正典訳『ホッブズと抵抗権』、これに対する批判、福田歓一『国家・民族・自由―現代における自由を求めて―』一六二頁以下「トマス・ホッブズの自由論―『抵抗権』論議との関連において―」、田中浩『ホッブズ研究序説―近代国家の生誕―』三八頁（ホッブズは個人的抵抗権の創始者であり、実践者であった）。

(185) 前掲注(150)参照。

(186) 前掲注(151)参照。

(187) Hobbes, Leviathan, p.189. 邦訳一三五頁。なお、「征服者の保護のもとに公然と生活する」ことは服従の約束とみなされる（p.705. 邦訳四七八頁）。

(188) Hobbes, Leviathan, p.190. 邦訳一三六頁。

(189) Aristotle, Politics, 1254b5, 1255b16, 1278b33. 邦訳四一、四六、一三七頁。Hobbes, Leviathan, p.188（DESPOTICAL, from △εσπ ότης）

(190) 前掲注(188)参照。

(191) Hobbes, Leviathan, p.159. 邦訳一一五頁。

(192) Hobbes, Leviathan, pp.208, 321. 邦訳一四八、二一九頁。

(193) 小和田哲男『戦国武将』八八頁以下。石井紫郎『日本人の国家生活』日本国制史研究Ⅱ・一四二―一六五頁。

(194) Hobbes, Leviathan, p.208. 邦訳一四八頁。

(195) Hobbes, Leviathan, p.209. 邦訳一四九頁。

(196) Hobbes, Leviathan, p.209. 邦訳一四八頁。

(197)　前掲注(128)参照。
(198)　Hobbes, Leviathan, pp. 321. 704. 邦訳二一九、四七八頁。
(199)　Hobbes, Leviathan, p. 195. 邦訳一三九頁。
(200)　Hobbes, Leviathan, p. 309. 邦訳二一二頁。
(201)　Hobbes, Leviathan, p. 188. 邦訳一三四－五頁。
(202)　Locke, Two Treatises of Government, II, § 119, p. 347. 邦訳一二三頁。なお、ルソー『社会契約論』第四編第二章（邦訳第五巻二一六頁）も領土内居住は国家承認とする。プラトン『クリトン』も同旨。
(203)　Locke, Two Treatises of Government, II, § 121, p. 349. 邦訳一二五頁。
(204)　p. ex., Hobbes, Leviathan, pp. 548, 551, 558, 568. 邦訳三七二、三七四、三七九、三八七頁。なお、領土の訳語は dominion（p. ex., in the dominions of other princes）に対して与えられている。
(205)　Hobbes, Leviathan, pp. 133-4. 邦訳九九頁。
(206)　ホッブズのもっとも良き理解者の一人であるルソーにも、同じイメージがみられる。①まず、「ただ一つの社会の成立が、いかにしてほかのすべての社会を必要欠くべからざるものにしたかは、団結した力に立ち向かうためには、いかにして自分たちもまた団結しなければならなかったかは、容易にわかることである」（「人間不平等起源論」邦訳第四巻二四七頁）、「最初の社会が形づくられれば、その結果かならずほかのすべての社会の形成が行われる。その社会に属するか、または、その社会に対抗するために団結するかせねばならない。真似て社会をつくるか、または、その社会にそのまま併呑されるかせねばならない」（「戦争状態は社会状態から生まれるということ」邦訳第四巻三七四頁）とする。②ついで、これら社会相互間においては、「すべての人民は、デカルトの渦巻のように一種の遠心力をもち、それによってたえず作用しあい、隣の人民を犠牲にして大きくなろうとする傾向をもつからである。だから、弱者はたちまち併呑されるおそれがある。したがってどんな人民も、他のすべての人民と一種の均衡状態にするのでなければ、すなわち、それによって相互の圧力がどこでもほぼ等しくなるようでなければ、自己を保存することはほとんどできない」（「社会契約論」第二編第九章・邦訳第五巻一五四頁）、「国は、人為的な集合体だから、きまった限界はまったくないし、国家にふさわしい大きさに際限がなく、どこまでも拡大させることができるので、国家は、自己より強大な国家のわずかでもあるかぎりは、自己を弱小だと感じるのだ。自己の保障と保全とが、すべての隣邦諸国より強大になることを命ずるのだ」（「戦争状態は社会状態から生ずるということ」邦訳第四巻三七六頁）とする。③さらに、社会相互の支配関係は、「自分たちより上を眺めるよりも下を眺めて、支配のほうが独立よりも貴重なものになるかぎりであり、鉄鎖をつけるのに同意するもの、次には、鉄鎖を与えることができるかぎりにおいてである。命令をしようとしない人を服従させることは非常に困難である」（「人間不平等起源論」邦訳第四巻二四七頁）とする。④最後に、「彼（ホッブズ）のばかげた学説とはまったく反対に、戦争状態は人間にとって自然であるどころか、戦争は平和から生まれたことが、あるいは少なくとも人々が恒久平和のためにとったさまざまの配慮から生まれたことが」わかるだろう（「戦争状態は社会状態から生じるということ」邦訳第四巻三八二頁）とする。以上は、ホッブズとソックリといっても過言ではない。最も激しく批判するものに最も良く似る（最も似るものを最も激しく批判する）という古今東西よくみられる現象の一例である。なお、ルソーは「政治経済論」（邦訳第五巻六七―八頁）で、部分社会の一般意志は政治社会に対して特殊意志であり、一つの政治社会の一般意志は他の政治社会に対しては特殊意志であるとしている。

(207) ホッブズは、小コモンウェルスの維持については「強大な隣接諸国家への嫉妬」の存続を必至としつつ、民主的大コモンウェルスについては「外敵」に対する結束のほか、内部の「一人のすぐれた人物の名声」、「互角の党派の相互恐怖」などを必要とするとしている（p. 250. 邦訳一七四頁）。

(208) ここでいうルソーは、通俗的に理解された後世のルソー像で、ルソー本人のものではない。

(209) 国内支配の構造と対外支配の構造の相互関係については、①連続性ないし正比例関係とみるもの、②非連続性ないし反比例関係とみるもの、③相互に中立的ないし多元的とみるものの三つが区別できる。大沼保昭・同編『戦争と平和の法』一三頁（ナチズム、ファシズム、スターリニズムなど）が①の例であり、平和から戦争が生れるとする前注(206)におけるルソーが②の例である。ホッブズは③の例のようにも思われるが、本稿では、もはや紙幅の余裕がないため、今後の検討の準備作業として、とりあえず、ここでは①の線にそって、荒けずりなスケッチを描くにとどめておく。大沼保昭「国際法史における欧米中心主義」（同編・前掲書五八三頁以下、五九一頁）にも、ロックの労働価値説が植民地支配の根拠とされたとあるように、右の②にも、大きな魅力があるが、ここでは立ち入らない。

(210) Platon, Republic, 439d-e, 441e-442a. 邦訳（上）三一八、三二四頁など。なお、フロイトのスーパーエゴ、エゴ、リビドの三区分は、このプラトンの三区分にほぼ対応している。

(211) このほか、さまざまの三区分が随所にみられる。その極限は、僭主（独裁者）が王よりも、三の二乗の三乗（七二九）倍不幸だとする部分（587d-e. 邦訳（下）二八九頁）であるが、ここでは割愛する。cf. C. D. C. Reeve, Philosopher-Kings: The Argument of Plato's Republic, 1988 ; R. S. Brumbaugh, : Platonic Studies of Greek Philosophy, 1989, p. 84.

(212) Platon, Republic, 434c6-10, 443c9-444a7. 邦訳（上）三〇二、三二八―三三〇頁。

(213) Platon, Republic, 470b4-9. 邦訳（上）三九五頁。

(214) Platon, Republic, 470c. 邦訳（上）三九六頁。なお、ルソーは、グロティウスを引いて、グロティウスにいたるまで、一般的な考えだったとしている。「社会契約論（ジュネーブ草稿）」（邦訳第五巻二七九頁）参照。vgl. Grotius, Das Recht des Krieges und Friedens, Übersetzt von J. H. v. Kirchmann, 1869, Buch II, Kap. 15, 5, S. 460.

(215) Platon, Republic, 500d4-6. 邦訳（下）六〇頁。

(216) Platon, Republic, 590d. 邦訳（上）二九六頁。

(217) ただし、プラトンは、健康な国家ではなく、不必要な欲望に支配された贅沢な国家（熱でふくれあがった国家）になってはじめて戦争が登場するものとし（373e2. 邦訳（上）一四三頁）、最悪の国制である僭主独裁制において戦争が好まれるとしている（566e-567a. 邦訳（下）二三〇―一頁）から、戦争や征服を積極的に肯定するものとみることはできない。なお、最晩年の著作『諸法律』（LEGES, NOMOI, Laws）の最初の立法の目的に関する部分（625d-626e）には、諸国家間、諸共同体間、諸家族間、諸個人間が競争状態にある旨の問答が登場する。これがホッブズのモデルではないかとするものもあるが（cf. Simone Goyard-Fabre, Le Droit et la Loi Dans la Philosophie de Thomas Hobbes, 1975, p. 213）、そこでは、さらに、プラトンらしく、個人内部での競争状態も登場し、結局『国家』におけると同様、個人においても、国家においても、内部的に分裂なく調和のとれた状態が最善とされているから、後述のアリストテレスにおける孤立的生活のほうが好ましいとされているといえる（理想国家における入口・国土問題におけるアリストテレスのプラトン批判参照。Aristotle, Politics, 1265a19, 1327a-b. 邦訳八四、三二二―四頁）。

(218) Aristotle, Politics, 1255b16, 1278b31. 邦訳四六、一三七頁。
(219) Aristotle, Politics, 1279a34. 邦訳一三九頁。
(220) Aristotle, Politics, 1323a-1325b. 邦訳三〇七―一七頁。
(221) Aristotle, Politics, 1324b35. 邦訳三一三頁。
(222) Aristotle, Politics, 1325a1, 1325b25. 邦訳三一四、三一七頁。
(223) Aristotle, Politics, 1325a8. 邦訳三一四頁。
(224) 前注(217)参照。
(225) カント著＝宇都宮芳明訳『永遠平和のために』（岩波文庫）二八頁。なお、深瀬忠一「カントの平和の法思想について」北大法学論集二九巻三・四合併号九三頁以下、シセラ・ボク『戦争と平和』（大沢正道訳）三三頁以下参照。
(226) 前掲三二頁。
(227) 前掲三八頁。
(228) 前掲四〇頁。
(229) 前掲四二頁。
(230) 前掲四七頁。
(231) 前掲七四頁。
(232) 前掲一三六頁（訳者・解説者の宇都宮芳明教授の説）。
(233) C. Tilly, Reflection on the History of European State-making : in The Formation of National States in Western Europe edited by C. Tilly, 1975, pp. 24, 42. なお、猪口邦子『戦争と平和』第1部第1章参照。
(234) Hobbes, English Works, Vol.8, 9 ; Hobbes's Thucydides edited with an introduction by R. Schlatter, 1975.
(235) Hobbes, Leviathan, p.146. 邦訳一〇七頁。
(236) Hobbes, Leviathan, pp.170,195. 邦訳一二三、一三九頁。
(237) Hobbes, Leviathan, p.342. 邦訳二三三頁。
(238) ホッブズ理論の後代ないし現代の国際社会にとってもつ意義について、田中浩・前掲書は、ホッブズ理論が集団安全保障論の国内版であり（一四七頁）、現代国際政治における平和理論や国際平和機構論の先駆者だったとする（一四七頁）。ゴーチェも、ホッブズの自然法第二原則は長期政策として軍備撤廃を求めるものとする。D. P. Gauthier, op. cit., p. 207.

(239) Hobbes, Leviathan, p. 85. 邦訳六七頁。

(240) Hobbes, Leviathan, p. 335. 邦訳二二八頁。

(241) 小川晃一教授が最終講義「正義論」のロックの財産権の根拠にふれた部分で、神の意志にもとづく自然法的制約のもつ現代的意義についてのべられたところは、筆者自身の国家論の講義でも同旨のことをのべたばかりであって、大変興味深かった。なお、荻生徂来『政談』（辻達他校注・岩波文庫）一〇二頁参照。

(242) ルソー「社会契約論」第四編第八章（邦訳二四四頁）。

(243) Hobbes, Leviathan, pp. 425, 590. 邦訳二八八、四〇二頁。

(244) ダニエル・デフォー『ペスト』（平井正穂訳・中公文庫）二二三―五三頁、三八八―九三頁参照。

(245) 前掲(92)参照。なお、ホッブズの宗教について、加藤節『近代政治哲学と宗教』一九七九年、四九頁以下参照。

(246) 拙著『行政法スケッチ』第17章、三九一頁以下参照。

(247) T. Fukase et Y. Higuchi, Le Constitutionnalisme et ses problèmes au Japon, Une approche comparative, 1984, p. 252 et s.; T. Fukase, Héritage et actualite de l'ancienne culture institutionnelle japonaise–À propos de la Charte de dix-sept articles du Prince-dauphin Shôtoku, R. I. D. C. 4-1985, p. 947 et s.

(248)「主権者以外のだれかが、生命よりおおきな報酬を与え、死よりも大きな処罰を課する権力を、もつところでは、コモンウェルスが存立することは不可能である」。Hobbes, Leviathan, p. 437. 邦訳二九七頁。なお、第四部第四四章で、人間の魂の不死性は自然のものではなく、神の恩寵によるとする点など、アウグスティヌスと類似するところがある。今後の検討にゆだねたい。

(249) Platon, Republic, 431e1. 邦訳（上）二九四頁。

(250) Platon, Republic, 432a7. 邦訳（上）二九五頁。なお、「民の声」（415d7. 邦訳（上）二五四頁）の語もあり、これに、ショーリーは、「口伝えの世論」（popular belief from mouth to mouth）という注をつけている。天声人語にあたるというべきか。

(251) Hobbes, Leviathan, pp. 324-5, 326, 548. 邦訳二三一、二三二、三七二頁。
(252) なお、ルソーは、一般意志を「各個人のなかにあって、情念の抑制のうちに推理する悟性の純粋な作用」としている(「社会契約論(ジュネーブ草稿)」邦訳第五巻二七七頁)ため、プラントンの哲学者を客観化したものが一般意志といえる。なお、ディドロ・ダランベール編『百科全書』の「自然法」9(桑原武夫訳編・岩波文庫二一一—二二頁)参照。
(253) Platon, Republic, 518c5-10. 邦訳(下)一〇四頁。
(254) Platon, Republic, 518d4-5. 邦訳(下)一〇四頁。
(255) その選抜を誰がするのか、哲学者の育成システムを作るには、哲人王が必要ではないか、というパラドックスがある。
(256) cf. J. G. Gunnell, op. cit. pp. 125-150.
(257) なお、プラトン『国家』第一巻の技術のたとえ話においても、技術の探究する利益は対象となるものの利益であり、第一〇巻にも、使うための技術に、作るための技術、真似るための技術とくらべて、最上位の地位が与えられている。

(北大法学論集四〇巻五-六(上)、一九九〇年)

3

キーウィタースとレース・プーブリカ

――ロックの市民社会について――

3　キーウィタースとレース・プーブリカ

一　はしがき

（1）　石川武教授は、その論稿「いわゆる『市民政府論』（ロック）に関する覚書（一）」[1]において、ジョン・ロックの国政二論第二編[2]の鵜飼信成教授による翻訳（ロック著・鵜飼信成訳『市民政府論』岩波文庫[3]）について、大要、つぎのような誤訳を指摘しておられる。

（a）　まず、何よりも表題の「市民政府」（civil government）は誤訳である。俗にいう「ブルジョア（的）政府」のことをさしているものと推定されるが、この言葉が本文中に登場する三か所中、「絶対君主政」と対置されている部分（九〇節）ではそう解する余地がある[4]ものの、「自然状態」と対置されている部分（一三節）、「社会契約」にもとづく「社会結合行為」と関連する部分（二二六節）では、まったく理解することができない。

（b）　「市民法」（civil law）、「市民的政治制度」（civil policy）などの訳語において「市民」ないし「市民的」と訳されているのは、すべてcivilという形容詞であるが、これに対する名詞である「市民」ないし「ブルジョア」（citizen, bonrgeois）は全く登場せず、不法な政府に対する抵抗の主体とされているのも、これらではなく、「人民」（the people = populus）である。

（c）　「市民法」（と訳されているもの）が「自然法」と対置されていることからわかるように、citizenやbonrgeoisの形容詞ではなく、ラテン語のcivitas（国、国家）の形容詞である。したがって、civil lawも、「市民法」ではなく、「国（家）の法」のことである。

（d）　「市民社会」（と訳されているもの = civil society）は、「自然状態」と対置されるものである。それは、（近代的）「市民社会」すなわち政治社会ないし国家と対立する私的な「経済社会」ないし「ブルジョア社会」ではなく、「政治社会」ないし「国家」のことである。

(e)　事実、「市民社会」（と訳されているもの）は、コモンウェルス（commonwealth）と同義に用いられ、「政治社会」（politic society, political society）と等置されている。この「政治社会」は、「政治権力」（political power）をもつ点において、「家」ないし「父権」と区別・対置されているが、「政治権力」の内容は「国家権力」である。

(f)　the civil magistrate は「国政」ないし「国家権力」を預かる為政者のことであって、「為政者」という訳は、偶然に正しい。

(g)　「市民的政治制度」（civil policy）という訳は、歴史的大誤訳(5)であって、正しくは、「教会政治」（ecclesiastical polity）との対比において、世俗の「国家の統治」ないし、「国政」と訳すべきものである。

(2)　わが国において、右の鵜飼訳にかぎらず、相当広範に、「市民」ないし「市民的」と訳されることが多い、英語の civil、ラテン系のフランス語、イタリア語、スペイン語などの civil, civile の語が多義的であり、右のような邦訳に問題が多いことは、かねて指摘されているところであり、また、日頃、痛感するところである。

(a)　同じ岩波文庫版のモンテスキュー『法の精神』野田良之・稲本洋之助・上原行雄・田中治男・三辺博之・横田地弘訳では、最初の凡例において、フランス語の civil について「ラテン語の civilis がフランス語に転化したもの。そして、この civilis は古代の政治共同体つまり国家を意味する civitas（ギリシアなら πόλις）ないしその構成員を意味する civis に由来する。したがって、civil の原義は『国家の』あるいは『国家構成員の』というものであるが、この形容詞は次第に多義的に用いられる」に始まる解説がつけられている。

(b)　つとに福田歓一教授(6)は、「フランス革命における人権宣言（中略）は citoyen と区別された bourgeois の私的領域の確認でもあった。しかも、この領域を指示する形容詞は皮肉にも citoyen と同根の civil であった。ルソーが嘆いたように、そういう使い方は一八世紀の新現象であって、一七世紀までは civil はギリシャ都市国家に由来する politique と大体同義に使われてきた。革命の落し子フランス民法典 code civil が、まさにこの新しい用法を確定し、それを politique の反対概念にしたのである」「このような分裂を定着したのは、それこそ『市民』革命の条件のなかったドイツにほかならない」とし、ヘーゲルの「『欲望の体系』としての bürgerliche Gesellschaft は、決して国家・政治社会を意味する civil society : societe civil であり得ず、社会ないしブルジョワ社会」であるとしたうえで、このような「歴史的用法のあるコトバが、多くの場合、歴史的文脈を無視して、無差別に市民、市民的と訳され、それが日本の歴史学ないし社会科学の術語として、それこそ『市民権』を獲得して独り歩きしてきた」としておられた。

(c)　この語が多義的であることは、日頃体験するところであろう。たとえば、ホッブズの『リヴァイアサン』の正式名は、『リヴァイアサン、もしくは、キリスト教会の (ecclesiastical) コモンウェルスと俗性の (civil) コモンウェルスの質料、形相、権力』(7) であって、教会政治と対比的に用いられている。また、マキアヴェリの『君主論』においては、社会生活ないし政治生活 (la vita civile) が軍事 (militare) と対比的に用いられている。(8)

(d)　ドイツ語の市民社会 (bürgerliche Gesellschaft) のもとになったといわれる (9) アダム・ファーガソンの『市民社会の歴史論』(10) における市民社会の語 (civil society) にあっては、civil は、文明 (civilization) に由来し、原始的ないし伝統的社会 (primitive society) と対比的に用いられている。アダム・スミスにおける文明社会 (civilized society) に近く (11)、また、ルソーの用法を想起させるものがある。ただ、ファーガソンは、いうところの文明社会の基本的メルクマールとして政治をあげ、さらに、そこにおける腐敗堕落 (公益に対する私益の優先) の基本的原因を商業の進展に求めているため、政治社会に重なる面と、経済社会に重なる面との両面がみとめられる。

(3)　ヨーロッパの伝統的思想において、「市民社会」(とわが国で訳されているもの) と「政治社会」ないし「国家」とが同一であり、一九世紀的な「国家」と対立するものとしてのブルジョア的「市民社会」でないことは、学問上の常識として定着しているように思われる。

(a)　わかりやすい例をあげると、ドイツ歴史的基本概念辞典[12]第二巻でこの項目を担当し、とくにヘーゲル法哲学におけるこの概念の意義を論じているマンフレート・リーデルは、邦訳『ヘーゲル哲学。その成立と構造』(清水正徳・山本道雄訳、福村出版一九七六年)[13]の中で、つぎのようにいっている。

「アリストテレスからカントにいたるまでの法哲学的伝統が、人間社会はすでにそれ自体、自由市民(civies)の法的権能や身分的特権という点で政治的に秩序づけられており、さらに家のもつ経済的・実体的位置という点で社会的 sozial に秩序づけられているという理由によって、国家を市民社会として特色づけていたのに対し、ヘーゲルは国家の政治的領域を、その語『市民的 bürgerlich』となっていった社会領域から区別するのである[14]」

「キヴィタスすなわちソキエタス・キヴィリスすなわち狭義のレス・プブリカという、トマス・アクィナスとアルベルトゥス・マグヌスから、ボーダン、ホッブス、ロックおよびカントにいたるまでみうけられる、そして前革命的市民社会組織を表現している、政治哲学の伝統的定式を、ヘーゲルはその著作のいかなる個所においても受容していないのであ」る[15](傍点、遠藤。以下同じ)。

「国家すなわち市民社会、ヘー・ポリスすなわちヘー・コイノニアすなわちヘー・リティケ、キヴィタスすなわちソキエタス・キヴィリスすなわちレス・プブリカ、まさしくこのような等置こそが、国家と社会の近代的分離の彼方で、アリストテレスからアルベルトゥス・マグヌス・トマス・アクィナスおよびメランヒトンにいたるまで、のみならずボーダンからホッブズ、スピノザ、ロックおよびカントにいたるまで変わることなく通用していた、古いヨーロッパ政治哲学の古典的定式なのである[16]」

「ヘーゲルは『市民的《ヴュルガーリッヒ》』と『社会《ゲゼルシャフト》』を、政治哲学の根本概念として統一したが、しかしこの概念はなるほど外的にみれば、アリストテレスのコイノニア・ポリティケや、ボーダン、メランヒトン、ヴォルフのソキエタス・キヴィリス、そしてカントの『市民社会』の伝統と符号しているものの、しかしその成立からみると、この伝統とのまったき断絶を前提にしているということである。そのかぎり当然次のようにいうことができる。すなわち、このような意味における市民社会概念は、総じてヘーゲル以前には、のみならず一八二〇年以前の彼の著作においてすら、存在していなかった」[17]

(b)　右の引用部分において、ロックは、伝統的学説の中に数えられている。また、リーデルは、ロックの『国政二論』第二編の第七章の標題が「政治社会、すなわち市民社会について」(鵜飼訳)とあるところから、重ねてこれを確認している[18]。

(c)　しかしながら、右のリーデル自身が、スコラ哲学[19]の実践哲学における、①人間を対象とする倫理学、②市民を対象とする政治学、③家の成員を対象とする経済学の三分割の伝統について論ずる部分では、「一七・八世紀の革命における、国家からの近代社会の解放と共に、この伝統は崩壊する。まず最初にイギリスにおいて(ホッブズも反アリストテレス学徒の政治学のうちにあり、ロック、ファーガソン、ヒュームはすでに完全に、新しい『社会《ソサイアティ》』の基礎のうえにたっている)、次にフランスにおいて(中略)。一八世紀においては、イギリスとフランスとちがって、もっぱらドイツにおいてのみ、実践哲学の形而上学的伝統が保たれている。ヴォルフやヴォルフ学派においては、実践哲学はいぜんとして以下の諸点において前革命的社会の構造を反映しているのである。つまり、経済学と政治学が家的社会(societas domestica)と市民社会(societas civilis)という異質の領域へ区分されている点、また、国家と社会が一体をなしている点、そして道徳が実定法へ拘束され、あるいは倫理学が政治学へ拘束されている点、以上の諸点である[20]」としている。これによると、ヘーゲルをまたずに、一七・八世紀のイギリス、フランスでは、すでに国家からの市民社会の解放[21]が行われ、ロックは、この新しい社会の基礎のうえに理論を構成していることになる。

(d)　リーデルはまた、「ローマ法の誤った解釈(これは『法哲学』においてようやく訂正される[22])が外的機縁となり、古代世界末期のブルジョワ像に関するある独特の構想がもたらされた。そしてヘーゲルはこの構造にたつことで、近代（市民）社会の政治的・経済的解放と共に歴史的に発生する、シトワイヤンとしての「市民」がブルジョワとしてのおのれ自身とかわす葛藤を、時代を越えてたかめられたアイスキュロス悲劇をかりて説明することができた」とし、この同一人物におけるシトワイヤンとブルジョワの分裂の現象を若きヘーゲルは「すでにギリシャの都市共和国の崩壊のうちにみていた」としている。これを文字どおりにとると、ブルジョワの登場は、近代市民社会をまたずに、ギリシア、ローマの古典社会においてすでにみられることになる。[23][24][25]

(4) 本稿は、ロックの市民社会論の論理構造を明らかにすることを目的とするとともに、そのために、右に引いたリーデルのいう、「ポリス」すなわち「キーウィタース」すなわち「レース・プーブリカ」であるとするヨーロッパ政治哲学の古典的定式の把え方の妥当性を問題とする。

(a) 本稿は、鵜飼訳の妥当性は問題としない。たしかに、鵜飼訳には、石川教授の指摘されるように、①基本的用語について誤訳があり、②そのほかにも文章上の誤訳が散見されるほか、③学問上基本的な論争点となるべき用語（例、二八節の「召使」と八五節等の「僕」、第六章・第八章における「父親」と「家長」など）について神経の行きとどいた統一的訳語が与えられていないなどの問題点がみとめられるが、④解説において、『国政二論』第二編が、一六八八年の名誉革命を正当化しようとしたものであるとか、ホッブズ的絶対主義理論の批判を前提としているとか、今日の学界ではあまり通用しない見解がのべられていることからうかがわれるように、翻訳の時期が約半世紀前の戦中・戦後であって、その後の学界における成果をとりこむ余地がなかったためであると思われる。[26][27][28]

(b) 本稿は、ロックの市民社会論の基本的内容である財産権をめぐる論争、一七世紀イギリスがブルジョワ社会であったか資本主義であったか、イデオロギー的にロックはいかなる立場にコミットしていたか、等々の論争には立ち入らない。[29]

(c) 本稿は、ロックの『国政二論』第二編における政治社会論の論理構造を明らかにすることを目的とし、そこには国家と社会が区別されているとする立場を主張する。

(d) ロックにおける国家と社会の区別は、しかし、石川教授が反発を感じておられるような、市民社会をブルジョワ社会とみる（いわば一八・九世紀を一七世紀の理論の中に読み込む）ことによってではなく、全く逆方向から、古典的な伝統的理論の中にすでにある区別を反映したものであるとする立場を主張する。すなわち、先に引いたリーデルの「ポリス」すなわち「キーウィタース」すなわち「レース・プーブリカ」であるとする古典的定式は問題であるとする議論を展開することにする。そのため、本稿では、キケロの「キーウィタース」と「レース・プーブリカ」の語の『国家論』(De Re Publica)、『法律論』(De Legibus)、『義務論』(De Officiis) における用語例[30]を検討する。キケロを用いる理由は、つぎのとおりである（なお、正しくはキケローだが、慣例にしたがってキケロとよぶ）。

① アウグスティヌス『神の国』第二巻第二一章と第一九巻第二一章ないし第二四章に引用されているとおり[31]、キケロは、国家について明確な定義を与えた最初の思想家である。また、市民社会概念の元祖ともいわれる。もちろんギリシア思想の多大の影響をうけているが、国家論に関する基本的用語をラテン語化し、後世の共通の財産とした。

② イタリア・ルネッサンスの諸段階において、教皇権と皇帝権のはざまの中で、近代的国家理論の建設が試行されたとき、キケロの国家理念がしばしば指導的役割を演じた[32]。マキアヴェリにも強く影響を与え、その『君主論』では反発を示しているが[33]、『リウィウス論』いわゆる『政略論』では共感を示している[34]。

③ 一八世紀にいたるまで主要な国家論関係の文献において引用される頻度が高い。たとえば、ロック『国政二論』第二編でしきりに引用されているリチャード・フッカーの『教会統治法論』[35]では、論敵のトーマス・カートライトを別として、アリストテレス、アウグスティヌスについで、キケロの引用頻度が高い。

④　ロック自身、学生にキケロの繙読を勧める[36]ほどに愛読し、その蔵書中、友人ボイル、ロック自身の著作についで、キケロものもが多かった[37]。何よりも、ロックの理論は、自然法論のほか、とくに国家論において、キケロのそれと酷似する部分が少くない。極論すると、ロックの『国政二論』第二編中の基本的な諸命題で、キケロの著作中にそれを相当する類似の文章を見い出すことができないものはほとんどないといってよいくらいに、両者は、よく似ている[38]。なお、ニール・ウードは、ロックの社会的面に精神的な影響を与えたもの四つを数え、キリスト教、ベーコン主義、社会人類学と並んで、キケロをあげている[39]。

二　ロックの市民社会論の内容

(1)　自然状態と自然法

ロックによれば、自然状態は一つの自然法が支配する世界である。

(a)　自然法の根拠・内容　自然状態において、すべての人は完全に自由かつ平等な状態にある（四節）[40]。「人間はすべて、唯一人の全知全能たる創造主の作品であり、すべて、唯一の主なる神の僕であって、その命により、またその事業のため、この世に送られたものである」から、「各人は自分自身を維持すべきであり、また自己の持物（Station 地位）を勝手に放棄すべきではない。同じ理由からして、彼は自分自身の存続が危うくされないかぎりできるだけ他の人間（the rest of Mankind 自己をのぞく人類全体）をも維持すべきであり、そうして、侵害者に報復（do Justice on を処罰）する場合を除いては、他人の生命ないし生命の維持に役立つもの、他人の自由、健康、肢体、もしくは財貨を奪いもしくは傷つけてはならない」（六節。なお、傍点は原典イタリック。鵜飼訳傍点。括弧内の訂正訳は遠藤。以下同じ）。簡単にいえば、すべて人は、自然状態において、自由かつ平等であり、自然法によって、①自己保存の権利および②全人類を維持する権利を有する（一一節）。①から、身体に対する自由権（一九〇節）、包括的な自由権（一二九節）、その核心としての所有権（第五章）、賠償を求める権利（一〇節、一一節）、相続権（七二節、一九〇節）を有し、①②から、自然法の執行権である違反者の処罰権（七節ないし一三節）を有する。

なお、神の命令である（一三五節）とともに理性の命令であり、神の声であるとともに理性の声である自然法[41]は、理性のある者にとって明瞭平明に理解できるものとされている[42]（四節、六節、一二節、一二五節など）。

(b)　自然法の執行権　ロックの（九節、一三節の最初にロック自身がみとめるように）特異な点は、自然法の執行権を各人が有するとすることである。すなわち、「自然状態においては自然法の執行は各人の手に託されているのであって（中略）、各人は、犯罪者を処罰し、かつ自然法の執行者となる権利を有するのである」（八節）。その理由は、自然法を犯す者は、「全人類および、自然法によって設けられるその平和と安全とに対する侵害である」（八節）ゆえに、「野獣」（一一節、一六節、一七二節など）に等しいから、「各人は自然状態においては、人を殺した者を殺す権力」をもち（一一節）、また、「この法のより軽微な違反をも処罰することができる」（一二節）。なお、暴力を用いる泥棒は、権利なくして暴力によって人の自由を奪う者として、殺してよいとしている（一八節）。この各人（万人）にみとめられる自然法の執行権に加えて、侵害によって損害をこうむった者は、「行為者より賠償を求める特別の権利を有する。そうしてそれを正当と認めるものは何人も、損害を受けた者に加担し、被害者が加害者からその蒙った損害に対し満足できるだけのものを回復するようにこれに助力していいのである」（一〇節）。

元来、各個人は包括的自由権の一内容として、不法な侵害に対して自衛（二三三節参照）する権利をもっている（右の泥棒の例はこれにあたる）が、これをこえて、侵害後に、①万人の犯罪者処罰権と②被害者の損害賠償を求める権利ならびに万人のこれへの助力がみとめられるわけである。

(c)　自然法と政治社会　自然法は、政治社会の成立によって使命を終らずに、存続する。むしろ、自然法の確実かつ公平な執行のためにこそ政治社会は構成される。まず、自然状態においては、各人一人ひとりが裁判官兼執行人となるが（八七節）、このような自然法の執行は不確実で不公平なものとなり、所有権（生命、自由、財産の総称。一二三節）の享受が不安定となる欠点がある（一二四節ないし一二六節）。このような欠点をなくし、自然法の確実かつ公平な執行によって所有権を維持することが政治社会と政府の目的である（第九章）。ついで、政治権力は、「各人が自然状態でもっていて、後に放棄して社会の手に与えてしまったもの」で、右の目的のために用いられるという信任（trust 信託）のもとに与えられたものである（一七一節）。したがって、さらに、人は、「自然状態にあっては他人の生命自由または財産に対してなんらの恣意的権力ももたず、ただ自然法が彼自身およびその他の人類の維持のために与えただけを有つのであるから、これだけが彼が国家に、したがってまた立法権に譲り渡し、また譲り渡すことのできるすべてであり、そのために立法府はこれ以上のものをもつことはできないのである。彼らの権力は、その究極の限界としては、社会の公共の福祉に限定されている。それは保存のほかには何の目的をももたない権力であり、それ故、臣民を滅ぼし、隷属させ、または故意に疲弊させるような権利を、決してもつことはできない。自然法上の義務は社会になっても終止せず、かえって多くの場合には一層厳密となり、その遵守を強制するために人定法によって定められた刑罰が附加されるのである。このように自然法は、万人に、すなわち立法者にもその他の者と同じように、永遠の規則として存続する。彼らが他人の行為のために作る規則は、彼ら自身の行為や他人の行為がそうでなければならぬと同じように、自然法に適合していなければならない。自然法というのは、すなわちこの法が宣言している神の意志である。そうして自然の根本法（fundamental law of Nature の基本的自然法）は人類の保存にあるから、どんな人定法も、それに背反しては正当でも有効でもあり得ない」（一三五節）。すなわち、国家の最高権である立法権をはじめとして、すべての政治権力は右の自然法の限界内にある（なお、第一四章における大権容認の理由参照）。

いまひとつ、政治社会（国家）の成立は、そもそも自然状態を全面的に消滅させるものではない。それは「自余の人類に対しては以前として自然状態にあるから」であって、「協同体（community 共同体）はその協同体（共同体）以外の他の一切の国家および個人に対して、自然状態にある一体なのである」（一四五節）。すなわち、国家は、①設立時に、設立契約に加わらなかった残余の者（九五節）、②設立後の自国民の子供であって未成年者、成年後国民となることに同意しなかった者（一一六節ないし一二一節）、③自国領内に居住する外国人（一二二節）、④正当な戦争において勝利した場合の被征服国の国民中の非戦闘員（一八二節ないし一九六節。なお、戦闘員に対する関係では戦争状態）、⑤他国（一四五節、一八四節など）などに対する関係で自然状態にある。そればかりではなく、⑥自国民に対する関係においてさえ、政治権力には、右にのべた限界があるため、この限界をこえた不正な力の行使によって、極端な場合には政府が解体して自然状態が回復されることにより、または、不正な権限なき力の行使者に対する関係で自然状態（ないし戦争状態）が回復されることにより、自然法上の包括的自由権の一内容である自衛権（抵抗権）の行使が可能となる（第一八章、第一九章）。

(d)　自然状態と戦争状態　ロックは、ホッブズと異なり、この両者を区別する。ロックの用語例によれば、「人々が人間相互の間を裁判する権限をもった共通の上級者を地上にもたず、ただ理性に従って共同に生活しているのが、まさに自然状態である。しかし他人の一身に対する暴力、あるいは暴力を用いようという明白な意図は、その救済のために訴えるべき地上の共通の上級者がいないところでは、戦争状態である。」したがって、「権限ある共通の裁判官がないということは、すべての者を自然状態におく。権利がないのに、他人の身体に暴力を加えるということは、権限のある共通の裁判官のあるところでも、ないところでも同じように、戦争状態を生み出すのである」（一九節）。言葉をかえると、ロックの戦争状態は、ホッブズの用語例における戦闘行為の語[43]に近く、しかも、自然法に違反して、権利（権限）なくして、他人の身体に暴力（不正に力）を行使する者は、自らその身を戦争状態に置くとする頻出する用語例の示すように、局面的であり、かつ、パーソナルな主観的な概念[44]であって、自然状態においても、政治社会においても、存在する。すなわち、戦争状態は、①原始的自然状態において自然法に違反して他人に暴力を行使する者の行為により、②政治社会成立後も権利なくして他人に暴力を行使する私人（例、泥棒）の行為により、③政治社会成立後、政治権力の現実の担い手である国王その他の為政者が、信託や法に違反して、権限なくして他人に暴力を行使する行為により、④相互に自然状態にある国家間において、不正な戦争に訴えたとき（一七六節。侵略国と被征服国民の間）、適法な戦争により戦勝したとき（一七七節以下。征服国と被征服国民中の戦闘員との間）などに存在する。

ただし、戦争状態の継続ないしその終了は、自然状態においては、問題処理が被害者の自衛権、損害賠償を求める権利、万人の自然法執行権の行使によることとなるが、これらも程度（一二節）をこせば、たちどころに同様の反撃を受けてしかるべき性質のものであるため、一方が断念（相手方の権利行使の受容。なお、右の④の場合は、征服国の政治支配への被征服国民の同意。二四節、一七二節、一七八節）しないかぎり、戦争が終わらないという特色をもつ。これに対して、政治社会においては、訴えるべき法と裁判官が存在するから、現実の暴力行為が終われば、戦争状態も終わる。これが政治社会を作る理由である。しかし、この場合にも、現実に法と裁判が公平でなく正義に明らかに背くときには、戦争状態が継続する（二〇節）。政治権力の担い手の信託違反による独自の戦争状態をもつことはすでにふれたとおりである。ロックは、くり返し、これを自然状態におけるそれよりも悪い状態であるとしている。

(2) 所有権と契約

ロックは、ここでもホッブズと異なり、自然状態においてすでに所有権の存立と契約の拘束力とをみとめている。主として所有権について論じよう。

(a) 所有権の根拠と限界　ロックによれば、所有権の根拠と限界を与えるものは、いずれも神の命令である同一の自然法である（三一節）。所有権の成立要件事由は神の命令である労働であり（三二節）、その限界はやはり神の命令である自己ならびに自余の人類の生存（自己保存の権利、全人類を維持する権利、一一節。生存の権利、二五節）という目的によって画される（二七節、三一節、三二節ないし三四節、三六節、三八節）。

まず、「神が人類共有のものとして与えた世界の種々の部分に対して、しかもすべての共有者の明示の契約によることなしに、どのようにして人が所有するにいたったか」（二五節）を説明すると、「世界を人間に共有のものとして与えたところの神は、同時にそれを生活の最大の利益と便宜とに資するように利用すべき理性をも彼らに与えた」（二六節）。そこで「たとえ地とすべての被造物が万人の共有のものであっても、しかも（しかし。誤植か＝遠藤）人は誰でも自分自身の一身については所有権をもっている。これには彼以外の何人も、なんらの権利を有しないものである。彼の身体の労働、彼の手のはたらきは、まさしく彼のものであるといってよい。そこで彼が自然が備えそこにそれを残しておいたその状態から取り出すものはなんでも、彼が自分の労働を混じえたものであり、そうして彼自身のものである何物かをそれに附加えたのであって、このようにしてそれは彼の所有となるのである」（二七節）。

ところで、ロックは、私の労働の中に私の「使用人」（Servant 鵜飼訳は、二八節、二九節では「召使」、八五節、八六節では「僕」となっている）の労働をふくませている（二八節）。ロックは、この「使用人」に自由人と奴隷（第四章、第一六章、なお一七二節）の二種をみとめ、前者について、「一定の期間を定めて労務を引き受け、それ（the Service he undertakes to do 引き受けるべきサービス）をその受取る賃金と引換えに相手方に売ることによって、その僕（servant 使用人）となるのである。もちろんこのために彼は、通常その主人の家族の一員に加えられ、それで普通行われている規律に服するのである。しかも主人が彼に対して有する権力は一時的なものに過ぎず、それは相互に契約で定めた範囲を出ないものである」（八五節）としている。この文章中、契約による賃金労働者としての側面を強調するか、家族の一員となって家長権力の規律に服従する伝統的な家内（オイコス）使用人としての側面を強調するか、周知のとおり、解釈が分かれているが、ここでは立ち入らない[45]。後者の奴隷は、不正な戦争をした側の者で捕虜となり、（自然法違反の野獣として）殺されても仕方がないものであって、命を助けられた者[46]（ラテン語の servus＜servo）のことである。ちなみに、一六世紀イギリスの救貧法制の中には、神の命令に背いて働く能力がありながら労働していない怠惰な浮浪者を絞首刑にする規定があったが、その命を助けて通報者の下で一定期間奴隷として使役できる規定もあった[47]。

ついで、所有権の限界（自然法的制約）としてロックがあげるものは、つぎのとおりである。①「ほかに他人の共有のものとして、十分なだけが、また同じようにようものが、残されているかぎり」（二七節）。②「自分の用に供し得る範囲がその限度である」（三一節）。③「自然は、人間の労働の程度と生活の便宜とによって巧みに所有の限度を定めた」（三六節）。④「もし彼の所有に帰したものが、適当に使用されないで滅失したとすれば、すなわち、彼が使用する前に現実が腐ったり、鹿肉が腐敗したりするならば、彼は万人に共通な自然法に違背したものであり、処罰されねばならないのであった。彼はその隣人の持分を侵したのである。何故なら彼は、自分の使用のために必要とし、彼に生活の利便を与うべきであったものよりも以上のものに対しては、何らの権利をも有しなかったのだから」（三七節）。

いまひとつ、ロックは財産の権原として（父親ないし祖先の）遺産相続権をあげている（一九〇節、一九二節）。これは、自然法上の子供を保育、保護する義務（五六節、五八節、六四節ないし六六節など）に由来するようにも思われる。しかし、それは、あくまでも未成年の子供に限られているから、これをこえて一般的に相続権があるものとすれば、また、妻にも（自己の労働または契約により）相続権があり（一八三節）、さらに、家族の長としての父親に「自分の財産を自分の一番好むものに与える権力」がみとめられる（七二節）ことなどにてらして、経済（政治、宗教、教育等）共同体ないし単位としての家（オイコス）の存在をとうぜんの前提としているように思われる。

(b)　貨幣使用後の所有権　「各人は自分の利用し得るものだけをもつべしという法則」（三六節）、「使用し得るだけについて権利」をもつ（四六節）という所有権の限界は、しかし、貨幣（保存しても腐朽せず、また相互の約束によって、人が実際に生活上有用な、しかし滅失する性質のものと交換に受取るであろう、何か永続性のあるもの。四七節）の使用後、変容する。まず、ロックは、ある物を、それを利用する他人に譲渡し、または、自ら利用する他の物と交換することは、何ら「共同の資源を浪費しなかった」ゆえに、人を害しないとしたうえで、さらに、これを貨幣等と交換し、「これら永続性あるものを、その欲するだけ蓄積して差支えなかった。自らの正当な所有権の限界を越えたかどうかは、その財産の大きさのいかんにあるのではなく、何かが無用にそこで滅失したか否かにあるから」、決して他人の権利を侵したことにならないとしている（四六節）。ここでは、使用、利用の概念が極度に拡張され、「人間生活にとって有用であるかどうかに依存する物の本来の価値」（三七節。いわば使用価値）ではなく、人の同意、合意という約束事にもとづく「想像的価値」（一八四節。いわば交換価値）をもつにすぎない貨幣等の取得・蓄積を目的とする財貨も、滅失しないというもっぱら消極的理由から、所有権の範囲とされている。積極的な本人にとっての使用価値の基準が消極的な人類共同の資源の浪費・滅失禁止の基準によって、とって代わられているといってよい。

このようにして生ずるであろう各人間の財産の量の格差を、ロックは、しかし、労働の程度の差異に求めている（四八節）。貨幣の使用とともに生ずるものに土地の専有があるが、ロックは、「自分の労働によって土地を専有するものは、人類の共有財産を減少するのでなくてかえって増加するのである」（三七節）として、これを積極的に肯定する。労働が所有権の根拠ばかりでなく、物の価値の差等の基準とされているからである（四〇節ないし四三節）。

(c)　土地所有権と領土　　土地所有権についても、基本的に他の所有権と同様の論理が妥当する。しかし、土地は、領土と関係するために、そのかぎりで特別の扱いをうける。

まず、「ひとが耕し、植え、改良し、開墾し、そうしてその産物を使用し得るだけの土地は、その範囲だけのものは、彼の所有である」（三二節）。当初は、人間の労働の程度と生活の便宜の二つが土地の場合も所有の限度を定めている（三六節）。ところが、貨幣使用後、人は「暗黙かつ自発的の同意により、剰余の品物に対して、金銀（すなわち、何人にも不法を加えないで蓄積され得るもの）を交換に受取ることによって、自分がその生産物を利用し得る以上の土地を正当に所有する途を、発見」し、「土地の不均等な所持」をするようになる（五〇節）。そこにおいても、価値の基準は大部分労働であって、改良を加えられた土地の生産性が荒れ地のそれと比較して、十倍、ときに百倍に及ぶことを、ロックは、くり返し強調する（三六節、三七節、四〇節ないし四三節）。この点で、ロックは、少なくとも農業資本主義の立場を代弁していると思われる[48]。

しかし、土地所有権の確定は、政治社会（ないし類似する社会）の法をまたなければならない。ロックはいう。①「しかしながら家族が増加し、勤労によって資本（Stocks 資産）が増加すると、需要につれてその領地（Possessions 所領）も増加するのであった。しかも（しかし。誤植か＝遠藤）彼らが団体を作り、定着し、そうして都市（Cities 都市共同体）を建設するまでは、彼らの利用した土地については、普通、確定した所有権は何も生じなかった。こうしてその後になってやっと彼らは、同意によって漸次その区分の明瞭な領地（their distinct Territories それぞれの領土）の境界を定め、彼らとその隣人（their Neighbours 隣国）との間の限界を協定するようになり、そうして彼らの内部の法（Laws within themselves 各国の国内法）によって、同じ社会に属する人々の所有権を決めた」（三八節）。②「しかし後には、世界のある部分で人口と家畜（Stock 資産）が増加し、貨幣が使用されるようになった結果として、土地が乏しくなり、したがっていくらかの値を生ずるようになった。そこで若干の協同体（Communities 共同体）では自分たちの明確な領土（their distinct Territories それぞれの領土）の境界を定め、また自分たち自身の内部での法（Laws within themselves 各国の国内法）によってその社会に属する私人の所有権を規律し、このようにして労働と勤労が作り出した所有権を、協約と同意により確定したのである。そうして明示的または黙示的に他の国の所有（Possession 領有）に属する土地に対する一切の権利の主張を抛棄した。いくつかの国々、諸王国の間の連盟が結ばれた。これらの連盟は、相互の同意によって、本来彼らがこれらの国々についてもっていた自然の共有権の主張を棄てた。このようにして、はっきりした合意によって、地球のおのおのの部分について、相互間に所有権を確定した」（四五節）。③土地の不均等な所有という、「不均等な私有財産を作り出す物の配分が、社会の限界の外で、またなんの協約もしないで、実行されるようになったのはただ人間が金と銀とに価値を置き、かつ貨幣の使用に暗黙に同意することによってであった（This partage of things, in an inequality of private possessions, men have made practicable out of the bounds of Societie, and without compact, only by putting a value on gold and silver and tacitly agreeing in the use of Money. この私人の土地所有の不均等をもたらす物の配分は、政治社会の領土境界が存在することと、[49]契約ではなく、金銀に価値を置いて貨幣使用に黙示に同意することとによって、現実のものとなった）。何故なら国家においては、法が所有権を規律するのであり、そうして土地所有権は実定制度によって定められるからである」（五〇節）。④「土地の享有は、常に、その土地が属している国の政府への服従と結びついている」（七三節）。「国はその領土のどの部分でも分割されたり、その協同体（Community 共同体）以外の者が享有したりすることを許さない。そこで、息子はその父がしたと同じ条件の下で、すなわちその社会の一員となることによってのみ、普通は父の財産を享有し得る」（一一七節）。「どの政府の領土のどの部分でも、財産をもち（hath any Possession of 所有し）あるいはそれを享受しているものはすべて、これによって黙示の同意を与えたものであり」（一一九節）、「この国の一部となり、そうしてその政府の下にある土地のどの部分でもその後、相続、売買、許可その他によって享有する者は誰であれ、その土地が負っている条件の下でのみそれを受取らなければならぬ。すなわち、その支配の下にそれが置かれている国の政府に、そのすべての臣民と同じように服する」（一二〇節）。ロックは、正に所有権保護を国家目的とするところから、以上を導いている。

(d)　征服と財産権　ロックはつぎのようにいう。①「不正な戦争で征服する者は、それによって被征服者の従属と服従を要求する何らの権原を得るものではない」（一七六節）。②適法な戦争における征服者は、「不正な暴力に同調した者」（一七九節）すなわち「自分たちを戦争状態におき、自らその生命を没収される地位に陥った人々の生命に対して、彼は絶対的権力をもっている。けれども彼は、それによって、これらの人々の財産に対して権利も権原ももつわけではない」（一八〇節。なお、一八一節、一八二節）。ロック自身、これが世界の慣行と正反対の一見奇妙な原理であることをみとめる。また、「彼らは正当な戦争で捕えられたものであるから、自然の権利によって、その主人の絶対的支配権恣意的権力に服するのである。これらの人々は、いわば、その生命およびこれと同時にその自由を剝奪され、その上またその財産をも失ったのであり、そしてなにものをも所有することのできない奴隷状態にある」（八五節）とする部分と矛盾する。しかし、③その財産に対する権原は、「彼の父親の財産を相続する権利」（一九〇節）をもつ子孫にある（一九三節）。④征服者は「自分のうけた損害と戦費とを、彼ら（敵方に参加加勢したすべての者＝先の奴隷たるべき者。遠藤注）の労働と財産によって償ってもらう権利」（一九六節）をこの財産に関してもつにすぎない。しかし、この場合も、右の③の権原と衝突するとき、これによる生存維持のほうが優先する（一八三節）。⑤右の④による戦費と損害賠償の請求権は、被征服国の領土に対して何らの権原を与えない（一八四節）。⑥征服者の政治支配について被征服者が自由な同意によって服するときは、征服者と被征服者とが同一の国民に合体する（一七八節）が、強制された約束によっては、何ら支配の権原は生じない。その約束には拘束力がない（一八六節、一八七節、一八九節、一九一節）。

(3)　政治社会と政治権力

ロックによれば、政治社会は政治権力をもつ社会であり、政治権力とは、「所有権の規制と維持のために、死刑、したがって当然それ以下のあらゆる刑罰のついた法を作る権利であり（立法権。第一一章）、そうしてこのような法を執行し（執行権。一四四節）、また外敵に対して国を防禦するために協同体（Community 共同体）の力を用いる権利（連合権。一四六節）であり、しかもこれらすべてはただ公共の福祉のためにのみなされるものである」（三節）。

(a)　政治社会の意義と起源　政治社会の基本的意義は、自然状態と対立する状態をさす概念である点にある。すなわち、自然状態において各人（万人）は自然法執行権（とくに処罰権）をもっているが、これを放棄して、一個の共同体の手に委ねるところに政治社会がある。ロックによれば、「結合して一団（one Body 一団体）をつくり、訴うべき一の共通の確立された法と裁判権とをもっていて、それが自分達の間の争いを決定し、また犯人を処罰すべき権威をもっている場合にはこれは、相互に市民的社会をなしている（are in Civil Society 政治社会にある）人々である。けれどもこのような共通の訴えをなすべきところを――もちろん地上にであるが――もたない人々は、他にそれをする人がないので、一人一人自分で裁判官兼執行人となるのであって、この場合には彼らは以前として自然状態にある」（八七節ないし八九節）。

ロックは、このような政治社会の特色を明らかにするために、政治社会のもつ政治的権力（Political Power）を父権的権力（Paternal Power 第六章、第七章七七節ないし八六節）並びに専制的権力（Despotical Power 第七章九〇節ないし九四節、第一六章ないし第一九章）と比較する方法をとっている。後者の専制的権力との比較ないし区別がロックの政治理論の核心をなしている。のちに論ずる。前者の父権的権力との比較は、『国政二論』第一編のフィルマー理論批判の継続として、第二編においても相当の分量がついやされているが、その論証に成功しているとはいえない。その理由は三つある。

①　家族の主人（オイコスの長）としての家長権のことがほとんど論ぜられないで、もっぱら子供に対する親権のことが論ぜられている（第六章、第七章七七節ないし八四節）。わずかにこれにふれる部分でも、家長支配の内容やそこにおける規律（八九節）について立入った考察がない。なお、父権の一内容である教育権（子供の服装義務）について、「自分の息子を他人の徒弟としたものにとって、その期間中彼自身と母親とに対する息子の

服従義務の大部分」を免除する（六九節。この部分の鵜飼訳には脱落と二文の融合があって意味不分明[50]）であることが示すように、この期間中の服従義務は、他の家の長に向けられ、元来、教育権の主体が親としての父親ではなく、家長としての父親にあることを示唆している。

②　ロック自身、国家の歴史の初期の時代、すなわち「貧しいけれども正直な時代（かつて地上に継続するにいたった政府がはじめて作られたほとんどすべての時代がそうである）」（一一〇節）ないし「黄金時代（空虚な野心や amor sceleratus habendi―邪魔な貧欲―が、人の精神を堕落させるようになる以前）」（一一一節）には、統治は一人の手にあり、それは家長が政治的君主となったものであることを、くり返しのべている（七四節後段、七五節、七六節、一〇五節ないし一一二節。なお、九四節、一六二節参照）。この時代は、先の所有権論における貨幣使用、土地専有の以前の時代に対応するものである。そこでは、人の欲望は「小さい財産」（一〇七節）にかぎられ、これをめぐる「小さい争い」（七五節）にかぎられており、「大きい財産」（三六節）をめぐる「大きい争い」（七五節）はほとんどなかった。統治の機能は主として外敵に対する防禦にあり、政治支配者は軍隊の将軍であった（一〇七節ないし一〇九節）。君主と臣民の利益は一致していた（一一〇節、一一一節）。これは、アリストテレス『政治学』の用語例によれば、取材術における貨幣使用後・国際取引後の交換的な商人術に対するそれ以前の家政術[51]、共同体分類論における複数の家共同体（オイコス）が複数集まって村共同体（これが複数集まってポリスとなる）を形成している段階[52]に照応する。複数の家長の中から最も有能な者が選挙や話合いによって君主とされるのが自然であった（一〇五節ないし一〇七節）。

③　ロックは、さらに貨幣使用後、土地専有後の「大きい財産」をめぐる「大きい争い」がみられる時代についてさえ、正に政治社会の目的が所有権の保護にあることを理由として、政治社会への一身の結合はその者の所有する土地がとうぜん政治支配に服するものとなるものとし（一二〇節）、領土内の土地については、相続によるものであれ（七三節、一一七節）、取引などによるものであれ（一二〇節）、その後の承継者の一身を臣民とする

ものとしている。逆にいうと、政治社会の正式メンバーを家長たる土地所有者に限定するものと解する余地もあるが、(53)領土国家の立場から政治支配に対する同意のフィクション性を強めている。

(b)　政治社会の目的と成立　　人びとが結合して政治社会を形成し、その政治支配（鵜飼訳で政府と訳されることが多い Government は、組織としての政府よりも作用としての政治支配＝統治をさす場合が少なくないが、いちいちは指摘しない）に服する主たる目的は、所有権の維持にある（一二四節）。それは、自然状態にあっては、つぎの三つの欠点から、所有権の享受が不安定だから、これらの欠点をなくすためである。三つの欠点とは、①「確立され、安定した、公知の法が欠けている」（一二四節）、②「一切の争いを確立した法に従って権威を以って判定すべき、公知の公平な裁判官が欠けている」（一二五節）、③「判決が正しい場合に、これを支持し、それを適当に執行する権力がしばしば欠けている」（一二六節）ことである。これらの欠点をただすために、人は、政治社会を結成し、自然状態において有していた、包括的な自由な政治社会の規制にゆだねる、すなわち、自然的自由（四節、二二節、一二九節、一三〇節）を社会の法の下における自由（二二節、五七節）に変えるとともに、自然法執行権（とくに処罰権）を放棄して、社会に委ね、法にもとづく社会の執行権の行使に協力する（一三〇節）。そこで、政治社会の政治権力は、「人民に公布公知させられた確立した永続的法によって統治すべきであって、臨機の命令によるべきではない。これらの法によって争いを判定する厳正（indifferent 不偏不党な）無私の裁判官によるべきである。また協同体（Community 共同体）の力を用いるのはこの法を執行する場合だけであり、国外に対しては外敵による加害を予防反撃し、協同体（共同体）を侵略侵害より保障するためでなければならない。そうしてこれら一切は、ただ人民の平和安全および公共の福祉の目的だけに向けられるべきである」（一三一節）。

ついで、このような目的をもった政治社会は、政治社会を結成することに複数人が自由に同意する、すなわち「一政府の下に一個の政治体を作ることに他人と同意する」（九七節）ことによって成立する。政治社会の結成契約は、結成者の全員一致による。しかし、結成後は、事柄の性質上、多数決によって事が進められる（九五節ないし九九節）。

このような自由人の同意によるとする社会契約説に対する代表的な二つの批判に対して、ロックは、つぎのような答えを用意している。

① 歴史上、実例がないとする批判に対し、ひとつには、「いかにあったかということから、本来いかにあるべきかを結論したところで、到底強い力をもち得ない」（一〇三節）とする反論と、いまひとつには「歴史の実例の示すところによれば、平和の中に生まれてきた世界の諸政府はその起源をこの基盤に置いており、それは人民の同意によってできた」（一〇四節）とする反論とをしている。例としてあげられているのは、先にふれた国家の歴史の初期時代のものである（一〇五節ないし一一二節）。

② 「すべて人は、いずれかの政府のもとに生まれるのであるから、彼らの中の何人でも本来自由であるとか、自由に結合して新しい政府を始めていいとか、またはそもそも合法的政府を建てることができるとか、いうことはあり得ない」（一一三節）とする批判に対して、ロックは、国家の離合集散の事実（一一五節）と、人は「どんな契約によっても、彼の子供あるいは子孫を拘束することはできない」（一一六節）という理論とによって答えている。しかし、後者については、土地の所有権を相続する場合について例外をみとめていることは上記のとおりである。

ロックは、政治社会の結成、ないし、すでにある政治社会の政治権力への服従の根拠となる同意について、「明示の同意」と「黙示の同意」とを区別し（一一九節）、前者の場合は、政府の解体か、公の行為による除籍以外に、政治社会の成員たることをやめて、再び自然状態の自由に復することはできないのに対し、後者の場合は、財産を手放しさえすれば、自由に他のどの国家にでも加入し、または、未占有地に新しい国家をはじめることができるとされている（一二一節）。

なお、正当な戦争による征服国と被征服国民の間にも自由な同意（一七八節、一九二節ないし一九四節）または契約（二四節、一七二節）によって正当な政治支配が始まるものとされている。しかし、非戦闘員以外の者（戦闘員の子孫をふくむ）である自由人は別として、不正な戦争の戦闘員として奴隷たるべき者について、政治支配の前提となるべき自由人の自由な同意がありうるものか、論理的に疑問なしとしない。

(c) 政治社会における諸権力の序列　政治社会の構造を知るために、ロックが諸権力に与えている序列をみると、つぎのようになっている。

① 「共同体」（the Community）それ自体もしくはこれに結合している一体としての「人民」（the People）。元来、政治社会の全権力をもち、政府形態を決定する権力（一三二節）、具体的には、立法権を樹立する権力をもつ（一三四節）。政府の形態は、「人民」のうちの多数者が直接に立法権を行使するとき完全な民主政であり、立法権を少数者（とその相続人・後継人）に委ねたとき寡頭政であり、一人に委ねたとき君主政である（一三二節）。政府が存続する間は立法権が最高権である（一五〇節、二四三節）。しかし、立法権も信託的権力にすぎないから、「共同体」ないし「人民」には「立法権がその与えられた信任に違背して行為したと人民が考えた場合には、立法権を排除または変更し得る最高権」がある。しかし、政府が解体されるまでは、この権力は行使できない（一四九節、二四三節）。

② 立法権。立法権は国家の最高権であり、「それ以外の者のどんな布告も、どんな形式で述べられ、どんな力に裏づけられたものにせよ、民衆（the publick 人民＝共同体）が選任した立法権によって承認を得ていないものは、法としての効力拘束力をもつことができない（中略）。最も厳粛な紐帯によって何人をも拘束することのできる服従義務は、終局においてはこの最高権に源し、それが制定する法によって指揮される」（一三四節）。「そうして社会のどの成員ないし部分のであれ、およそ一切の他の権力は、それから由来し、それに従属しなければならぬ」（一五〇節）。

③ 執行権。執行権は「立法権の補助的従属的権力」（一五三節）である。したがって、「執行権をもっている

者が、同時に立法権にも参与しているもの（a single Person ただ一人の者）でない限り、彼は立法権の下に立ち、立法権に対して責任を負っていることは明らかで、自由に変えられ、解職され得るものである。それ故これは、何ものにも従属しない最高の執行権ではない。しかし最高の執行権がただ一人の者に与えられ、その者が立法権に参与すると、この上に立って、それに従属し、責任を負わなければならない地位にある、はっきりした、上級の立法者はなく、立法者というのは、執行者自身が参加し、同意を与えるだけの者となる」（一五二節）。[54]

最高の執行権をもつ者に対して、下級の官吏など他の補助的・従属的諸権力が服従し、その委任にもとづく諸権限を行使する。右の立法権に参与するただ一人の最高の執行者の場合であっても、「しかしながら、たとえ忠誠忠義の誓が彼に対してなされるとしても、それは最高立法者としての彼に対してではなくして、彼が他のものと協力して作ったところの法の最高執行者としての彼に対してである。忠誠というのは、法による服従に他ならないのであり、その法を彼が犯せば、彼は服従を要求する権利はないのであり、また法の力を付与された公人として以外には彼は服従を要求することはできない」（一五一節）。「どんな為政者であれ、権限をもっていないところで、委任や命令を与えても、それは普通の人がそういう委任をしたのと同じで、無効であり、意味がない（中略）。行為をする権利を与えるのは、委任ではなくて、権限なのである。そうして法律に反する場合には何の権限もあり得ない」（二〇六節）。

なお、立法権は常設の必要はない（一四三節）が、執行権は常設の必要がある（一四四節）。「立法府を召集解散する権力が執行部におかれた場合、それは執行部を、立法府に対して優越した地位におくのではない」「それは、彼の気の向くままに用いられる恣意的な権力としてでなく、それがつねに公共の福利のために、時宜に応じてもちいられるという信頼（trust 信託）をもって与えられるのである」（一五六節）。

④ 連合権。「協同体（共同体）全体はその協同体（共同体）以外の他の一切の国家および個人に対して、自然状態にある一体」であるゆえにもつ自然権であって（一四五節）、「その国家の外にある一切の個人及び協同体

（共同体）との和戦、締盟および交渉の権を含んでいる」（一四六節）。執行権と連合権は常にほとんど統合されているが、連合権は、「執行権と比べれば、前行的、恒常的、実定的な法によって指図されるには、とうてい適しないもので（中略）、国家の利益のためには、この権力を委任された人々が、その最善を尽して処理し得るよう大体は彼らの思慮（and Wisdom と知恵）に委されていなければならぬのである」（一四七節）。

⑤　大権。「法の規定によらず、時にはそれに反してでも、公共の福祉のために、裁量にしたがって行為する」権力（一六〇節）。立法者が予見できないような事態に対応するために執行権にみとめられる。これは、後述の最高の法規範である「公共の福祉」に制定法が譲歩するものである（一五九節）。たとえば、「立法府の組織法は、社会の本来的かつ最高の定めであり、そこでの一切の実定法に先行」するため、議員定数不均衡の是正は、制定法によっては不可能である（一五七節）が、大権によれば可能である（一五八節）。なお、イギリスの議会召集権は国王の大権である（一六七節）が、この大権が正しく行使されたどうかの判断権は人民にある（一六八節）。のちに論ずる。

(d)　諸権力の根拠と限界　　政治社会における諸権力の根拠と限界は、上記の政治社会の目的と諸権力の序列によって与えられる。

まず、Salus populi suprema lex（公共の福祉は最高の法）という根本規範がある（一五八節）。ロックは、さまざまの表現を用いてくり返しこれをのべる。「立法権自身をも支配すべき第一のかつ基礎的な自然法は、社会および（公共の福祉（public good 公益）と両立し得る限り）その内部の個人の維持にある」（一三四節）。「自然の根本法は人類の保存にあるから、どんな人定法も、それに背反しては正当でも有効でもあり得ない」（一三五節）。「神と自然の法が、すべての国のあらゆる形態の政府の立法権に置いた限界」がある（一四二節）。人民ないし共同体、すなわち政治社会は「自己保存の、神聖不可侵な根本法を侵害ずる者を排除する権利をもつ」（一四九節）。先の大権の場合、法それ自身が「自然と政治のこの基本法――すなわち社会のすべての成員が保護されなければならぬ――に譲歩する」（一五九節）。大権行使の正当性について人民は「人間の作った一切の実定法に先行し、優越する一つの法によって、次のような終局的決定権を留保してきたのである。それは、地上に訴えるべきところがない場合、彼らはその訴えを天に向かってする正当な理由があるかどうかを自ら判断するというすべての人類に共通な権利である」（一六八節）。

　ロックは、とくに立法権について、章をもうけて（第一一章）、その限界を論じている。ロック自身のまとめるところ（一四二節）によれば、「社会が彼らに与えた信任（the trust that is put in them by the Society 政治社会が立法者に与えた信託）」と上記の「神と自然の法」にもとづく立法権の限界は、①「公布確定された法によって支配すべきである。法は個々の場合に異なってはならない」、②「これらの法は、人民の福祉（the good of the People 公共の福祉）以外の目的を究極の目的としてはならぬ」、③「人民の所有（the Property 所有権）に対しては、彼ら自身またはその代表者によって（the Consent of the People, given by themselves, or their Deputies であれ、人民の）同意が与えられた場合の他、租税を課してはならぬ」、④「立法府は、法を作るその権力を、他の何人にも譲渡したり、または人民によってすでに置かれた立法部以外のどこにおくことも、してはならないし、またすることもできない」の四つである。

　国家の最高権である立法権の限界は、同時に、政治社会の諸権力のすべての限界である。

　あるべき政治社会の政治権力は、「法を、自らの権力の限界とし、公共の福祉を政府の目的としている」（二〇〇節）。このような限界内にあってはじめて、政治権力の行使はその法的正当性がみとめられる。この「権利（Right 法的正当性）を超越した権力の行使」（一九九節）は、政府形態のいかんをとわず（二〇一節）、専制である。したがって、公共の福祉を目的とせず、政治支配者の「彼自身の個人的で独自の利益」を目的とするものは専制であり（一九九節）、権限は法律の授権によるから「法律に反する場合には何の権限もあり得ない」（二〇六節）。「権威をもっている者が、法によって彼に与えている権力を踰越して、自分の指揮下にある力を、法を認めないことを臣民に強制するために用いれば、このようにして彼はもはや為政者ではなくなる。そして権限がない行為を行う者は、力で他人の権利を侵害する者なら誰でもうけるような抵抗をうける」（二〇二節）。

(4)　社会の解体と政府の解体

ロックは、これまたホッブズと非常に異なる点であるが、社会の解体と政府の解体とを区別している。

(a)　社会の解体　ロックは、「政府の解体ということを、いくらかでも明確に論じようとすれば、何よりもまず、社会の解体と政府の解体とを明確に区別しておく必要がある」として、協定にもとづく一個の国家たる政治社会の「結合が解体される普通の、そうしてほとんど唯一の途は、彼らを征服する外敵の侵入である。というのはこういう場合には（自分たちを一つの全体としての独立体として維持保全することができなくて）、その団体の特色である統合が、必然的になくなり、各人は、彼らが前に属していた状態（自然状態。遠藤注）に戻ることになる」（二一一節）とする。

ただし、ロックは、政治社会の結成ないし政治支配への服従に「明示の同意」を与えたものについて、「決して再び自然状態の自由に復することはできない」としつつ、その例外として、公の行為による除籍と並んで、政府の解体をあげ（一二一節）、また、抵抗権と君主の一身神聖性について論じた部分で、「下級官吏や、その委嘱をうけたもの（other commissioned by him その他君主任用の者）の不法な行為に対しては、人は抵抗することができる。ただしこの官吏（he 君主）が、実際に自分の人民たちとの戦争状態に身をおき、政府を解体し、彼らを戦争状態（the State of Nature 自然状態）にある一人一人のものであるあの防禦にたよらせるという方法に任せることを欲しないかぎりである。というのは、こういうことになれば、その結果はどうなるか、誰にもわからない。近隣のある王国が世界に一つの悪例を示した（ジェームズ二世のこと。遠藤注。[56] この部分の誤訳はちょっとひどい）」とし（二〇五節）、さらに、法の不執行による政府の解体により、「人民は秩序も連関もない混乱した群衆となる」（二二九節）とするなど、政府の解体がただちに自然状態への復帰をもたらすと読める部分があって、首尾一貫しない。しかし、ロックの以下の議論並びに体系の全体はこの区別を前提としていると解されるから、この前提に立って以下の紹介を進める。

(b)　政府の解体　政府の解体は、権力の乱用すなわち専制によってもたらされる。権力喪失の理由は人民の自由の喪失にある（二三九節）。「専制をのがれる権利」と「専制を予防する権利」（二二〇節）に対応して、政府解体の原因には、立法権の変質ないし機能不全と立法権または君主の信託違反行為とがある。

前者は、「社会の本質と統一は、一個の意志をもつところにある」から、「国家に、形体、生命、統一をあたえる魂」としての性質をもつべき立法権がこの性質を喪失する場合である（二一二節）。ロックは、君主（最高の執行権者で他の二つの召集解散権をもつ）、世襲的貴族の集会、「人民によって、臨時に（pro tempore その都度任期付きで）、選ばれた代表者の集会」の三者で立法権が構成された政府形態を想定したうえで（二一三節）、①「君主が、立法府の宣言した、社会の意志である法の代りに、自分自身の勝手な意志を通そうとす」る場合（二一四節）、②「君主が、立法府の、適当な時期に会合するのを妨げ、または立法府が作られた目的にそって自由に活動するのを妨げた場合」（二一五節）、③「君主の恣意的な権力によって、選挙人あるいは選挙方法が、人民の同意なしに、そうして人民の共同の利益（公共の福祉。遠藤注）に反して変えられる」場合（二一六節）、④「君主であれ、立法府であれ、外国の権力の支配に人民を引渡した場合」（二一七節）、⑤「最高の執行権をもっている者が、その責任を怠り、これを放棄し、このようにしてすでに制定された法が、もはや執行され得ない場合」（二一九節）には、政府が解体するものとしている。この場合には、「人民は、自分たちの安全と福利のため一番いいと思うように、立法府の人員や形体や、あるいはその両方を変更することによって、従前のそれとは違った新しい立法府を作り、こうして自分たちのための備えをなすのである」（二二〇節）。

後者は、「立法者が、人民の所有を奪いとり、破壊しようとする場合、あるいは恣意的な権力のもとに、彼らを奴隷におとし入れようとする場合」（二二二節、なお二二一節）すなわち「人民の生命、自由および財産に対する絶対権力を、自分の手に握ろうとし、または誰か他の者の手に与えようとする」場合である。この場合には「立法者は、人民に対して戦争状態に身をおくことになり、人民は、かくて、これ以上服従する義務を免れ、神が人間を一切の実力暴力に対して身を守るため与えたあの共通のかくれ場所にのがれてよい（are left to the common Refuge 普遍的救済措置に訴えてよい）ことになる」すなわち「人民は、その本来の自由を回復し、（自分たちの適当と思う）新しい立法府を設置することによって、彼らが社会を作った目的である自分自身の安全と保障の備えをする」ことができる。同様のことが、立法権に参与する最高の執行権者が、①「自分の勝手な意志を、社会の法として定立する」場合、②「国民代表を買収するために、その社会の実力や金銭や官職を使用する」場合、③「選挙民に公然と働きかけて（中略）、いろいろの方法で、自分の計画に合うものを選挙するように売りつける場合」、④これらによって、「あらかじめどういう投票をし、どんな立法をするのかを約束している者を選挙させる場合」にもみとめられる（二二二節）。

(c)　抵抗権と革命権　　専制を予防し、専制からのがれるための救済手段には、抵抗権と革命権の二つがみとめられる。

抵抗権は、自然状態における包括的自由権の一内容としての人の「自衛の権利」ならびに損害賠償を求める権利ないし「不法な力が彼らから奪いとったものを力で奪い返す権利（二〇八節）」のことをさしている。これら自然状態における不法な暴力に対する自力救済手段は、政治社会に入ることによって、原則として、法と裁判（政治権力）による救済手段にとって代わられている。「被害をうけた当事者が救われ、その損害が法に訴えることによって賠償された場合には、力に訴える口実はなくなるのである。力は、法に訴えることが妨げられた場合にのみ用いられるものだからである」（二〇七節）。しかし、政治社会においても、「訴えという救済手段が残されていない場合」、「法に訴える時間の余裕がない」場合には自衛権が行使されなければならない（二〇七節、一八節、二〇節）。これが、ロックをして、「自然状態」と「戦争状態」とを区別させた（一九節、二〇節）理由であると推測される。とくに政治権力の担い手である為政者が、法の授権による権限の限界をこえた不法な力を行使する場合には、法による救済が困難な半面、もはや正当な政治権力とはいえないから、不法な暴力により自らを戦争状態におく他の者（泥棒など野獣と同視すべき者）同様に、自衛権行使の対象とされる（二〇節、二〇二節、二〇六節、二〇八節、二三二節など）。

ついで、革命権を、ロックは、その語の本来的意義(57)で用いている。

第一に、革命は、「上から権威をもつ者」が行うのであって、「下から権威のない者」が行うものではない。ロックは、先に示した政治諸権力間の序列において、「共同体」の別語である「人民」に最高権をみとめ、これに立法権を樹立する権力とともに、「立法権がその与えられた信任（信託）に違背して行為したと人民が考えた場合には、立法権を排除または変更し得る最高権」をみとめている（一四九節、二四三節）。革命とは、このように政治諸権力を与える権力をもち、その担当者を任命する権力をもつ最高権者が、信託違反があるときに、これらを「没収」（二二二節）し、「罷免」（二四〇節）する権力を行使して行うものである。これに対して、「下から権威がない者」が行う暴力行為にあっては、自然法であれ政治社会の法であれ、法に違反して暴力を行使するものは、自らをふたたび戦争状態におく者（rebellare）であるがゆえに、まさしく叛逆者（rebels）にほかならない（二二六節、二二七節）。それは、下級の官吏であると、君主であるとをとわない（二三一節ないし二三九節）。

第二に、革命は、「旧来の秩序を回復」するために行われるのであって、「旧来の秩序を破壊」するために行われるのではない。最高権者である人民の手によって新しい立法権が作られる場合でも、それは、法と信託に違反し権威を破壊した叛逆者を取り除いて、本来あるべきもともとの姿を正しい権威にもとづいて回復するために行われている（一五五節、二二〇節、二二二節、二二三節）。文字通り、流れをもとに戻すもの（revoltus < re-volvō）である。

このような抵抗権、革命権の承認が、無政府状態ないし内乱の混乱をもたらすのではないかとする批判に対して、ロックは、①政府を解体し戦争状態をもたらした叛逆者にその責任があるとし（二二七節ないし二三〇節）、②専制（戦争状態）よりも自然状態のほうがなおよいとする（九〇節ないし九四節、一三七節、二二八節）一般論のほかに、③抵抗権、革命権の行使の条件を限定することによって答えている。それは「人民の大部分が、それに関心をもたない限り不可能である」（二〇八節）ゆえに、「不都合がはなはだしく大きくなり、多数者がそれを感じ、それにうんざりし、それを訂正することが必要だと思うようになる」（一六八節）場合であり、不法な行為が、「人民の過半数」にも及びまたは「少数の者にしか及ばないけれども、先例として、また結果からいって、全部の者を脅かすような」場合で、「彼らの法や、それと共にまたその財産、自由、生命が危険にさらされ、多分またかれらの宗教も危ないということを、良心に照して思い知らされた」（二〇九節）場合、大臣・官僚の選任、専制をとり入れるのに容易なような宗教の優遇など、「長きにわたって行われた一連の行為によって君主の顧問たちが、すべてこの方向を見指していることがわかる」（二一〇節）場合、「乱用やいい逃れやたくらみが長く続き、みんな同じ方向を目指していて、その意図が人民に解ってしまう」（二二五節）場合、「害悪がひろがり、支配者たちの悪い意図が目に見えるようになり、あるいはその攻撃意図が大部分のものに感ぜられるようになる」（二三〇節）場合である。これらの要件は、権利行使の要件を示したものであるのか、権利行使の事態にいたる蓋然性をしめしたものであるのか、必ずしも判然としない。また、これらの要件を厳格に解すると、極端に例外的な場合にしかみとめられないことになるおそれがある。

(d) 人民とは何か　ロックの用語例において、人民（the People）の語は多義的である。しかし、その中心的な用例は明確である。

① 政治社会成立後においては、人民は、おおむね、政治社会である統一的な共同体（the Community）そのものをさしている。たとえば、「立法権がその与えられた信任（the trust 信託）に違背して行為したと人民が考

えた場合には、立法権を排除または変更し得る最高権が依然としてなお人民の手に残されている（中略）。このように協同体（the community 共同体）は、何人でも、彼らの立法者さえもが、愚劣邪悪にその人民の自由と所有とを害するような企てを定め実行する場合には、このような計画企画から自分を救出すべき最高権を常に保有している」（一四九節）とし、「各個人が社会を取り結んだ時、これに与えた権力は、社会が存続するかぎり決して個々人に復帰することなく、いつまでも協同体（共同体）の手に残るであろう（中略）。そうして社会が立法権を、どんなものであれ人間の集会に与え、彼らと彼らの後継者が引続いてそれをもち、また後継者を定めることについての指示とそうして権限とが与えられている場合、立法権は決して、この政府の存続する間は、人民に復帰することはない（中略）。けれどももし彼らが、この立法府の存続期間に限度を設け、個人もしくは会議体のもっているこの最高権を一時的に過ぎないものとしたとすれば、もしくは、権威の地位にあるものの失敗でそれが没収された場合には、その没収なり、定められた期限の到来によって、それは社会の手に戻り、人民は最高のものとして行為する権利をも」つとする（二四三節）ところに明らかであろう。

②　上記の革命権の主体も、右にいう最高権の担い手である共同体に結合している一体としての人民である。この趣旨を明示するものがある。「もし君主と人民の中にある人々（some of the People）との間に、法の規定はなく、あるいはあいまいであり、また重要なことがらについて争いが起こったとすれば、このような場合の適当な審判は、人民全体（the Body of the People）であるべきだと思う（中略）。人民全体（the Body of the People）（最初、君主に信任を与えた者）以外に、この信任はどこまで及ぶつもりであったかを審判する適当なものがあるだろうか」（二四二節）とするのがそれである。しかし、さきの革命権、抵抗権行使の要件の中には「多数者」という言葉が屢々登場する。また、政治社会の意志は多数決によって決せられ（九六節ないし九九節）、政治社会の全政治権力は結成時には多数者がもつとする文章もある（一三二節）。さらに、「たった一人」（一六八節）、「各人」（二四一節）、「侵害された方の当事者」（二四二節）などにも、戦争状態において「天に訴える」自由、すな

わち、自らが審判者となって右の権利を行使することがみとめられているとする文章が散見される。

③　人民の中の一部にすぎない一人、各人、被害者などにも、人民としての権力ないし権利がみとめられるものとすると、統一的な共同体としての人民概念とは乖離することになる。このような混乱の原因は、ひとつには、自然法にもとづき各人に帰属すべき自衛権に由来する抵当権と、政治社会結成後にその根本規範（公共の福祉）にもとづき統一体たる人民に帰属すべき最高権に由来する革命権とが、屢々ごっちゃに論じられているからである。

④　いまひとつは、人民そのものと、人民を代弁し、人民の名において行動すべきものとが明確に区別されず、後者について論じられていないことである。議会、君主、教皇など、伝統的諸学説において、人民を体現するものとされたものが数々ある[58]が、ロックは、何らこれにふれていない、革命権、抵抗権の主体が具体的に特定されているとはいいがたい。

三　ロックの市民社会論の検討

(1)　ロックとホッブズ

わが国ではかつてロックとホッブズを対極的（自由主義と絶対主義）にとらえる俗説が流布したことがあるが、ロックは、その生存中親しい者もみとめるとおり[59]、基本的にホッブズ主義者であり、とくに国家（政治社会）論においては、ホッブズの基本的枠組みを踏襲している。ただし、その軌跡がズレている。正確にいうと、文字どおりに踏襲している部分とズレている部分の二重構造になっている。このズレないし焦点のブレのため、多くの論者がみとめるように、ロックの理論は、わかりづらい、首尾一貫しない、混乱したもの、といった評価をうけるものとなっている。

(a)　自然状態と自然法　政治社会に先立つ自然状態を想定し、そこに自己保存の権利などの自然権の保護を中心とする自然法が支配しているものとする点において、ロックは、基本的にホッブズ主義者である。たしかに、ロックの自然状態は、ホッブズと異なり、戦争状態ではない。むしろ平和な状態として描かれている（ただし、二一二節と二二七節では、ロック自身、市民社会を平和状態、自然状態を戦争状態としている）。ロックは、自然状態と戦争状態とを明確に区別する。しかしながら、①ロックの戦争状態の語は、自然法違反の暴力行為に限定されているため、ホッブズのそれとは異なる主観的個別的局面をさしている[60]。②ロックの戦争状態は、自然状態ばかりでなく、市民社会においても生ずる。しかし、戦争状態の継続・終了は、自然状態において長引くのに対し、市民社会では短く早い。③ロックの自然状態が平和であるのは、初期の素朴な「黄金時代」ないし「正直な時代」、すなわち、「小さい財産」をめぐる「小さい争い」しかなかった時代の話である。その後の「大きい財産」をめぐる「大きい争い」が生じた時代には平和とはいいがたい。ここにもロックの理論の二重構造がみられる。④ロックは、自然状態において、各人に、自然権のみならず、自然法執行権（とくに処罰権）をみとめる点において、ホッブズとは著しく異なる。ホッブズによれば、私的理性にもとづく私の剣の行使こそは戦争状態の原因である。ロックも、自然法執行権の行使が不確実であり不公平であることを政治社会結成（公的理性にもとづく公の剣の行使）の主たる理由に数えている。

(b)　所有権と契約　ロックは、自然状態においてすでに、所有権の存在をみとめ、契約の拘束力をみとめている（一四節）。これに対し、ホッブズは、その第三の自然法を論ずる部分[61]で「正義の本質は、有効な信約を守ることに存するが、信約の有効性は、人びとにそれを守らせるのに十分な、社会的権力の設立によってのみはじまり、それと同時に所有権もまた、はじまる」としているため、両者は異なるようにみえる。しかしながら、①ホッブズは、この部分で、信約の拘束力の存在ではなく、強制力にもとづく有効性を問題としている。まさしく第三の自然法こそは信約の拘束力を内容とするものであり、政治社会の主権にもとづく強制力の根拠さえもがここに求められることは、別稿で論じたとおりである。②ロック自身も、所有権の成立と確定とは明確に区別していると解される。すなわち、ここでもロックの理論の二重構造がみられるわけであって、前者は、自然状態においてもひろくみられるものであるのに対し、後者は、「ある種の事実上の」（その意義については後に論ずる）政治社会とその実定法の存在を前提としてはじめてみとめられる。これは、土地所有権に関連して引用した部分でロックが明言しているとおりである。これはまた、貨幣使用による「黄金時代」の前後の時代区分に対応する。たしかに、ロックは、貨幣使用に対する暗黙の同意については、政治社会の存在と関連づけていない。しかし、所有権の確定にあっては、そうではないと筆者は考える。③ホッブズは、所有権の実質的根拠を労働に求める点(62)において労働価値説の元祖の一人であり、それに加えて、「人間の労働もまた、他のすべてのものと同じく、利益をえるために交換できる財貨だ(63)」と明言し地域の価値移動による富の蓄積を論じているために、ロック以上に進んだ（より後代に符号する）経済理論を展開したものとみられることがある(64)のは周知のとおりである。④ロックの所有権には自然法的制約がともなっていることが顕著な特色となっている。貨幣使用後、（ある種の事実上の政治社会の法にもとづく）土地専有後の自然状態の第二段階においては、不均衡な土地所有がみとめられるため、自然法的制約の内容は変容をまぬがれないものの、なお存続する。ホッブズは、この点は強調してはいない。しかし、その自然法の第九ないし第一四において平等と衡平を論ずる部分(65)には、配分の平等をも内容とし、類似の考えがみられる。

(c)　政治社会と政治権力　ロックを自由主義政治理論としホッブズを絶対主義政治理論とする俗説が流布したことがあるが、両者は、直接これにかかわる部分で、どのように違ったことをいっているのであろうか。

①　政治社会の目的は、ロックにおいては、「平和安全および公共の福祉」（一三一節）であり、その成員の「生命自由および資産」すなわち総括的に「所有権」とよぶものの相互的維持である（一二三節）。ホッブズにおいては、「人びとを、外敵やかれら相互間の侵害から守り、またそれによって、人びとがみずからの労働と土地

からの収穫物でその生命を支え、快適な生活を送ることができるように保護[66]することであり、生存と快適な生活の維持のための平和と防衛である。[67]このような目的のため結合した政治社会のことを、ホッブズは、コモンウェルス（common wealth）とよび、ラテン語でキーウィタース（civitas）とよばれるとしているが、[68]ロックも、これをそのまま採用している（一三三節）。

② 政治社会の成立は、成員となる者、すなわち、自然状態において自由かつ平等である者の同意にもとづく。この点について、両者は基本的に一致している。[69]ホッブズは、設立によるコモンウェルスと並んで獲得によるコモンウェルスをみとめている。[70]後者は父権的支配と専制的支配（征服や戦勝によって獲得された支配権）であり、成員相互の恐怖からではなく支配者に対する恐怖からという動機において異なるものの、支配の権利の根拠が被支配者の同意にもとづき、支配の権利の内容が設立による主権の場合と同一であるため、前者との区別はない。[71]ロックは、後者の場合を正面からはとりあげていない。しかし、国家の歴史の初期の時代について家長による父権的支配をみとめ（七四節後段ないし七六節、一〇五節ないし一一一節。二重構造の一例といってよい）、これを子供の同意、「暗黙のほとんど避け難い同意」（七五節）にもとづかせている。また、専制的権力については、正当な戦争により勝利した側に、不法な戦争により敗北した側の戦闘員たる捕虜を奴隷として、その生命を絶対的、恣意的に支配する権力をみとめるとともに、このような戦争状態の継続が政治支配への服従の同意という契約によって終了することがみとめられている（二四節、一七二節、一九二節）。この点でも、ホッブズと基本的に一致する。ただし、ホッブズは、奴隷取引に投資していたロックと異なり、[72]奴隷の存在をみとめていない。ホッブズは、自然法の第九原則をのべる部分で、自然状態において、「すべての人が平等なのである。現在ある不平等は、市民法によって、導入されたのである」とし、アリストテレス『政治学』第一巻が「人びとは生れながらにして、ある者は、支配するほうがふさわしく（中略）、他の者は奉仕するにふさわしい」とするのは、「理性に反するのみならず、経験にも反する」としている。[73]加えて、ホッブズは、私的理性の主体にすぎない当事者の間の戦争に

ついて、一方を自然法執行者（正当な戦争）他方を自然法違反者（不法な戦争）として、一方に正義の体現者（公的理性）を僭称せしめて、他方を奴隷とできるような考えはとっていない。この点のロックの考えは、自然法上の処罰権の行使も限度をこせば自然法違反となるロック自身の説にてらしても、単純にすぎる考えというべきであろう。

なお、両者ともに、領土国家の立場から、政治支配への同意がきわめてフィクション性の高いものとなっていることは、別稿でふれたとおりである[74]。

③　政治社会の政治権力の基礎（性格・限界）づけとして、ホッブズは授権（authorization）理論、ロックは信託（trust）理論をとっている。まず、ホッブズによれば、コモンウェルスの設立には、①構成員全員一致による結合契約（各人の各人に対する信約）、②多数決による代表者（主権者）の選任、③代表者（主権者）への代表権の授権（主権者の行為と判断を各人本人のものとする）の三つの側面があるが、②③は①の内容とされているため、これらの全体をふくんだものが一個の結合契約となり、これによって、いわば一気に代表者（主権者）をもったコモンウェルスが設立される[75]。これに対して、ロックの場合は、コモンウェルス設立契約の内容は、右の①だけであって（九五節）、②の多数決による決定は事理の当然として説明され（九六節ないし九九節）、③は、コモンウェルス設立後に、立法権を樹立する（最高権をもつ政治社会が立法権を作り、その行使を信託する）ことによって行われる（一三四節）。この立法権は、政府存続中は最高権をもつ（一五〇節など）から、ホッブズの主権者に近いが、これと並んで、立法に参与する最高の執行権（一五二節）、大権をもつ執行権（第一四章）がみとめられ、かつ、立法権そのものが、最高の執行権をもつ君主、世襲貴族集会、選挙代表集会の三つから構成されたものが念頭におかれている（二一三節）ため、唯一不可分の近代的主権概念はロックにはみられないように思われる[76]。もちろん、人民主権論とみることはできるが、ロックの人民は政治社会そのものをさすから、国家主権論にひとしく、その担い手は不明確である。ついで、ホッブズの場合、政治社会結成にあたって、各人の権利放棄は、代

表者（主権者）への授権と対応しているが、しかし譲渡ではなく、[77] 主権者の行使すべき公権力の内容となる諸権限は政治社会設立の目的にてらして独自に構成されている。[78] これに対して、ロックの場合、立法者の行使すべき政治権力は、自然状態において各人がもっていた自然法執行権（とくに処罰権）が、政治社会の結成によって政治社会に譲渡され、立法権の樹立によってこれがさらに立法権に譲渡され、その行使が信託されているものであるにすぎない。立法権の主要な任務は、自然法執行権の確実かつ平等な行使にあるから、「公布された恒常的な法と、公知の授権された裁判官によらなければならない」（一三六節）基本のほか、政治権力は法と公共の福祉による限界をもつ。しかし、公権力の内容の独自の構成はみられない。私的権力と質的に区別された公権力をもつ近代国家の概念はそこにはまだ乏しいといってよい。

④　ホッブズとロックが顕著に異なる点は、信託違反があった場合である。ホッブズは、主権者が信約の当事者でないことから論理的に「主権者の側からする信約破棄は起こりえない」としたうえ、信約違反をめぐる「論争を決定する裁定者は存在しない。したがって、そのさいにはふたたび戦争状態となり、各人は、その［主権］設立の意図に反して、みずからの力によって自分を保護する権利を回復するのである。だから、あらかじめ［臣民と］信約を結んで主権を授けるというのは無意味である」[79] としている。これに対して、ロックの場合は、立法権（最高の執行権も）はこれまた政治社会設立契約の当事者でないものの、設立後の政治社会によって樹立されるものであるがゆえに、立法権を樹立する最高権をもつ政治社会は、同時に、信託違反があったとき、「立法権を排除または変更し得る最高権」（一四九節）をもつ。これによって、ホッブズが不可能としている統治形態の変更も可能である。[80] この点に関するかぎり、両者は対立する両極に位置するようにみえる。しかし、右の最高権（革命権）は、政府存続中は行使できず、政府の解体によってはじめて社会に復帰する。その要件がきわめて限定されたいわば極限状況にかかわるものであり、かつ、その具体的主体が不明確であることはすでにふれたとおりである。したがって、このような極限状況をのぞいて、すなわち、政府存続中は、立法権が最高権をもつ。そ

して、ロックによれば自由とは、「サー・ロバート・フィルマーが言うような（『アリストートル政治学考』五五頁）『各人が、その欲することを為し、その好むままに生活し、如何なる法によっても拘束せられない自由』ではない。政府の下にある人間の自由とは、その社会の誰にも共通な、そうしてその中に立てられた立法権によって作られた、恒常的な規定に従って生きることにある」[81]（二二節、同旨五七節）。もちろん、この立法権には、すでにふれたように、神と自然の法による限界があるが、これはホッブズも同様である[82]。

(d)　社会の解体と政府の解体　この両者を区別する点が、ロックの特色の最たるものの一つ、あるいは、代表的なものといってもよい点である。

①　ホッブズの場合、コモンウェルス設立契約の中に、代表者（主権者）の選任とこれへの授権（すなわち政府の樹立）が内容として入っているから、政府の解体は、政治社会の解体をもたらす。ロックの場合は、コモンウェルスの設立契約は、構成員相互の結合契約だけを内容とし、設立後の政治社会が立法権（をはじめとする政府）を樹立することとしているから、政府が解体しても、社会は解体しない。

②　いまひとつ重要な相違点は、ホッブズにおいては、コモンウェルスからの離脱や他のコモンウェルスへの帰属がもっぱら各人本人の利害打算にもとづく主観的判断にゆだねられている[83]のに対し、ロックにおいては、このような自己打算的なコモンウェルス離脱・選択の自由はみとめられていない。政治社会結成や政治支配に「明示の同意」を与えたものは、いわば永久会員として政治社会にとどまることが要求され、「黙示の同意」を与えたものも、生存の基盤である領土内の土地所有権などの財産権を放棄しないかぎり、離脱が許されない。

③　そこで、ホッブズの理論によれば、主権者の保護能力の喪失という政府の解体（政治機能の不全）は、新しいコモンウェルスの設立ないし他のコモンウェルスへの帰属によって処理されるのに対し、ロックの理論においては、立法権の排除・変更という社会を存続させたうえでその革命権の行使によって処理されることになる。ホッブズは、政府と一緒に社会も新しくするのに対し、ロックは、社会はもとのままで政府だけ新しくする。実

体において全く変わらない現象についても、両者の理論構造の差異に応じて、異なる説明がされる。世間一般の理解によれば、ホッブズは、コモンウェルスの維持に関心があるのに対し、ロックは、その解体に関心があるというのであったが、実は、逆なのである。ロックが関心をもつのは、政治社会の解体ではなく、政府の解体である。ロックとホッブズの違いをもっともよくあらわすのは、つぎの文章であろう。ロックは、「十万人の個人の恣意的権力にさらされたものよりも、十万人のものに命令権をもつただ一人の恣意的な権力にさらされたものの方が、はるかに悪い状態にある。何人も、このような命令権をもっている者の意志が他の者の意志より善いということは、保証できない。しかも彼の力の方が十万倍も強いことは確かなのである」(一三七節)とする。ホッブズは、これに対して、「内乱のさいの悲惨で恐るべき災厄と、あの支配者のいない人びとの無法状態——法にたいする服従もなく、人びとの手が強奪や復讐にむかわないようにする強制権力もない——とくらべると、ある統治形態において、一般人民に起りうる最大の不便さえも大したことはない[84]」とし、主権の絶対性について、「人びとは、そのような無制限な権力から多くの望ましくない結果が生ずると考えるかもしれないが、しかし、それがないことから生じる結果、すなわち、各人の隣人にたいするたえまのない戦争のほうが、それよりもずっと悪いのである[85]」とする。

④　ロックが関心をもつのは、しかし、政府を解体して無政府状態をつくりだすことにあるのではない。ロックも、自然状態において「人々は自分の利益から偏見をもち、また自然法の研究をしていないため無智であって、自然法を、彼ら自身の事件にも適用すべき拘束力ある法としては認めない傾きがある」(一二四節)こと、「各人が自然法の裁判官であり、かつ執行官でもあるので、人は自分自身に対しては偏頗であるから、自分自身の事件については、感情や復讐心のため余りにやりすぎをし、しかも余り熱をいれてしがちなものであるが、また他人の事件に関しては怠慢無関心で余りにも不注意(remiss 不熱心)になりがち」(一二五節)であることを十分に承知していた。「自然状態は不便であり、人々は社会を愛し、これを欲するので、彼らの幾人かが一緒に集まるや

否や、もし共同生活を続けたいと思うなら必ず結合して団体をなしたのである」（一〇一節）。ロックも、政治社会の建設をめざしている点において、ホッブズと異ならない。ただ、しかし、決定的に異なる点は、政治社会一般をめざしているのではなくて、特定の政治社会をめざしていることである。ここで特定の政治社会とは、「公共の福祉」を目的とするものであり、アリストテレス『政治学』の用語例[86]によれば、「共通な利益」ないし「公共の利益」を目標とした「正しい国制」のことである。そこでいう「逸脱した国制」は排除される。まさに「正しい国制」を樹立するために、「逸脱した国制」を排除するのに要請されるのが、ロックの革命権の行使である（ホッブズは、後者は前者に不満をもつ者の呼称にすぎないとして両者の区別を否定する[87]）。

　ロックは、その理論の核心的部分に、いわばゾレン（sollen）をもちこんでいる。これが、ロックの理論をとく鍵であると筆者は考える[88]。第一に「逸脱した国制」（ザイン）を排除して「正しい国制」（ゾレン）を樹立するためには、「政府の解体」の概念をみとめる必要がある一方で、是正措置をとる（革命権を行使する）べき主体としての社会を残存させる必要があるために、これと「社会の解体」とは区別しなければならない。第二に、その前提として、社会と政府とを区別し、政治社会の結成契約の内容から政府の樹立をとりのぞき、これを結成後の政治社会の最高権にゆだねる必要がある。第三に、政治社会が存続しつつ、革命権を行使するためには、「自然状態」とは区別された「戦争状態」の概念をみとめなければならない。第四に、戦争状態において正当な側が行使する権利を「自然法執行権」に求め、その存在を自然状態においてもみとめざるをえなかった。第五に、自然状態において自然法執行権をみとめるものとすれば、自然法の存在と、その主要な内容である所有権の存在と契約の拘束力を自然状態においてもみとめなければならない。以上がロックの理論の骨子である。

　また、ロックの理論の随所において指摘された二重構造もこれに由来する。すなわち、所有権論における貨幣使用、土地専有（所有の不均衡）の前後、政治社会論における「正直な時代」ないし「黄金時代」とそれ以降の時代区分は、「理想的な自然状態」（小さい財産をめぐる小さい争い）の時代と「腐敗堕落した自然状態」（大きい財産をめぐる大きい争い）の時代との区別に対応するが、後者の自然状態においては、上記のとおり、すでに「ある種の事実上の」（ザインとしての）政治社会が存在する。しかし、これらは、必ずしもロックのあるべき（ゾレンとしての）政治社会の価値基準をみたすものばかりとはかぎられなかった。ロックは、国家の起源を論ずる部分で、「いかにあったかということから、本来いかにあるべきかを結論したところで、到底強い力をもち得ない」（一〇三節）とし、歴史の実例を論ずるにあたっても、注意深く、「平和の中に生れて来た世界の諸政府」は人民の同意に基礎をおいている（一〇四節）とする限定をもうけている。（なお、本引用部分の傍点は筆者）。ロックも、初期の時代には、「一種の自然的権威」に対する「暗黙の同意」という「不注意で先見の明のない無邪気さからはじまったのに、やがて時が権威と神聖さを与え」た政治権力をいただく政治社会が事実として存在することを否定していない（九四節）。しかし、それは、あるべき政治社会ではない。とくに、「腐敗堕落した自然状態」の時代にふさわしい政治社会ではない。

さらに、ロック理論のもつ、あいまいさ、首尾一貫性や体系性の欠如といった混乱の原因は、ここに求められる。この点についての従来の評価は、つぎのようであった。①ロックは、プラトン、アリストテレス、ホッブズなどと並ぶ一級の政治哲学者ではなくて、時局的政論家にすぎない。[89] ②かりに政治哲学者だとしても、ロックは、右の点について無神経な欠点をもっている。[90] ③の点は、ロックが承知のうえで、わざと自己の説をあいまいなものとし、ホッブズ主義者であることをかくしたり、政治的非難や宗教上の攻撃をさけるためにしたカムフラジューである。正統的な権威であるリチャード・フッカーを引用したのと同一目的に出ている。[91] ④ロックの『人間悟性論』における（自然科学的）知識についての確実性（certainty）と（人文社会科学的世界の）信念についての蓋然性（probability）の区別に応じて、政治社会論は、後者の世界を取扱ったもので、それなりに、また、ロックの思想全体の中での一貫性を肯定することができる。[92] 以上が、筆者がこれまでに出会ったロック評価の代表的なものであるが、筆者は、これらにつけ加えて、⑤ザインとゾレンの混同をあげることができるように思われる。すなわち、あるべき政治社会を中心として、ゾレンを論ずるかぎり、すなわち、理性にもとづく推論として論じられる（probability ではなく、rationality）かぎりにおいて、ロックの理論には首尾一貫性がある。しかし、ゾレンに合わせて、ザインを変えようとするとき（革命権の要件・具体的主体がその例）など、ゾレンとザインが交錯する局面になると、にわかにあいまいになる。ゾレンを論じているのか、ザインを論じているのか、はたまた理性的推論であるのか蓋然性の議論であるのか、わからなくなる。基本的な骨組みにおいて、ホッブズにしたがいつつ、換骨奪胎の仕方ないし肉づけの仕方が、たとえていえば、ホッブズが男性的であるのに対し、ロックが女性的であるくらいの違いがある。ホッブズが幾何学的論理を追うのに対し、ロックには、文学的で熱き血潮が通っている。しかし、自然法執行権のように私的理性による公的理性の代行は、悪くすると、昨今もみられる血に飢えた正義という狂気《ヒステリー》に途を開くおそれがあるように思われてならない(93)。

(2) ファーガソンとヘーゲル

ロックの政治社会は、ロック自身の理論に即していえば、「正しい国制」を樹立し、「逸脱した国制」を排除するための、立法権の樹立・排除・変更を主内容とする最高権を行使することを任務とする存在である。それは、国家社会において、制度的側面を除いた、または、制度の基盤となるべき共同体的側面をさしている。その機能は、右の最高の政治権力の行使にあり、かつ、それにかぎられている。したがって、経済史的にみて、一七世紀イギリスの社会を、伝統的社会とみるか、少なくとも農業資本主義とみるか、さらに進んで商工業資本主義とみるか、はたまた、これへの過渡期とみるかのいかんによって、ロックの市民社会をブルジョア社会とみるかどうかといった議論は、ロックの理論とはずれている。このような議論は、ロックの理論に即していえば、その市民（政治）社会論ではなく、その自然状態論（とくに第二の自然状態）についてこそ妥当する。なぜなら、ロックによれば、所有権も契約も、理論的には、市民社会（政治社会＝国家）をまたずに、自然状態においてすでに、その存在がみとめられるものだからである。このように、政府と社会の区別がされてはいても、その社会はあくまで国家社会であり、われわれが、今日、国家と社会の区別という言葉によって想定するものとは、ちがったものである。ちがったところに線が引かれているといわなければならない。このことを、なお「市民社会」概念の元祖とみられることが多いファーガソンとヘーゲルについて、簡単にみておく。

(a)　ファーガソンの市民社会論　アダム・ファーガソンの一七六七年の『市民社会の歴史に関する研究』(An Essay on the History of Civil Society)[94]は、その翌年ドイツ語に訳され、ヘーゲルなどが用いたドイツ語の市民社会（bürgerliche Gesellschaft）のもととなったといわれているが[95]、その骨子を簡単にいうと、つぎのとおりである。

①　ファーガソンは、「市民社会」における civil の語を広く文明化（civilization）としてとらえ、市民社会を「原始的ないし野蛮な社会」(rude or savage Society）と対比させる[96]。ただし、文明化の基準としては、政治的なるもの、すなわち、法と政府による自由の確保があげられているから、ファーガソンにおいても、市民社会とは政治社会を意味する。しかし、ファーガソンは、人は、本性上、その生存と能力発揮について平等であるとしつつ[97]、同時に、生まれながらにして、共同体の一員であるとしているから[98]、自然状態説とここから政治社会への飛躍に要する社会契約説をとっていない。人間社会はこのような単純で人為的な計画によって作られるものではなく[99]、複雑で漸進的な進化によるものとする。右の著書の全体は、人間社会の自然史的考察でみたされている。その際、進化の契機をなしているものは、内外の競争と戦争である。たとえば、対外防衛の必要が、内部の結束、政治機能の多様化、知的能力の発揮などを生む[100]。これは、ファーガソンの人間観、社会観の基本にかかわるものであって、彼によれば、幸福とは、安息状態や目的達成にあるのではなくて、目的追求の過程にある[101]。この点、ホッブズに似ている。しかし、ホッブズは異なり、共同体の一員としての人の幸福は、苦痛、快楽、恐怖、嫉妬といった個人的事柄への気づかいをすてて、社会的寄与を自己の仕事のはげみとして共通善のために情熱を燃やすとこ

ろにある[102]。ファーガソンは、「公共善が個人にとって基本目標であるならば、同様に、個人の幸福が市民社会の偉大な目的であることも真実である」とし、「最も幸福な国家とは、その国民によって最も愛されている国家のことであり、最も幸福な人間とは、その心情が共同体に傾けられ、そこに、義侠心と熱情のすべての対象、すべての美徳の行為の発揮の場を見出す人間のことである」としている[103]。その著書に最も頻出する用語は、国家精神[104]、国家愛着の共通の絆[105]、社会の結合[106]、公共への愛[107]などであり、これらをこわす対立用語としての「腐敗堕落」(corruption) である。ファーガソンによれば、国家の力は、国民の数や富によるものよりも、その風習・習俗ないし気風 (manners) による[108]。「国家の富、隆盛、力は、通例、美徳 (virtue) の産物であり、これらの喪失は、屢々、悪徳 (vice) の結果である。人の美徳は、目的達成後ではなく、目標達成をめざして苦闘している間にも最もよくあらわれる。美徳によって獲得された目標自体が、屢々、腐敗堕落と悪徳の原因となる[109]」とするところに、彼の考えの真髄がみられる。

② 右の基本的テーゼを経済の側面でみると、つぎのようになる。まず、「所有権は進歩の一因 (a matter) である[110]」。「商業の進歩は、機械的技術の断えざる分化」にあり、「技術と職業の分離によって、富の源泉がおかれた[111]」。しかし、「職業の分化は、極まるところ、結果として、かなりの程度に、社会の絆を破り、才能を様式に代え、人びとから熱情と心情のたけを満足感をもって注ぐことができる天職の日常感覚 (the common sense of occupation) を奪うことになる[112]。」さらには、「高度に商業技術がいたった国々は、個人的な向上や美徳にもとづかない富に差別の多大の根拠をみとめ、尊重と名誉にいたる途として利益に関心を向けることによって、腐敗堕落にさらされている[113]」。「財産が活気あふれる精神の道具としてではなく、ケチであれ、気前よさであれ、はたまた、大胆であれ、小心であれ、これらの心の偶像となるとき、自由のよって立つ基盤が専制を支えるものになりかわるおそれがある」のである[114]。

③ つぎに、右の基本的テーゼを政治の側面でみると、つぎのようになる。まず、「なんらかの恒常的な政府

を確立し紛争を審理する司法裁判所をもつまでは文明化されている（civilized）とはいえない[115]」。「人びとは、対外戦争や内乱をさけて社会の平和を維持する目的をもつ公的諸制度をもうけ、また、紛争を騒乱なく裁断して、法の権威によって、各市民が個人的権利の享受を確実なものとすることを学んだ[116]」。文明社会（政治社会）において、法と政府が自由を守る。ところが、皮肉なことに、「自由の維持をもくろんだ国家の諸制度が、市民が自己自らのために行動して、自己の権利を要求することをさせないで、自分の側での個人的注意・努力を求めることなく、安全を与えるものとすれば、このような政府（政治支配）の外見上の完成は、社会の絆を弱めるおそれがある[117]」。また、政府の事務の分割は、「各役所の公務員をして、国事（the affaries of state）に優れていないのに、他人の経験にもとづいて確立された様式を遵守していれば成功することを可能にし、それ自体何の調和もなしに、一つの目的に併せて働くエンジンの部品のようなものにしている[118]」。われわれは、「政治家（国士）と戦士の代わりに、書記と会計係をやとうにいたっている。[119]」ファーガソンによれば、兵士と市民の分離も不幸なことであって[120]、「軍隊の規律は改善されたにせよ、国家の活力が失われてしまった」のであり、「市民と政治家を形成する技術と、政策と戦争の技術とを分離することは、人間性をバラバラにすることであり、まさに改善すべきだとした当の技術を破壊する試みである[121]」。

それでは、自由は何によって確保されるか。「自由は法の支配（the government of laws）によってもたらされる。われわれは、法令を、人びとの権利が記録された書き物ではなく、自由たらんと決断した人びとの決意と格律として考え、さらに、人びとを守ために作られた権力であり、人の恣意が犯すことのできない障害として考えるべきであろう」。「かりに手続の様式や書かれた法令、その他の法の諸要素が、それらがよって立つ精神によって運用されることをやめるならば、権力の不公正を制約することなく、それを隠すだけに役立つのである[122]」。「文字面上の最も公正な法が、運用上の最悪の専制と両立する」。「人身の安全と財産の保有が、法令の文言上いかによく定義されていても、その確保のためには、自由な人びとの活力と嫉妬、国家の全秩序で払う尊重の程度によるのである」[123]。「自由は、構成員間の争いと対立によって維持されるのであって、公正な政府への一致した熱情によってではない」[124]。「自由の確保のために構成された基本構造（constitutions）は多くの部分からならなければならない。そして、上院、民選議会、司法裁判所、その他各種の公務員は、執行権を行使、停止、牽制しながら、お互いにバランスをとって協働しなければならない」。「したがって、全員一致を賞賛すること自体が自由にとって危険だと考えるべきである」[125]。「あらゆる国家において、構成員の自由は、内部の部分のバランスと調整によ る」[126]。そこで、行き過ぎた規制が、「気風を腐敗堕落させて、国家の精神を失わせる傾向をもつ」ことや「市民社会で宣伝される改善が、政治的精神を休止させ、人びとの休みない無秩序よりも、積極的な美徳に鎖をつけるものとなる」[127]ことに警告するとともに、他方でバランスが大きく崩れて、「同等の牽制する権力がないとき、専制におちいる」[128]ことや、「権力が確立されている場合において、強者が制約を嫌がり、弱者が保護を求めることができないとき、法の欠陥は完全な腐敗堕落のしるしとなる」[129]ことを強調する。

④　以上によれば、自由を確保するものは、制度ではなくて、制度を支える政治的徳としての共同体の精神である。富の偏重・偏在と制度の完成は、この精神を腐敗堕落させる傾きがある。その精神を活性化させるものは、構成員ないし構成部分の相互間の争いと対立である。制度もまた、このような力のバランスを保つ工夫をしなければならない。これが、ファーガソンの骨子である。これは、あるべき制度の確立をめざすロック論理の射程範囲をこえている。ロックによれば、「法が終わるところ、専制がはじまる」（二〇二節）のであったが、ファーガソンにおいては、むしろ、法制度の完成が人びとの腐敗堕落を生み専制をまねく。また、専制は政治支配者の恣意にはじまるものでもない。人びとの腐敗堕落にもとづく。ファーガソンは、プラトンの『国家』[130]におけると同様に、極端なデモクラシーが専制に転化することを知っていた[131]。機械的平等によって、人びとをバラバラのアトムと化してはならず、相互に相争い、社会に生き生きとした活気を与えるだけの活力をもった諸党派が存在しなければならない。さらに、しかしながら、ロックと異なり、富の不均衡が手ばなしで容認はされず、力のバラン

スを破るほどに、財産が自己目的化し偏重されて偏在してはならない。ロックにとって、市民社会は所有権を保護するための組織機構であるのに対し、ファーガソンにとっては、自由な精神が競い合いつつ躍動する場である。ファーガソンはいう。自由のもたらす恩恵は、「一人の人間の胸の中で働く徳や善の産物ではなくて、多くの者への徳自体のコミュニケーションと、構成員それぞれにふさわしい行動と天職をそれぞれに与えるような市民社会の中における富の配分である[132]」。

(b)　ヘーゲルの市民社会論　経済社会としての市民社会と政治社会としての国家との区別が、一八二一年のヘーゲルの『法哲学[134]』にはじまることは、先に引いたリーデルなど[133]のいうとおり、ほぼ定説をとなっている。ヘーゲルによる市民社会と国家の区別の意義は、彼の『法哲学』の体系全体の理解にかかわることであって、本小稿の範囲をこえている。その全面的議論は別の機会にゆずりたい。ここでは、もっぱら、ごく大ざっぱに、概念史的な粗筋からみて、ヘーゲルの市民社会は、何をさしているのか、だけを問題とする。

①　まず、ヘーゲルの『法哲学』は、第一部「抽象的法」、第二部「道徳性」、第三部「ジットリッヒカイト[135]」に分かれ、この第三部は、第一章の「家族」、第二章「市民社会」、第三章「国家」に分けられている。ここにおいて、すでに市民社会と国家とは区別されている。また、右の「市民社会」は、A「欲求の体系」、B「司法」、C「ポリツァイとコルポラチオン」に分けられている。この「市民社会」の最初の部分には、自己目的追及が全面的な相互依存の体系にあること（一八三節）、特殊性である限りない欲求充足が偶然と恣意によるとともに、普遍的な力によって制約をうけるという「対立と錯綜の中にあって市民社会は、満ち足りて余りある者、足らざる者、さらに両者に共通の身心の腐敗堕落の見せ場となっている」こと（一八五節）、また、右の「欲求の体系」の部分において、市民社会にあっては、人が「市民（ブルジョアとしての）」der Bürger (als bourgeois) としてあらわれること（一九〇節、一八七節）、欲求充足の目的・手段などが複雑な相互依存関係を通じて無限定なものとなること（一九三節ないし一九九節）、不平等と身分を生むこと（二〇〇節、二〇一節）、さらに、右の「ポリツァ

イ」の部分において、貧困の問題がとりあげられていること（二四一節ないし二四五節）などにてらして、ヘーゲルの「市民社会」が経済的な「ブルジョア社会」であることはまちがいないようにみえる[136]。

② 他方で、ヘーゲルの「市民社会」がある種の国家であることをしめす部分がある。まず、ヘーゲル自身、先の全面的な相互依存の体系のことを「外面的な国家、必要的・悟性的国家」（äußeren Staat, ――Not- und Verstandesstaat）とみることができるとする（一八三節。なお、一五七節参照）。また右の「国家」を論じた最初の部分にも、「国家が市民社会と混同されて、その目的とするところが所有権と人身の自由の保護にあるとされる場合には、個人の利益自体が国家結成の究極目的とされ、その結果、国家の構成員となることが自由選択となる」（二五八節）とする。このような混同や結論は、ヘーゲルの立場からすると、許されない。しかし、ホッブズやロックをはじめとして、このような考えをとる者が事実として存在することは周知のとおりである。当時のドイツの憲法学者もそうであった[137]。したがって、先に、ロックの第二の自然状態について、他の者の説によれば政治社会でありうるものが、ロックによれば、政治社会でないといったのと同様の関係がみられることになる。ここでは、ロックによれば国家であるものが、ヘーゲルによれば国家ではない。ヘーゲルは、外面的国家である市民社会と区別された国家のことを、「本来的な政治国家とその国制」（eigentlich politische Staat und seine Verfassung）と呼んでいる（二六七節[138]）。

ついで、ヘーゲルの「市民社会」には、「第二の家族」（二五二節）としての「コルポラチオン」のほかに、「司法」と「ポリツァイ」という公権力が登場する。しかも、これらは、「国家」を論ずる部分で、再び「執行権」の内容となって登場する（二八七節以下）。まさしく国家公権力といってよい。加えて、市民社会における三つの身分（Stände）、すなわち、(a)実体的・直接的身分（農業）、(b)反省的・形式的身分（商工業）、(c)普遍的身分（公務員）（二〇一節、二〇二節）は、国家において、その重要な構成部分となる。(a)(b)は立法権を構成し、(c)は執行権の担い手となる（三〇三節）。(a)は、世襲身分（土地貴族。大家族ないし地方の代表）として上院を構成し（三〇七節）、(b)は、コルポラチオンなどを通じて商工身分団体代表として、下院を構成する（三〇八節）。これらの諸身分の立法権参加には特別の意義がみとめられる。これらの諸身分には、他の国家諸制度とともに、公共の福祉と理性的自由の保障があることであって、「これらの諸身分には、普遍的自由における主観的要素、すなわち、本書において市民社会とよぶ側面における固有の分別と固有の意志とを、国家との関係で現在させている」ところに本来の意義がみとめられる（三〇一節）[139]。

③　ヘーゲルによる市民社会と国家の区別は、これらが相互に入り組んでいるために、その境界が明確ではない。その原因は、ヘーゲルがこの両者を区別する理由に求められる。ひとことでいって、ヘーゲルは、この両者を区別して分離し、それぞれを別個独立の無関係のものとするためではなくて、まさに両者を入り組ませて相互に密接に関連づけるためにこそ、この両者を区別しているからである。そして、その目的は、原子《アトム》論的国家観の排斥にあった。ヘーゲルは、つぎのようにいう。「これは、立法は、私人の立場にある者が国事に参加するものだから、代表者を選んでやらせるにせよ、自らが投票するにせよ、個人の形式においてあらわれなければならないとする他の流布している見解と対立する。このような原子論的・抽象的見解は、すでに、個人が普遍の一員(Mitglied eines Allgemeinen) としてあらわれる家族においても、市民社会においても、消え失せている。国家は、バラバラのものではなく、それ自体まとまったものによって構成される。個人としての多数者は、いくら国民とよぼうとも、集積にすぎない集合であって、形のない大衆は、バラバラで、理性なく、野蛮で、おそるべきものであろう。憲法との関連で、この組織されない全体を国民とよぶ話は、最初から空理空論にきまっている。この見解は、すでに、政治、すなわち、最高度に具体的な普遍性の境地にいたっている共同体を再び個人の集合に解体し、市民生活と政治生活を分断し、政治生活の基礎を、恣意と意見という抽象的個別性、すなわち、それ自体確固とした正統的な根拠を欠いた偶然性に求めるがゆえに、政治生活を空中楼閣に描くにいたっている。――いかに、いわゆる理論の中で、市民社会一般における諸身分と政治的意味における諸身分とが、相互に遠く乖離さ

れても、このドイツ語（Stande）は少なくとも昔からあった統一性を保持しているのである」（三〇三節）[140]。

ヘーゲルは、家族が拡大・連合して、そのまま国家となることがありうることを否定しない（一八一節）し、市民社会が、時間的には、国家よりも後であることもみとめている[141]。市民社会は近代の産物だからである。この市民社会を家族と国家の間に介在せしめるのは、経済社会としての市民社会の自立的発展の結果という側面はあるものの、政治と経済の相互の解放と分離独立のためではない。むしろ、その結果として生じている原子論的風潮が、市民生活と政治生活を分断することによって、国家を解体することを恐れたからである。あるべき国制の樹立のための確固たる基礎を、共同体的基盤に求めて、市民社会を発掘したといってもよい。世上いわれる国家と社会の分立が、相互の解放と分離独立にとどまるものであるならば、これこそは、ヘーゲルが戦うべき原子論的見解であった。ヘーゲルは、原子論的見解による市民生活と政治生活の分断を克服し、両者の統一を、市民社会にあるべき差異を活用して国家の中に統治することによって達成しようとしたのである。

④　ヘーゲルの『法哲学』は、別名『自然法と国家学』という表題をもっている。ヘーゲルは、すでにふれたところからもわかるとおり、自然状態から政治社会への飛躍を人為的な合意に求める社会契約説はとっていない。しかし、「自然状態」の語は散見される（九三節、一六八節、二〇〇節、三三三節）。これらからみると、「市民社会」は自然状態とは異なるものとして描かれている。第三部第三章「国家」の終りの部分に登場する国家相互間の自然状態（三三三節）を別として、第一部の「抽象的法」は孤立した個人について論じられている点、その内容として、第一章「所有権」、第二章「契約」、第三章「違法行為」がとりあつかわれている点などからして、ホッブズやロックの自然状態と照応するものがある。第二部の道徳性が、空虚な形式主義であるカントの道徳主義との対決に主眼があり、それが第三部の「ジットリッヒカイト」登場の契機となっていることは、一般にいわれるとおりである。しかし、まことに乱暴ながら、「主観的自由の権利が、古代と近代を分かつ転回的ないし分岐点をなす」とする言葉（一二四節）や国家実定法にもとづく適法性と区別された道徳性をとりあつかい、それ

が現実性ではなく、要請としてとらえられていることなどからすると、具体的な内容は別として、この部分は、ホッブズなどの自然法に照応する。第一部と第二部とが自然状態と自然法を論ずるものであるのに対して、第三部は、政治社会をとりあつかうものとみることが可能である。[142] その家族、市民社会、国家からなる三部構成のスタイルは、アリストテレス『政治学』第一巻[143]の家共同体（オイキア・コイノーニア）、村共同体（コーモーン・コイノーニア）、国共同体（ポリティケー・コイノーニア）の三部構成と形式的には符号している。もちろん、ヘーゲルにおいては、家族はすでに、ロックにおいてみられた家父長的支配にもとづく政治権力も、その存否が問題とされたオイコスの経済権力も有していない。大家族や家族連合ではなく、基本的に、かつての大家族（オイコス）は解体して、感情的つながりの小家族となり、人は家の子ではなく、市民社会の子となり（二三八節）、かつての家の機能の多くは、市民社会の中の「第二の家族」としての「コルポラチオン」（二五二節）や「ポリツァイ」という公権力（二四一節）が代行するにいたっている。いわば「普遍的家族」としての市民社会（二三九節）が、かつての家族になり代わっている。このように、地殻の変動は深刻であって、スタイルの同一性を強調することは許されない。しかしながら、アリストテレスにおいて、(イ)国共同体は、家共同体、村共同体それぞれの独自の存在を許容しつつ、これらを包摂したうえで、これらによって構成されている点、(ロ)国共同体の目的は、他の共同体のそれよりも高次のものであって、「国は場所を共同する団体でもなく、また互いに不正をしないことや物品交換のための共同体でもない（中略）。完全で自足的な生活のために家族や氏族が善き生活において共同するとき、始めて国が存する」[144]とされる点、(ハ)国共同体（ポリス）の構造に応じて国制（ポリーテイアー）のあり方が論じられている点、以上の最も基本的な三点において、ヘーゲルは、アリストテレスと一致する。そしてヘーゲルの国家もまた、右の(イ)と全く同様に、歴史的起源や他の者の説によれば国家でありうる家族（一八一節、二〇三節）や市民社会（二七〇節、三〇三節など）をその中に包摂するとともに、これらを基礎とする家族、コルポラチオン、諸身分に、国家公権力の主要部分である立法権の構成部分、執行権の担い手（普遍的身分）とこれを批判する役割（コルポラチオン。二九五節、二九七節）などをみとめることをはじめとして、国家の基盤そのものを求めている（二五五節、二五七節、三〇二節など）。したがって、ここには、基盤としての国家と、基盤国家の諸制度を活用しつつ固有の政治制度をもつ国家と、この両者を包含した国家の三種がみとめられる。ヘーゲルは、第一の国家を外面的な「必要的・悟性的国家」（一八三節）とよび、第二の国家を「固有の政治的国家とその国制」（二六七節）とよび、第三の国家をただ「国家」（二五七節、二六〇節）とよんでいる。この第三の包括的な国家概念の存在は、ノックスとペルチンスキーの見解にしたがったもので、なお確信は乏しいが、この見解を前提とするときはヘーゲル『法哲学』の第一部と第二部は、自然状態をとりあつかい、その第三部は、国家をとりあつかうものという点において、ホッブズ、ロック以来の伝統とつながり、しかも、市民社会と国家の区別もまた、国家における基盤社会（共同体）と政治制度（国制）の区別に対応する点において、古典時代以来の伝統にもつながることができるのである。[145] [146]

(3)　キーウィタースとレース・プーブリカ

ロックによる市民社会と政府の区別も、ヘーゲルによる市民社会と国家の区別も、基本的には、政治社会の基盤となるべき共同体とその上に樹立されるべき政治制度としての国制の区別に対応するものとするならば、そのような用語例の検討（大げさにいうと概念史的探究）を古典社会に求める必要がある。本稿は、これを、リーデルによれば、アリストテレスとともに「市民社会」の概念の元祖といわれるキケロについて行うこととする。なお、本稿では、紙幅と時間の制約から、とりあえず、キケロの『国家論』に登場する約一八〇のレース・プーブリカ（res publica）の語と約九〇のキーウィタース（civitas）の語を検討の対象とし、手持ちの仏訳、独訳、英訳を参照しつつ、その意義の差異を検証する。ここで登場回数に「約」をつけている理由の第一は、キケロの『国家論』が、『法律論』とともに、『義務論』などとは異なって、残欠の度がひどく、アウグスティヌス『神の国』を[147]

はじめとする後世の諸著によって補われている部分が多く、キケロ自身の用語例とは断定できない場合があるほか、版により補充の範囲に差異があり文章にも不完全な部分があることであり、第二は、この本が、プラトン『国家』にならって、複数の登場人物の問答形式で進められているため、キケロ自身の考えや用語法かどうかに疑問が残されている部分があることであり（アウグスティヌスによって引用されている有名なレース・プーブリカの定義もスキピオの言葉として語られている）、第三には、レース・プーブリカの同義語としてのレース・ポプリ（res populi）が約一〇回ほど登場するが、これを原義にしたがってレース・プーブリカの中に算入するか否かによって、レース・プーブリカの登場回数が異なることであり、最後に、レース・プーブリカと異なり、必ずしも明確に定義づけが与えられていないキーウィタースについても、それと同義のとりあつかいをうけているらしくみえる市民社会類似の諸概念（civilis societatis, societas civium, joris societas）が存在するほか、ポプルス（populus）が同義語と読める個所もあって、その登場回数を画しがたいことである。[148] したがって、以下の検討は、以上の諸制約の下でおおまかな傾向を検出することに重点をおいたものであって、細部にわたって厳密なものではないことをあらかじめ断っておきたい。

(a)　基本的用語例　まず、レース・プーブリカとキーウィタースの最も基本的な用語例をみると、つぎのとおりである。

①　「レース・プーブリカ（res publica＝la chose publique, das Gemeinwesen, a commonwealth）とは、レース・ポプリ（res populi＝la chose du peuple, die Sache des Volkes, the property of the people）のことである。ここでポプルス（populus＝peuple, Volk, a people）とは、いかなる種類態様による人びとの結合体のすべて（omnis coetus quoquo modo congregatus）をさすものではなく、同一の法の支配に同意した多数者の結合体（coetus multitudinis juris consensu）であり、かつ、共通の利益をめざして結合したもの（utilitatis communione sociatus）をさす。その第一原因は、個人の弱さではなく、自然が人の中に植えつけた社会的本性である。なんとなれば、人は孤独で

反社会的な性格なものではなく、繁栄の状態においても（残欠）。ひとことでいって、散在する多数者は、相互調和によって（concordia）キーウィタースを形成したのである」（一巻二五節）。

「したがって、すべてのホルプスは、上記のような性質をもった多数者の結合体（coetus multitudinis）であり、すべてのキーウィタースは、ポプルスの構成するもの（constitutio populi）であり、すべてのレース・プーブリカは、上述のとおり、ポプルスの所有するもの（populi res）であって、その永続のためには、何らかの統治のための組織機能（consilio quodam regenda）を必要とするものである」（第一巻二六節）。

②「法律は市民社会（civilis societatis）の絆であり、法律によって平等な法が実現されるがゆえに、市民間が不平等であるとき、いかなる法によって市民社会（societas civium）が維持できるであろうか？ かりに人の富を平等にし、人の能力を平等にすることができないとしても、同一のレース・プーブリカに属する市民相互は平等にしなければならない。法にもとづく社会（juris societas）でなくして、キーウィィータースは、一体、何であろうか？」（一巻三二節）。ここでいう「法にもとづく社会（juris societas）」が、先の①でいう「同一の法の支配に同意した多数者の結合体（coetus multitudinis juris consensu）」と同一だとすれば、キーウィタースとポプルスとは同一ということになる。事実、第三巻の正義を論ずる部分においては、「事情は個人における場合とポプルスにおける場合とで同一であって、いかなるキーウィタースも、不正を主とし、正義を従とするような、おろかではない（補注）」（三巻一八節）とする文章がある。なお、最後の第六巻には、「全世界を支配する最高の神にとって、この地上で、キーウィタースとよばれる、人びとの結合体であって法にもとづくもの（concilia coetusque hominum jure sociatti）ほど、喜ばれるものはない」（六巻一三節）としている。

このようにして、キケロのキーウィタースはキケロ自身の定義において、「ポプルスの構成するもの（constitutio populi）」であり、「法にもとづく結合体（juris societas）」であるとともに、その用語例からみて、「ポプルス（populus）」自体ないし「市民社会（civilis societatis, societas civium）」をさすものと解することができる。すなわち、法によって相互に平等な市民からなる結合体をさすものであって、国家社会の人的結合の側面をあらわしているものとみることができる。

③「したがって、すべてが野蛮な一人の圧制の下にあって同一の法による絆（unum vinculum juris）も同意にもとづく一致（consensus）も結合体（societas coetus）もないところ、すなわちポプルス（populus）のないところでは、ポプルスの所有物（rem populi）、すなわち、レース・プーブリカ（rem publicam）ということができるであろうか？（中略）そこでは、ポプルスが所有する物は何もなくて、かえって、ポプルス自身が一人の所有する物となっている。したがって、専制（tyrannus）が支配するところでは、昨日私（スキピオ＝遠藤注）がいったように、レース・プーブリカの悪い種類が存在するというべきではなく、論理的にいって、そもそもレース・プーブリカではないというべきである」（三巻三一節）。専制は、そもそもレース・プーブリカ、英語でいえば、コモン・ウェルス（common wealth）ではないとする考えは、わがロックのとる考えであった。

また、「専制者（tyrannus）は人にとっても神にとっても、それ以上に悪くし、恐ろしく、忌むべき存在は考えられないものであって、人の姿はとっているものの、その極悪非道の性は野獣のうち最も醜悪なものをこえるものである。一体、同じ市民とともに、ひいては他の人類とともに、法共同体（juris communionem）や人間社会（humanitatis societatem）を望まない者が、人間の名に値するであろうか？」（二巻二六節）とし、専制者を野獣と同視する点も、ロックと同じである。ローマ共和制（Res Publica Romani）の父とよばれ共和制に殉じることとなるキケロにとって、カエサル（シーザー）はその敵であり、『義務論』の中でも、くり返し、野獣たる専制者を人間社会から抹殺すべきだと説いているが[149]、『国家論』の中でも、ブルートゥス（ブルータス）なる者が[150]、私人ながら市民の自由が問題となるとき、何人も私人にとどまりえない先例をひらき、全国事（totam rempublicam＝la chose publique toute entière, die ganze Lasten der Staatsführung, the burden of government）を担って、キーウィタースを蜂起せしめて、国王を追放した例が述べられている（二巻二五節）。

④　キケロのレース・プーブリカ＝レース・ポプリ、すなわち、ポプルスの所有物という定義は、しかしながら、多数者の支配という意味でデモクラシーを支持するものではない。ポプルスとは、あくまで「法にもとづく一致（consensu juris）」であって、これを欠くとき、多数者の専制は一人の専制よりもさらに悪く、レース・プーブリカの名に値しないのである。ポプルスの名を僭称する多数者ほど恐ろしい野獣はない（三巻三三節）。キケロにおいても、極度の自由が隷従をもたらし、専制にたいるとするプラトン『国家』の定式[151]が採用されている（一巻四四節）。キケロによれば、市民間の争論（dissensione civili）において、徳が数よりも優先すべきであるがゆえに、市民の頭数が数えられるべきではなくて、その軽重が衡量されなければならない（六巻一節）。権利の平等はむしろ不公平となることがある（一巻三四節）。キケロは、ローマの歴史を論ずる部分において、多数の大衆が過半数をしめないような階級投票制や、今日のプロレタリアの語源であるプロレタリオス（proletarios<proles）、すなわち、子供を国に出す人と、アシデュオス（assiduos>asse dando）、すなわち、お金《あし》を国に出す人という市民の身分の区分を肯定的に紹介している（二巻二二節）。キケロにとって重要なことは、キーウィタースにおける上層、中層、下層間の調和（concordia）であり（二巻二二節）、このために、各人に各人のものを配分するとともに全体に公平に配慮すべき正義（三巻七節、同一五節）が必要とされた。公務担当者、有力者、大衆の間における権利自由、義務、職務の間のバランス（二巻三三節）を保つ、いわゆる混合政体が随所において最善のものとされている。

(b)　レース・プーブリカの用語例　　頻出度数の多いレース・プーブリカからとりあげると、つぎのようになっている（なお、邦訳は目安のためにつけた仮の訳にすぎない）。

まず、仏訳によると、第一位は、ただ国家（l'État）とするのが五六か所、第二位は、共和国（république）とするのが三九か所ある。しかし、第三位に、公共事務（la chose publique）[152]とするのが二三か所あるほか、第四位に、類似の国家公共事務（affaires publiques–七, affaires de l'État–一, affaires de la cité–一, fonction publique–一, service de l'État-一, la tache de gouverner l'État-一）とするのが一二か所、第五位に、政府の形態（forme de gouvernement）とするのが一一か所、第六位に、制度（régimes）とするのが七か所、第七位に、政府（gouvernement）とするのが六か所、他に政治制度（regimes politiques）二、政治（politiques）二、シテ（cité）三、地域共同体（vile）一、政治生活（la vie politique）一、政治社会（sociéte politique）一などがある。

つぎに、独訳によると、第一位は、公共団体（Gemeinwesen）とするのが六〇か所、第二位に、国家（Staat-四四, Volksstaat-一）とするのが四五か所ある。第三位に、国家の形態ないし構成（Staatsformen-一二, Staatsverfassung-五, Verfassung-四, Verfassung des Gemeinwesen-一, Form eines Gemeinwesen-一）とするのが一三か所、第四位に、国家事務ならびにその担い手（Staatsführung-四, Staatsmann-三, staatliche Geschehens-二, Staatsgeschäft-一, Staatsdienst-一, Staatslenkung-一, Staatslenker-一, Staatshaushalt-一, politische Leben-四, politische Betätigung-二, seinem dem Volk zn widmenden Regierungsgeschäften-一, öffentlichen Angelegenheiten-一）とするのが二二か所、第五位に、国家制度ないし社会（staatliche Einrichtungen-二, Staatswesen-五, staatliche Gemeinschaft-一, staatliche Stellung-二, staatlich Fragen-一, staatlich-一）とするのが一一か所、第六位に政治ないし政治的（Politik-二, politische-一, staatspolitische-一）とするのが四か所ある。

最後に、英訳によると、第一位に、ただ国家（State）とするのが六二か所、第二位に、コモンウェルス（commonwealth）とするのが四三か所ある。第三位に、政府の形態ないし種類（forms of government-一〇, governmental forms-一, forms-一, form of this State-二, kind of government-一）とするのが一五か所、第四位に、政府（government）とするのが一一か所、第五位に、公共事務ないし政府事務（public affaires-二, public service-一, affaires of government-一, affaires of State-一, actual governmet of republic-一, government of a State-一, perfomance of public act-一, burden of government-一, the people, business-一）とするのが一〇か所、他に、共和制（republic）三、政治、政治的、政治家（politics-一, political-一, Stateman-一）三、都市（city）一などがある。

(b)　キーウィタースの用語例　ついで、キーウィタースの用語例をみると、つぎのようになっている。まず、仏訳によると、第一位に、シテ（cité）とするのが圧倒的多数の五六か所をしめている。これと関連するものとして、市民、市民権（citoyen–二, droit de cité–一）三がある。これに対して、第二位に国家（l'État）とするものは一〇か所にすぎない。また、これと関連するものとし、第三位に、政府の形態ないし構成（forme de gouvernement–二, form–一, constitution–二, régimes–一）とするのが六か所、第四位に、政府（gouvernement）とするのが三か所、他に、共和国（la republique）一、地域共同体（villes）、一、国家事務（affaries de l'État）一などがある。

つぎに、独訳によると、第一位に、ただ国家（Staat）とするのが三八か所ある。しかし、第二位に、市民団ないし市民（Bürgerschaft–一八, Bürger–一）とするのが一九か所、第三位に、市民共同団体ないし公共団体（Bürgergemeinde–四, Verband der Bürgergemeinde–一, Gemeinde–一, Stadtgemeinde–四, Gemeinwesen–三, staatliche Gemeinschaft–二, bürgerliche Gemeinschaft–一）とするのが一三か所、第四位に、国家の形態、構成等（Staatsform–二, Verfassung–三, Verfassungsarten–一, Verfassung eines Staatswesen–一, Staatsgebäude–一）とするのが八か所、第五位に、国家機構（Staatswesen）とするのが六か所ある。

最後に、英訳によると、第一位にただの国家（State）とするのが四九か所にも及ぶ。第二位に、市民、市民権、市民の団体など（citizens–一, citizenship–一, a body of citizens–二, city–三, the people–二, countryman–一）をあらわすものが一〇か所、同じく第二位に、逆に、政府、政府の形態、機構（forms of government–四, constitutions–三, type of State–二, government–一）するのが一〇か所あり、第四位に、コモンウェルス（commonwealth）五、他に、共和制（republic）二、国（nation）一、郷土（coutry）一などがある。[153]

(d)　両者の比較検討　以上の概観は、文字どおり、ごくごく大ざっぱな概観にとどまる。前後の文脈、とくに、ラテン語、フランス語、ドイツ語、英語、それぞれにおける前後の単語や文章構造を抜きにした比較には問題がある。国家（l'État, Staat, State）という一般的な用語の利用率の高さだけをもって、翻訳の水準を論ずることも、早計であろう（ただし、他の諸点も考慮に入れると、ほぼ符合する）。しかし、大まかな傾向として、つぎのようにいうことができる。

① レース・プーブリカとキーウィタースとは、共通の訳語が与えられている場合が少なくないとはいうものの、その大半において、訳語上にも明らかに区別されている。仏訳、独訳、英訳の順序で、その顕著さの程度に差異はあるが、両者の傾向的相異はすべてについて看取できる。

② レース・プーブリカは、一般的な用語例のほかは、国家公共事務、国家（政府）の諸形態、種類などの諸制度、政治的なものをさすことが多い。

③ キーウィタースは、仏訳にあっては一般的用語例においてすでに国家（l'État）と区別されたシテ（cité）が用いられているほか、市民の共同体などの人的結合の側面をあらわしている場合が多い。たしかに、政府の形態、種類などの訳語が与えられている場合も少なくないが、その場合はおおむね前後にその種の単語（forma, genus, status）がついていることが少なくない。

④ 以上の結論は、レース・プーブリカは国家の諸制度の側面を、キーウィタースは人的結合たる共同体の側面をさすのではないかとする筆者の予断と偏見にあわせていささか強引にまとめられているきらいがある。そこで、これを別の角度から補強しておきたい。

キケロの『国家論』は、問答体形式がとられ、残欠部分が多いことも加わって、体系的整理がしづらいもので、理論的部分にも歴史的事例がふんだんに引照されている。このため、理論的意義と歴史的意義とがいくぶん混在したものであるが、レース・プーブリカを完成体ないし目標、キーウィタースを形成過程にあるもの、または、目標達成いかんをとわないものとして、両者を対比的に用いている場合がある（二巻一八節、二巻三〇節、三巻四節、同二四節、同三二節、四巻一節）。

代表的なもののひとつは（残欠部分をアウグスティヌス『神の国』一九巻二一章から補った部分で問題はあるが）、国家は不正義なくして地方を支配できないとしてもとする文章中の国家にあたる部分が、「勢力あるキーウィスタース、その大なるものがレース・プーブリカである」と訳する余地があるもの（imperiosa Civitas, cujus est magna res publica）であることである。残念ながら、仏訳（uné cité dominatrice formant un grand Etat）、独訳（ein machtausübende Staat, der ein großes Gemeinwesen darstelle）ともに、この場合のキーウィタースとレース・プーブリカを区別する趣旨は明確でなく、両者を同視しているかにみえる。アウグスティヌス『神の国』の英訳（Loeb: W.C.Greene）[154]では、逆にキーウィタースがレース・プーブリカよりも大きなものとされている（an imperial city, embracing a mighty state）。上記の日本語訳は、教文館『アウグスティヌス著作集15』の松田禎二訳にしたがったものである。かりに、この訳が正しいものとすれば、キーウィタースは小さなもので、レース・プーブリカはそれよりも大きなものということになる[155]。事実、このような用語例は他にもみられる。カエサル（シーザー）『ガリア戦記』の岩波文庫版（カエサル著『ガリア戦記』近山金次訳）第一巻第二節の注には、キーウィタースの訳語を「大きな国家組織と混同しないようにここでは便宜上、これを部族（もしくは単に族）と訳する」[156]としている。石川武教授の『序説・中世初期の自由と国家』第三章第一節「序論―諸部族の形成」の最初の部分にも、「タキトウスによって『キヴィタース』、ドイツの学者によって『フェルケルシャフト』と称ばれる比較的小さな部族的まとまりは、民族大移動を経て、今や（中略）比較的大きな部族（＝シュタム）となって、再び歴史の脚光を浴びる」[157]とする文章がみられる（この部分の傍点は筆者）。

もちろん、これらはゲルマン人の国家・社会を論じたもので、ローマ人のそれを論じたものではない。しかし、いずれもローマ人のうち代表的なラテン語使用者の用語例といってもよい。いまひとつ、キケロの代表的な例をあげよう。全てが一部の者の手にあるときレース・プーブリカがあるとはいえない、ペロポネソス戦争後の三十人専制下においてアテネ人の所有物としての国家（Atheniensium res）は存在しなかったとする部分に続けて、

「古き栄光あるキーウィタース、その輝くばかりの街並み、劇場、ギムナジウム、円柱群（中略）のごときは、レース・プーブリカをなすものといえるであろうか？」としている（三巻三一節）。ここでは、明らかに、過去に現存したキーウィタースが、国家の理念像としてのレース・プーブリカにはあたらないとされているのである。キケロは、さらに、ローマ国家（rem Romanam）を支えてきた古き風習・習俗（antiquis mpribus = des moeurs anciennes, den alten Sitten, the ancient customs）の喪失をなげき、レース・プーブリカが名ばかり（verdo）で実体（re ipsa）がなくなっている原因は偶然（不運）にあるのではなく不徳にあるとしている（五巻一節）。徳（virtus）にもとづく古き風習・習俗の回復によるレース・プーブリカの確立こそはキケロの目標であり、マキアヴェリのヴィルトゥー、ヘーゲルのジットリッヒカイトもまた同じ志向に根ざしている。

以上の検討の結果をとりまとめると、つぎのようになるものと思われる。

第一に、キーウィタースは、法にもとづいて平等な市民からなる共通の利益をめざした結合体であるポプルスの人的結合体としての側面をあらわしている。権力、財産、権利自由等の著しい不均衡、偏在がその構成部分間にみられるときには、ポプルスそのものが解体してしまう。専制の場合がその例である（三巻三一節）。第二に、レース・プーブリカと、キーウィタースが真にポプルス全体のものとなっているかどうか、すなち、レース・ポプリ（res populi）かどうかの理念型ないし価値基準となるとともに、この目標達成の手段となるべき国家諸制度をもさしている。[158] ローマ社会はすでにプロレタリオスとアシドゥオスという身分的差異を生み、「小さな財産」をめぐる「小さな争い」の時代ではない。このような社会において、国家諸制度を適当に構成することによって、諸部分のバランスをとり、全体としての統合されたポプルスの共通の利益につかえるものとし、安定した基盤の上にたった国家であるレース・プーブリカの永続を目指さなければならなかった。キケロにおいても、ファーガソン同様に、「善きレース・プーブリカに住むことほど善き生活はなく、善く構成されたキーウィタースほどに幸福を与えるものはない」（五巻五節）であって、政治支配者の任務は、市民の幸福にある（五巻六節）。

ごく単純化すると、キーウィタースにも、それを構成する市民（civis）が自由平等なものかどうかという基準がある。第二に、レース・プーブリカには、さらに、国家諸制度の形態、構成、運用等々の結果、それがポプルス全体のものとなっているかどうかというより上級の基準が付け加えられている。このようなキケロのレース・プーブリカの定義ないし理論構成を前提としつつ、アウグスティヌス『神の国』は、このような地上の「人の国」よりも、さらに天上の「神の国」がその上にあるものとする。そして、その神の「国」をレース・プーブリカではなく、キーウィタース（De civitate Dei）とよぶ。なぜか。[159] それは、第一に、ポプルスの所有するものでなくて、人をふくめて万物は神のものだからであり、第二に、国家諸制度の介在などの媒介なくして、単純かつ直接に、神の被造物である人は相互に平等なるものとして、唯一の社会の一員となっているからである。逆にいうと、この世の人間社会には、政治社会たる国家が必要であり、その理想と手段を提供すべきレース・プーブリカなる概念が必要であった。ロックの市民社会論における第一の自然状態である黄金時代は人類墜落以前の楽園時代の俤を残して、右の「神の国」をしのばせるものがある。第二の自然状態、すなわち、「大きい財産」をめぐる「大きい争い」の時代には、事実としての国家であるキーウィタースがすでに登場している。第三の市民社会においては、あるべきキーウィタースである自由平等な市民の結合体、すなわち、ポプルスが形成され、このポプルスがレース・プーブリカたるべき国家をめざして、政府を樹立し改廃する。[160] レースプーブリカを英語に直訳すれば、ポプルスの所有物（res publica＝the property of the people）であるが、同時に、コモン・ウェルス（common wealth）でもある。プラトンの『国家』やトーマス・モアの『ユートピア』[161] のように、私有財産を否定することによって、コモン・ウェルスを実現することではなく、私有財産を承認しつつ、自然法的制約をともなった所有権保護を目的とするコモン・ウェルスの建設をロックは目的とした。しかし、私有財産承認による貧富の格差、不平等の下でいかにしてコモンウェルスが可能であるかの探究に腐心したのが、ファーガソンであり、ヘーゲルであるが、キケロも、さらに、キケロが基本的に依拠しているプラトン、アリストテレスにも同じ事情がみとめられる。ロックは、他と比較して、この点の関心が乏しく、理論も単純である（あるいは勤勉になる者の労働の成果である財産権を怠惰なる者の侵害から守ることに重点をおいたとも解することができる。）

(4) ポリスとポリーテイアー

キケロの『国家論』は、その最後の部分に、唯一者の神が支配する宇宙や魂の不死が論じられる「スキピオの夢」の物語があることや、それに続けて『法律論』がやはり問答体で展開されていることなど、外面的形式において、プラトンの模倣が顕著であるが、その原理的な内容の点においても、理性の支配をとき、「真の法は理性の法であり、自然と合致する」とし、全民族、全時代をこえた唯一不変の法、すなわち、神の法があるとする（三巻二二節）など、プラトンと酷似する点が多い[162]。また、政府の形態、構成を論ずる部分では、やはりアリストテレスの影響が顕著である。さらに、キケロにおけるキーウィタースとレース・プーブリカの区別は、相当程度にギリシア語のポリスとポリーテイアーの区別に符合するところがある。最後にごく簡単に、これをみておきたい。

(a) プラトンの『国家』は、原名「ポリーテイアー（πολιτεία）」である。この「ポリーテイアー」は、藤沢令夫教授[163]によれば、「ポリス（都市国家、市民国家）のあり方・組織・制度・政体」といった意味であり、「具体的には君主制や民主制や寡頭制といったさまざまの形態に区別されるような、国家統治のあり方のこと」であって、プラトンの用語例は、英語では、civil polity, constitution of a state, form of government の意味に限られ、日本語では「国制」という訳語がふさわしいとされている[164]。プラトン『国家』は、第一巻での序章、第二巻ないし第四巻で基礎理論としての個人と国家における正義論、第五巻ないし第七巻で理想国家を論じたあと、第八巻、第九巻で国制の変遷を論じている。あるべき国家の形成を論じたあとで、その解体ないし変遷を論ずるプラトンのスタイルは、後世のアリストテレス、キケロ、ホッブズ、ロック、ファーガソンなど多数の踏襲するところとなっている。プラトンの国制変遷論の内容は、①哲学者の支配する最善の国制である優秀者支配制《アリストクラティアー》から、②クレタ、スパルタ型の名誉支配制《ティーモクラティアー》、③金持が支配する寡頭制《オリガルキア》、④貧しい多数者が支配する民主制《デーモクラティアー》、⑤僭《トゥラヌス》主独裁制への順次の変遷である。これらの国制は、プラトンの魂の構造の三区分に照応するものであって、①は理性的部分の支配、②は気概的部分の支配、③④⑤はいずれも欲望的部分の支配であるが、③はそのうち必要な欲望の支配、④は不必要な欲望の支配、⑤は不法な欲望の支配である。したがって、プラトンの国制変遷論の特色の第一は、最善の国制から段々と悪い国制に転落していく（イデア論における洞窟のたとえ話とは逆のコースをとる）ことである。第二は、変遷の順序が固定されていることである。第三は、変遷の原因が、①から②への変遷が人知をこえた神秘的な数の産物とされるなど、全体としては自動的にとらえられていることである。第四に、しかし、それぞれの国制に対応したポリスの代表的人間像が描かれ、この主流となるべき人間像の変遷と、それがもたらす、支配層内と全社会層における紛争に個別の変遷の原因が求められていることである。しかしながら、全体としてのプラトンの理論は、個人において魂の右の三つの部分がそれぞれの分をおかさないのが正義であり、理性的部分の支配に他の部分が同意をし調和がとれているのが節制であるとしたうえで、これを国家における三つの魂の部分に対応する三つの種族相互間の関係に推及し（説明の順序は一部逆に国家から個人に論理が推及されている）、国家における正義、節制を論じ、この正義と節制のある理想国家と右のような国制変遷を論ずるものであって、体系的に首尾一貫している反面、現実ばなれした理想論としての色彩が濃いものである。ただし、個人において、魂の理性的部分が欲望的部分を支配するのが真の自由であって、これが国家における理性を体現した法によって現実化されるとする思想は、キケロ、ロック、ルソー、ファーガソン、ヘーゲルなどにもみられる西欧の法思想、国家思想の核心を形成するものであることはいうまでもないであろう。

(b)　アリストテレス『政治学』は、ポリスとポリーテイアーに明確な定義を与えている。

まず、ポリス（*πολις*）は複数の家共同体（*χοινωνία οἰχιῶν*）からなる村共同体（*χοινωνία χωμῶν*）が複数集まって形成される国的《ポリス》すなわち政治的共同体（χοινωνία πολιτιχή）である。生成の順序からいえば、個々人、家、村、ポリスの順序となるが、終極目的としての自然（φύσις）すなわち本性上は、ポリスが終極の最善のもの、他を部分として全体としての自己の中の包摂するものとして、他に先立つ（一巻二章）[165]。

その目的からすると、「国は場所を共同にする団体でもなく、また互いに不正をしないことや物品交換のための共同体でもない（中略）。完全で自足的な生活のために家族や氏族が善き生活において共同する時、初めて国が存するのである（中略）。国とは氏族《ゲノス》や村落《コーメー》の完全で自足的な生活における共同である、そしてかかる生活は、われわれの主張するように、幸福にそして立派に生きることである。従って国的共同体は、共に生きることの為ではなく、立派な行為（χαλῶνπράξεων）のためにあるとしなければならない」（三巻九章）[166]。アリストテレスにおいても、ヘーゲル同様に、外面的な秩序維持国家は真の国家ではないとされている。

これにたいして、ポリーテイアー（πολιτεία）、すなわち、「国制は国のいろいろな役に関する組織であって、それがどんな仕方で配分されるか、国の主権はどこにあるか、またそれぞれの共同体の目的は何であるかを規定するものである」。「国制に応じて法律は制定しなければならない」のであって、その逆であってはならない（四巻一章）[167]から、いわば、今日の憲法に相当する面がある（英訳はconstitution）[168]。

ごく大まかに、ポリスが先のキーウィタースに相当するのに対して、ポリーティアーがレース・プーブリカに相当するといってよい[169]。

ところで、アリストテレスにおいて、国を構成する国民は、元来は能動的な「裁判と役とに与かること」を要件とするが、国制によっては、「民会員も裁判官も無期限の役人ではなくて、役に応じてその任期に制限のある役人」であるため、「審議の役か、もしくは裁判の役かに与かる権利を有する者がすなわちその国の国民であるといい、国とは大ざっぱにいって、このような人びとが、生活の自足を確立するに十分な数だけ集まったものである」とされている（三巻一章）[170]。したがって、国制に応じて、国民の範囲が異なってくる。その反面、「たくさんの国制があることの原因は、どの国にも多数の部分があることである。すなわち、第一にどの国も多数の家族から構成されているのをわれわれは見る。次にまたこの多数のうち或るものは必ずや富裕であり、或るものは貧乏であり、或るものはこの両者の中間である（中略）。国制というのはもろもろの役の組織であるが、それらの役は凡ての人々が、国民権に与かる人々の勢力に応じて、或いは彼らに何か共通な等しさに応じて、互いの間に分配するものだからである。ここに私が彼らというのは、例えば貧乏な人々、或は富裕な人々のことであり、共通な等しさというのはこの両者に共通な等しさのことである。従って国制はちょうど部分の優劣なり相違なりを基準とした組織の数だけあることになる」（四巻三章）[171]。

(c) 国制の種類は、アリストテレスによれば、まず、「正しい国制」と「逸脱した国制」とに区別される。前者は、公共の利益を目標とするものであって、支配者（主権者）が一人であるものを「王制（*βασιλεία*）」、少数であるものを「優秀者支配制」（*ἀριστοχρατία*）」、多数であるものを「立憲制（*πολιτεία*）」とよばれる。後者は、公共の利益を目標としないために、前者より逸脱したものであって、「僭主制（*τυραννίζ*）が王制のそれであり、寡頭制（*ὀλιγαρχία*）が優秀者支配制のそれであり、民主制（*δηοχρατία*）が立憲制のそれである。というのは僭主制は独裁者の利益を目標とする独裁制であり、寡頭制は富裕者の利益を目標とするものであり、民主制は貧困者の利益を目標とするものであって、それらのうち、何れとして、公共の利益を目標とするものではないからである」（三巻七章）[172]。

この国制分類の特色の第一は、何よりも、「正しい国制」と「逸脱した国制」の区別であり、その区別の基準が公共の利益を目的としているか否かにおかれていることである。ここでいう「正しい国制」とは、まさしく、キケロのいうレース・プーブリカ、すなわち、レース・ポプリのことであり、ロックのいうあるべきコモン・ウェルスである。ロックによれば、公共の福祉を目的としないものは、専制であり、それは政府形態のいかん（一人＝専制君主か、多数か）をとわないのであった（二〇一節）から、「逸脱した国制」は、この専制にあたる。

キケロも、ロックも、このゾレンとしての「正しい国制」を論じているといってよい[173]。

特色の第二は、プラトンの国制分類のように魂の部分の三区分から出発するといった純理論的な構成をとっていない。ゾレンとしての「正しい国制」のほかに、ザインとしての「逸脱した国制」があげられ、しかも、そこでは、富裕者の利益や貧困者の利益というポリスにおける社会的・経済的利益がとりあげられている。これは、アリストテレスの方法論によるところが大きい。アリストテレスは、国制の研究について、「(A)最善のものはどれであるか、そして外的条件には何一つ妨げになるものがない場合、どのような性質のものであれば最も理想に適ったものであるか、また(B)どの国制がどの人民に適合するかを研究すること（中略）、さらにまた(C)第三には或る前提にもとづく国制を研究すること（中略）、(D)凡ての国々に最もよく適合する国制を認識しなければならない。それは国制について自分の意見を述べている大多数の人々がたとえ他のことでは立派なことをいっているにしても、実際に有用なものという点では全く過ちを犯しているからである。何故なら最善の国制だけでなく、現状からみて可能な国制をも、また同様に凡ての国によって比較的容易に到達し得る比較的共通の国制をも研究しなければならない」（四巻一章[174]）としている。ここには、ゾレンを論じつつ、ザインの混入をまぬかれることができなかったキケロやロックと異なり、方法的にも、明確にザインとしての国制とゾレンとしての国制とが区別され、さらに、いかなる制約条件の下でのザインであり、ゾレンであるのかが十分に意識されている。アリストテレスは、四巻四章ないし一〇章において国制のそれぞれをさらに詳細に細分類したうえで、同一一章以下ないし六巻において「最善の国制は何であるか、また国々や人々の最大多数のものにとって最善な生活は何であるか—といっても、ここに最善というのは、普通人の力の及ばない徳を基準にしたり、素質や幸運の贈物たる外的条件を必要とする教育を基準にしたり、理想通りの国制を基準にしたりしないで、最大多数の人々の与り得る生活や最大多数の国々が与かり得る国制を基準にして判断する場合」（四巻一一章の最初の部分[175]）が論じられ、これとは区別して、第七巻には、プラトンの『法律《ノモイ》』におけると同様に、人口規模、国土の大きさや位置をはじめとする理想国家における国制が論じられている。

(d) 右のような実際的見地からする最善の国制として、アリストテレスはつぎのようにいう。「どの国々についても、国は三つの部分、すなわち非常に富裕な人々と非常に貧乏な人々と第三にこれら両方の中間の人々とがある。従って、適度なものと中間的なものとが最善であるということが一般に認められているのであるから、幸運の賜物としてもその中間的な所有が何ものにもまして最善であるということは明らかである。何故ならその程度の所有は理性に最もたやすく従うが、過度の美しさとか、過度の強さとか過度の善き生れとか過度の富とか、或はそれらと反対に、過度の貧しさとか過度の弱さとか非常な賤しい地位とかをもつ者は、なかなか理性についていきにくいからである（中略）。国は出来る限り等しく同様である人々から成立することをめざす。しかしこのことは中間的な人々において最も多く存するのである、従って必然にそのような中間的な人々から組織された国に最も善き政治が行われるということになる。というのはわれわれは国の組織は本性上そのような人々から成立つと主張するのだから。そして国々においてこれらの人々は国民のうちでまた最も安定している（中略）。というのは或る人々が非常に多くのものを所有しているのに、他の或る人々は何一つ所有していないところでは、極端な民主制か生粋の寡頭制か或はこの両方の極端なものを通じて僭主制かが生じてくるからである（四巻一一章）[176]。

アリストテレスは、第五巻の国制の崩壊と保全を論ずる部分で、プラトン流の画一的な単線的な国制変遷論ではなく、複雑で交錯した変遷の多様な姿を描き、たとえば、僭主制の保全について後世のマキアヴェリ顔負けの議論を展開するなどしている。その第一章の総論的部分で、内乱原因に国家構成各部分の不平等感、すなわち、平等への欲求があるとし、そこでいう平等には、「二種類ある、すなわち一つは数におけるそれであり、他の一つは値打ちに応じたそれである」[177]としている。アリストテレスは、プラトンと異なり、大衆である多数者をかなり高く評価している点に特色がある。「多数は、その一人一人としてみれば大した人間ではないが、それでも一しょに寄り集まれば、一人一人としてではなく、寄り集まったものとしては、少数者よりも優れた者でありうるのだ」（三巻一一章）[178]とし、「大衆が一そう重大なことの主権者であるのは正当なことである。何故なら民会も評議会も裁判所も多数の者からできている上に、それら多数の者凡ての財産評価は重い役に一人で或は少数の者でついている人々よりも多いからである」（三巻一一章）[179]とし、「多数者は一しょにして少数者と比べられると、より強い力であり、より富裕であり、より善である」（三巻一三章）[180]とし、「国は多数のものからできていて、皆が持寄った宴会がただ一人の単純な食卓よりは立派である程度に個々の人より優れているのである。このゆえにまた大衆の場合どのような一人よりも善く判断するのである。そのうえ、多数は一そう腐敗し難いものである」（三巻一五章）[181]とするのがその例である。他方で、しかし、理想国家を論ずる第七巻の第九章においては、士農工商的な身分観に立って、士のうちの年長者に国政の中心の審議的役割、その年少者に戦士的役割を付与している。ここでは、プラトン流のエリート支配がみられる（なお、ソクラテス自身がそうであったように、ギリシア社会では優秀な戦士であることと哲学者であることは両立したばかりか、実例も多かった）[182]。

そこで、アリストテレスは、一方において、多数者の求める平等の論理と、他方において、少数者の求める価値の平等の論理とを調整するために、制度上実にこみ入った、公務の配分、公務担当への経済的恩恵と負担、担当者選出におけるくじ引き（民主制的手段）と選挙（優秀者＝貴族制的手段）、任期・重任等々の組み合わせによる諸制度を提示している。ギリシア世界の一五八にもおよぶポリスの比較憲法研究の産物とはいえ、政治社会であるポリスの経済的・社会的（同時に政治的、宗教的）構造と、国家諸制度からなる国制ポリーテイアーのあり方の適合性の探究のもつ現実的迫力は、後世のものをはるかにこえているといって過言でないように思われる。それだけ、ギリシア（とくにアテネ）における社会内の政治的対立の深刻さと政情ただならぬ国制の激変が背景にある。人民大衆の中に天命をみる孟子[183]と異なり、アリストテレスは、中間的な中産階級の支配する社会と、これに適合的な中間的な国制を実際的見地から最善のものとし、中産階級に普遍的な理性の担い手を求めた。これは普遍的身分たる公務員を中産階級が占めるべきものとするヘーゲルの考え（『法哲学』二九七節など）などにつらなっているといえよう。

四　あとがき

(1)　複数のコモンウェルス

ホッブズに関する別稿で多数のコモンウェルスが離合集散を重ねつつ統合していく過程において、複数のコモンウェルスが一つのコモンウェルスとなることがのべられた。いずれの地域においても統治体は長い歴史の中で減少を重ねてきたものとすれば、通常の姿といえよう。今日の民族問題の多くの原因がここに求められる。このような統合の過程において統治団体としての目的・機能の純化が進められたのではないかと推測される。たとえば、ロックは、国家の歴史の初期段階における自然の父の父権的支配は、複数の家族が連合した場合には、とうぜん自然の父たる者が複数だから、そのうち戦争の指揮者として優秀な者がみんなによって選ばれたであろうとしている。キケロ、ロック、ヘーゲルなどにみられるゾレンとしての真の国家とは区別されたザインとしての国家が、同時代における国家の堕落形態ないし未完成状態であるばかりでなく、しばしば、歴史的に前の時代には国家とみなされたものであることも、歴史的過程における統合が、現実の国家をして、価値評価基準としての国家の完成体に近づける契機となっていること（逆にいうと、同時代におけるあるべき国家の不在をなげくキケロ、マキァヴェリ、ヘーゲルなどにとっては、完成体の歴史的将来における回復、実現の夢を描くことになる）をしめしているように思われる。たとえていえば、暴力団も系列化が進展すると、最上部組織は、暴力的機能を失ない、管理的機能に純化するようなものである。このたとえ話は適切さを欠くようであるが、キケロ『国家論』（三巻一四節）やアウグスティヌス『神の国』（四巻四章）に登場するアレキサンダー大王と海賊との対話、十字軍、アフリカ・北米・中南米大陸・植民地支配等の歴史からして、必ずしも不適切とはいえないであろう。[184] 今日においても一〇人単位で人を殺せば人殺しとて処刑されるが、一〇万人単位で人を殺せば英雄あつかいをうけることにかわりはない。それだけに、国家を社会と制度の両側面からいかに構成し、一部の利益ではなく、全体の利益（公共の福祉）につかえるものとするかは、永遠の課題であるといわなければならない。

(2)　異質のコモンウェルス

国家の目的・機能を純化する過程において、とくにヨーロッパ世界においては、異質のコモンウェルスの存在とこれとの角逐が大きくな役割をはたしているように思われる。異質のコモンウェルスとは、とくにキリスト教のコモンウェルス（ホッブズ『リヴァイアサン』第三部参照）である。キリスト教会は、さきにふれたアウグスティヌス『神の国』の名称キーウィタースからもうかがわれるように、元来、魂の内面の世界のみを支配するはずであったが、歴史の現実においては、土地、領土、社会を支配し、最もすさまじい物欲を体現するとともに、武器をとって血を流すことをいとわない、ときとして血に飢えた正義の狂気を体現するものとしてあらわれた。教皇権と皇帝権、俗世の主権、イタリアの都市国家、オリエント諸国家などの間の確執は、塩野七生氏の『海の都の物語―ヴェネツィア共和国の一千年』、『わが友マキアヴェッリ』、『神の代理人』などの歴史小説に活写されている。[185]本稿でとりあげたキーウィタースと同義語であるとされることの多いポプルス（populus）の意義についても、たとえば、パドヴァのマルシリウム[186]の用語例などについても、このような歴史を抜きには論ずることはできない。これは現在の自分の能力と準備の時間をはるかにこえることであるため、将来の課題とするほかかない。

(3)　わが国はコモンウェルスか

わが国の現状はどうか。プラトンの基準によると、わが国は幸いにして、軍人や軍需産業といった気概的部分すなわち軍事的エリートが支配している大国ではなさそうである。しかし、どうやら、欲望的部分である経済的エリートの支配している国のようである。ヘーゲルの期待する普遍的身分として理性を体現する役割を公務員がはたしているかどうかはあやしい。ロックのいう神の命令たる財産権の自然法的制約は無視され、人類共同の資産である自然は破壊するにまかされている。ロックの基準からすると、今日の財産権の行使はその正当性の限界をはるかにこえている。ロックの政治社会（国家）の存在理由は自然法執行権の確実かつ公平な行使のためにこそある。ところが、わが国で、業・省・族（関係業界、関係省庁、関係族議員一体となった省庁タテ割りセクショナリズム）体質がいわれている。かりに、これが事実とするならば、立法府、行政府ともに、一部の利益につかえているのであって、全体の利益（公共の福祉）につかえていないことになる。そのような国家は、レース・プーブリカ（レース・ポプリ）とはいえないし、コモン・ウェルスともいうことはできない。国家社会ならぬ顚倒した会社国家、会社をはじめする各種法人、各省庁などが、それぞれ大家族的な「一家」を形成し、それが群れ集まった村落共同体を形成し、経済的充足のみを求めて狂奔する状態にある。精神的世界もまた、会社広告費の支えるマスコミに支配され、習俗ならぬ気ままにゆれ動く都会の風俗が文化の名を僭称して徘徊している。キケロにせよ、ロックにせよ、ヘーゲルにせよ、これを国家とよぶことはしないであろう。

(4)　学問のコモンウェルス

このような現状の原因は学問の世界にある。かりに、学問がプラトンの言う理性的部分を育てるものであるならば、石川教授が反発を感じておられるようにみうけられる、ロックの市民社会を国家と区別されたブルジョア市民社会と解する戦後派の有力な潮流の評価を別としても、そもそも、われわれは、西欧世界や近代社会さらに国家などを分析検討するに十分な道具概念や理論体系を手にしているのかどうかが疑問である。たとえば、近代や国家というコトバによって、われわれは何を知り、何を理解することができているのであろうか[187]。

学界自体が、家共同体か、よくて、その連合体たる村共同体の状態にあるのではないか。自由・平等な市民からなるキーウィタースが、全体の財産となるべき業績をあげているのであろうか。かえりみて、不安は大きい。

筆者が北大法学部に奉職して得た最大の学問的刺激の一つは、国際的な学問のレース・プーブリカで活躍される石川教授を通じて、同教授をふくむ内外の第一級の法制史研究者を直接・間接に相知る機会を得たことである。石川教授がポプラ（poplar＜populus）並木をシンボルとするわが学園を去られるに際し、つたない小稿によって、深甚の謝意を表わしたい。[188]

（1） 北大法学論集三六巻一・二合併号（富田教授追悼記念特集）四三五頁以下。

（2） John Locke, Two Treatises of Government, edited with an Introduction and Notes by Peter Laslett, Cambridge University Press, 1988（洋書刊行年度は筆者所蔵本の刊行年度。以下同じ。ただし、マクファーソンのは学部所蔵本）。

（3） 以下、本稿において、邦訳としてこれを用いる。ただし、誤訳ないし不適切な訳と思われるところについては、括弧内に筆者の試訳をしめしておいた。

（4） のちにしめすように、むしろ、ロックがアリストテレス以来の伝統にしたがっているためだと解すべきであろうと思われる。

（5） 前掲四四八頁、四五八頁注(48)参照。

（6） 福田歓一『近代政治原理成立史序説』（一九七一年、岩波書店）四三八頁以下。

（7） Thomas Hobbes, Leviathan, or the Matter, Form, and Power of a Commonwealth, ecclesiastical and civil. 本稿において、ホッブズの引用は、拙稿「戦争と平和の法――ホッブズの自然状態について――」北大法学論集四〇巻五・六合併号上巻一頁以下（以下「別稿」と略称）同様に、英語全集版（English Works）により、邦訳は、水田洋・田中浩訳の河出書房新社版による。

（8） Niccolo Machiavelli, IL PRINCIPE, Introduzione e note di Federico Chabod, A cura di Luigi Firpo, Einaudi 1961, XXI, p.110 ; Machiavelli, The Prince, edited by Quentin Skinner and Russel Price, Cambridge University

Press 1988, p.77 note (h). このラッセル・プライス訳では、social or political life. Machiavelli, The Chief Works and Others, translated by Allan Gilbert, Duke University Press, 1989, vol.I, p.82 におけるアラン・ギルバート訳では internal affaires. わが国にも「外収汗馬、内収心牛」の言葉があった。キケロによれば、gloria belli domique となる。

（9）Hegel's Philosophy of Right, translated with notes by T.M.Knox, Oxford University Press 1978, Translator's Forword X ; Norberto Bobbio, Which Socailism?, translated by Rogen Griffin, edited and introduced by Richard Bellamy, Polity Press 1988, p.146.

（10）Adam Ferguson, An Essay on the History of Civil Society 1767, edited, with an introduction, by Duncan Fordes, Edinburg University Press 1966.

（11）Bobbio, op. cit., p.146. なお、ロックの『国政二編』第二編第三〇節にも civilized parts of mankind という言葉が登場する。また、クリスチャン・マイヤーによれば、プロタゴラスは、政治を techne または arete とし、文明化の産物としている。Christian Meier, The Greek Discovery of Politics, translated by David McLintock, Harvard University Press 1990, p.198.

（12）Geschichtliche Grundbegriffe. Historische Lexikon zur politische-sozialen Sprache in Deutschland, herausgegeben von Otto Brunner, Werner Conze, Reinhart Koselleck. 筆者所蔵は現在までに刊行された第六巻までであるが、本稿に密接に関連するものとして、つぎの諸項目を対象とする諸論稿がおさめられている。（特に関係深いものに二重丸をつけた）。

○Ader, Aristokratie（Christian Meier, Werner Conze）, Bd. 1, 1-48.
○Anarchie, Anarchismus, Anarchist（Peter Christian Ludz, Christian Meier）, Bd. 1, 49-109.
○Autorität（Horst Rabe）, Bd. 1, 382-406.
◎Bürger, Staatsbürger, Bürgertum（Manfred Riedel）, Bd. 1, 672-725.
○Demokratie（Christian Meler, Hans Leo Reimann, Hans Maier, Reinhart Koselleck, Werner Conze）, Bd. 1, 821-899.
○Diktatur（Ernst Nolte）, Bd. 1, 900-924

○ Eigentum (Dieter Schwab), Bd. 2, 65-115.

○ Freiheit (Werner Conze, Christian Meier, Gerhard May, Jochen Bleicken, Christof Dipper, Horst Günther, Diethelm Klippel), Bd. 2, 425-542.

◎ Gesellschaft, bürgerliche (Manfred Riedel[*]), Bd. 2, 719-800.

○ Gesellschaft, Gemeinschaft (Manfred Riedel[*]), Bd. 2, 801-862.

○ Gesetz (Rolf Grawert), Bd. 2, 863-922.

○ Herrschaft (Reinhart Koselleck, Peter Moraw, Hornst Günther, Dietrich Hilger, Karl-Heinz Ilting), Bd. 3, 3, 1-102.

○ Legitimität, Legalität (Thomas Wurtenberger) Bd. 3, 677-740.

○ Macht, Gewalt (Karl Georg Faber, Christian Meier, Karl-Heinz Ilting) Bd. 3, 817-935.

○ Monarchie (Jochen Martin, Hans K. Schulze, Werner Conze, Hans Boldt), Bd. 4, 133-214.

◎ Naturrecht (Karl-Heinz Ilting) Bd. 4, 245-313.

○ Organ, Organismus, Organisation, politischer Körper (Gerhard Dorhard Dohrn-Van Rossum, Ernst-Wolfgang Böckenförde), Bd. 4, 519-622.

◎ Politik (Volker Sellin), Bd. 4, 789-874.

○ Polizei (Franz-Ludwig Knemeyer), Bd. 4, 875-897.

○ Recht, Gerechtigkeit (Fritz Loos),Bd. 5, 231-311.

○ Regierung, Regime, Obrigkeit (Volker Sellin), Bd. 5, 361-421.

◎ Republik (Wolfgang Mager), Bd. 5, 549-651.

○ Sitte, Sittlichkeit, Moral (Karl-Heinz Ilting), Bd. 5, 863-921.

◎ Staat und Souveränität (Werner Conze, Reinhart Koselleck, Diethelm Klippel, Gorg-Haverkate), Bd. 6, 1-154.

○ Stand, Klasse (Otto Gerhard Oexle, Werner Conze, Rudolf Walther), Bd. 6, 155-284.

○ System, Struktur (Manfred Riedel[*]), Bd. 6, 285-322.

○ Tyrannis, Despotie (Hella Mandt), Bd. 6, 651-706.
◎ Verfassung (I.), Konstitution, Status, Lex fundamentalis (Heinz Mohnhaupt), Bd. 6, 831-862.

以上のうち、マンフレート・リーデル単独執筆にかかる四項目(*)に項目については、その準備的草稿ないし公開原稿が、マンフレート・リーデル『市民社会の概念史』河上倫逸・常俊宗三郎編訳（一九九〇年、以文社）の形で邦訳されている。

(13)　このほか、リーデルのヘーゲル『法哲学』解釈を知るのに便利な邦訳として、リーデル著『ヘーゲルにおける市民社会と国家』池田貞夫・平野英一訳（一九八五年、未来社）がある。

(14)　前掲書一二八頁。

(15)　前掲書一二九頁。

(16)　前掲書一五二頁。

(17)　前掲書一六七頁。

(18)　前掲書一五三頁。

(19)　前掲書一一八頁などで、学校哲学と訳されている。また、前注(13)の邦訳では講壇哲学の訳語がみられる（九、一一、二二、二三頁など）。Schulphilosophie が近世ドイツの Universitätsphilosophie をさすときは、この訳語が適切であろうが、しかし、前掲書一四一頁が「中世の学校哲学」(die mittelalterliche Schulphilosophie) としているのは疑問である。

(20)　前掲書一一九―一二〇頁。

(21)　前掲書一一一頁にも、「一六・一七世紀において、マキアヴェリ、ボーダン、ホッブズ以来国家学は、政治的に組織されているソキエタス・キヴィリスからの近代国家の解放と揆を一にして、おのれを古い政治学から解放して、その結果一八世紀における自然法と国家学の対立がもたらされうることとなった」とされている。

(22)　G. W. F. Hegel, Grundlinien der Philosophie des Rechts, herausgegeben von Johannes Hoffmeister, § 2. なお、ヘーゲルのローマ法の理解について、Michel Villey, Le Droit Romain dans la "Philosophy des Rechts" de Hegel, Hegel-Studien Beiheft II, S. 231ff. = Michel Villy, Das Römische Recht in Hegels Rechtsphilosophie, in Materialien zu Hegels Rechtsphilosophie, herausgegeben von Manfred Riedel (Suhrkamp 1975), Bd. 2, S. 131ff.

(23)『ヘーゲル・自然法学――其の方法と体系――』平野秩夫訳（一九六二年、勁草書房）一七七頁参照。

(24) 前掲書九一頁。

(25) 前掲書一六一頁。

(26) 鵜飼訳・前掲書二四六頁。

(27) 同上二四八頁。

(28) cf. p.ex., Mauris Cranston, John Locke:A Biography, Oxford University Press 1985, p.208. 学説については、①名誉革命との関係について、Peter Laslett, Introduction to Two Treatises of Government, pp.45-66. ①ホッブズとの関係について、Peter Laslett, op. cit., pp.66-92. 参照。ただし、①の点について、Richard Ashcraft, Revolutionary Politics & Locke's Two Treatises of Government, Princeton University Press 1986 ; Locke's Two Treatises of Government, Unwin Hyman 1987, pp.286-297. このアシュクラフトの批判に対して、ラスレットはさらに反論している。Peter Laslett, op. cit., pp.123-126.

(29) cf. p.ex., Leo Strauss, Natural Right and History, University of Chicago Press 1974（1953）, p.248 ; Studies in Platonic Political Philosophy, University of Chicago Press 1983, pp.144-145, 212 ; C.B.Maopherson, The Political Theory of Possessive Individualism : Hobbes to Locke, Oxford University Press 1962, pp.194-262 ; James Tully, A Discourse on Property: John Locke and his Adversaries, Cambridge University Press 1980, pp.63. 79, 98-99, 109-114, 122, 124, 129, 130, 161, 168.: Neal Wood, The Politics of Locke's Philosophy. A Social Study of An Essay Concerning Human Understanding, University of California Press 1983, pp.7-23, 34-40 ; Alan Ryan, Property and Political Theory, Basil Blackwell 1986, pp.42-47. ; Richard Ashcaft, Revolutionary Politics & Locke's Two Treatises of Government, Princeton University Press 1986 ; 高木正道『ヨーロッパ初期近代の諸相――経済史と心性史のあいだ――』一九八九年、梓出版社。

(30) 本稿でキケロはつぎの版を参照した。Cicéron, De la République, Des Lois, traduction nouvelle avec notices et notes par Charles Appuhn, Classiques Garnier 1954（以下、「仏訳」と略称）. ; Cicero, Über den Staat, übersetzt von Walther Sontheimer, Reclam 1966（以下「独訳」と略称）. ; Cicero, De Re Publica, De Legibus, translated by C.W.Keyes, Lpeb 1988 ; Cicero, De Officiis, translated by Walter Miller, Loeb 1990（以下、「英訳」と略

称・本稿で用語例の検討は、仏訳、独訳、英訳を有する『国家論』を中心とし、仏訳、英訳を有する『法律論』と英訳のみを有する『義務論』は参考にとどめた。なお、他の著作については、時間と紙幅の制約から、別の機会の検討にゆだねたい。

(31) Augustine, City of God I, translated by G.E. McCracken, Loeb 1981, pp. 216-226.; Augustine, City of God VI, translateed, by W.C. Greene, Loeb 1969, pp. 206-212.『アウグスティヌス著作集』(教文館)一一巻三九頁以下、一五巻七七頁以下。なお、茂泉昭男『アウグスティヌス研究――徳・人間・教育――』(一九八七年、教文館)一九八頁以下、金子晴勇『アウグスティヌスの人間学』(一九八二年、創文社)三一五頁以下、高橋亘『アウグスティヌスと第十三世紀の思想』(一九八〇年、創文社)一三三頁以下、W・フォン・レーヴェニヒ著『アウグスティヌス、生涯と業績』(宮谷宣史・森泰男訳、一九八四年、日本基督教団出版会)二四一頁以下、出隆『プロティノスとアウグスティヌスの哲学講義』(一九八七年、新地書房)二九八頁以下、Herbert A. Deane, The Political and Social Ideas of St. Augustine, Columbia University Press 1963, pp. 116-153.

(32) Quentin Skinner, The Foundation of Modern Political Thought, vol. I, The Renaissance Cambridge University Press 1978, pp. 2-22, 35-40, 47, 54-55, 84-87, 93, 109, 115, 195-196, 203, 223.

(33) Quentin Skinner, Introduction to The Prince, XV-XXII. なお、クェンティン・スキナー著『マキアヴェッリー自由の哲学者』塚田富治訳(一九九一年、未来社)一六、一八、五一、五二、六〇、六九、七〇、七六、八三、八五、八七、八九、一〇〇、一〇一、一一八頁参照。

(34) Machiavelli, Discourses on the First Decade of Titus Livius (The Chief Works and Others, Vol. I, pp. 175-529), 1.10 (p. 221), 1.16 (p. 237), 1.29 (p. 258), 1.33 (p. 266), 1.58 (p. 316), 2.2 (pp. 329, 332); cf. Machiavelli and Republicanism edited by Giesela Bock, Quentin Skinner and Maurizio Viroli, Cambridge University Press 1990. especially Quentin Skinner, Machiavelli's Discorsi and the pre-humanist origins of republican ideas, pp. 121-141.; Maurio Viroli, Machiavelli and the republican idea of politics, pp. 143-171. なお、ルソー『社会契約論』の第三部第二章はマキアヴァリの君主論は共和主義の本だといっている。Rousseau, Œuvres politiques, edition de J. Roussel, Classiques Garnier 1989, p. 304. 塩野七生『わが友マキァヴェッリ』(一九八七年、中央公論社)三二三頁以下参照。

(35) Richard Hooker, Of the Laws of Ecclesiastical Polity, edited by Arthur Stephen McGrade, Cambridge University Press 1989.

(36) John Locke, Essays on the Law of Nature, edited by W. von Leyden, Oxford University Press 1988, introduction pp.20, 35 note 4. なお Thomas L. Pangle, The Spirit of Moden Republicanism, The University of Chicago Press 1988, p.228.

(37) Neal Wood, The Politics of Locke's Philosophy, University of California Press 1983, p.70. ロックの三千余タイトルの蔵書中のベスト・フォーは、①ボイル62、②ロック45、③キケロ29、④ベイコン17。ただし、一八二〇年の発見前ゆえ、キケロの『国家論』はロックはごく一部間接的にしか読んでいない。

(38) くわしくは別の機会に論ずるとして、とくに目につく代表的なものだけあげると、つぎのようなものがある。

①人間は神の被造物であり、共通の理性をもっている。De Legibus, I, 7 (22).

②公共の福祉が最高の法である（Salus populi suprema lex esto）。De Legibus, III, 3 (8).

③政治は信託であり、受託者の利益ではなく、信託者の利益のために行われなければならない。De Officiis, I,25 (85), 34 (124).

④人類共通の絆として神の命令である自然法があり、他人を害する者は自然法に違反し、人間社会の絆を破るものである。De Officiis, I,41 (149), 44 (157), III, 5 (22), 6 (26).

⑤価値は労働にもとづく。De Officiis, II, 3 (12, 13, 14). なお、De Officis, I, 7 (21).

⑥国家の主目的は財産権の保護にあり、公務員の任務は法と裁判による財産権の保護にある。De Officiis, II, 21 (73), 24 (85). この見地から、キケロは、社会的公平のためにする土地改革立法や債務免除立法に強硬に反対した。De Officiis, II, 22 (78, 79), 23 (80, 81).

⑦専制支配者は最悪の犯罪者であり、野獣にすぎないから、人間社会から抹殺すべきである。De Officiis, II, 22 (76), III, 4 (19), 6 (32), 21 (82, 83). キケロは、ブルーウゥスにカエサル暗殺をあおっている。カエサル暗殺の黒幕といわれる。

なお、キケロについては、プルタークの英雄伝以来数かずの文献があるが、近年、つぎの諸著が、モムンゼン以来のカエサル寄りではなく、キケロ寄りの立場で書かれていて、内容も面白い。Neal Wood, Cicero's Social and

Political Thought, University of California Press 1988.; Christion Habit, Cicero: The Politician, The Johns Hopking University Press 1990; Thomas N. Mitchell, Cicero: The Senior Statesman, Yale University Press1991. また、木庭顕「"in Verrem"と"de re publica"」国家学会雑誌九五巻三・四号、九六巻三・四号、九六巻九・一〇号、九七巻一・二号、一〇巻七・八号参照。

(39) Neal Wood, The Politics of Locke's Philosophy, p.48. ちなみに、マックス・ウェーバーも少年時代キケロを熟読した。Max Weber and his Contemporaries, edited by Wolfgang J. Mommsen and Jugen Osterhammel, Unwin Hyman 1989, pp.519, 526 note 23.

(40) ロック『国政二論』第二編の節のみを以下で表記し、参照した原典ならびに邦訳（鵜飼訳により、必要部のみ訂正訳を括弧内に並記する）の引用頁数のいちいちの注記を紙面節約のため省略する。

(41) 小川晃一「ロックの自然法論」北大法学論集一四巻三・四合併号六五頁以下。cf. p.ex. Richard Tuck, Natural Right Theories: Their Origin and Development, Cambridge University Press 1981; Lloyed L. Weinreb, Natural Law and Justice, Harvard University Press 1987, pp.76-83. ワインレブが、オッカムに由来する主意主義（voluntarism）とアクィナスに由来する主理主義（rationalism）の対立の基本的構図の中で、Hobbes: Law as Will (p.68); Locke: Law as Reason (p.76); Rousseau: Law as Will and Reason (p.83); Kant: Freedom as Law (p.90) としているのは、わかりやすい。ジェイムズ・タリー「ロック」Z・A・ペルチンスキー、J・グレイ編『自由の系譜。政治哲学における自由の観念』訳者代表飯島昇蔵・千葉真（一九八七年、行人社）七七頁以下もほぼ同旨。このような理解に対して、ロック『自然法論』＝前注(36)の編集者・注釈者であるライデンの序論では、自然法第六論文から、ロックを基本的に主意主義とし、それが主理主義的方向に修正されているものとしている（Introduction, pp.51, 56). Geraint Parry, John Locke, Gerge Allen & Unwin 1978, p.28〈Locke is a nominalist or a voluntarist〉また、Ralph C. Hancock, Carvin and the Foundations of Modern Politics, Cornell University Press 1989. は、human activity as the will of God in history (p.118) とみるカルヴァン的立場から、ホッブズとロックの間に右のような基本的差異をみとめていない。なお、Richard Ashcraft, Locke's TwoTreatises of Government, p.40はこの点、ロックは、あいまいだとする。また、James Tully, A Discourse, on Property: John Locke and his Advresaries, Cambridge University Press 1980. p.41 はロックは、voluntalist と rationalist の妥協だとしている。

（42）　ロックは、自然法第七論文で、有名な三角形のたとえ話を用いて、その三角の総和が二直角に等しいように、理性的存在である人が人である以上、自然法が必然的で自明のものであるとしている（Locke, op. cit., p.198）。この説明が、右のライデンをして、ロックの主理主義的修正をいわせる一理由をなしている。しかし、ロックは、他方で、自然法第一論文で、「自然法が理性によって知られうるということから、必ずしもとうぜんには、万人に知られているということにはならない」とし（Locke, op. cit., pp.112-114）、『国政二論』第二編第一二四節にも、「自然法はすべての理性ある被造物にとって、明白であり、また、理解し得るものであるが、しかも人々は自分の利益から偏見をもち、また自然法の研究をしていないため無智であって、自然法を、彼ら自身にも適用すべき拘束力ある法としては認めない傾向がある」としている。

（43）　Hobbes, Leviathan, p.113. 邦訳第一部第一三章八五頁。

（44）　ライデンは、一般的な戦争状態（the state of war）と局面的な戦争状態（a state of war）とを区別することによって、ホッブズとロックにおける政府解体論の差異を比較している。W. von. Leyden, Hobbes and Locke：The Politics of Freedom and Obligation, The MacMillan Press 1987, pp.175, 183, 184.

（45）　C.B. Macpherson, op. cit., pp.107, 214-220, 228-286.；James Tully, op. cit., pp.135-141.；Peter Laslett, Notes in Two Treatises of Government, § 69 9（p.313）, § 85 8-16（p.332）；Neal Wood, The Politics of Locke's Philosophy, pp.19-23, 116-120, 141-142；ジョン・ダン著『ジョン・ロック——信仰・哲学・政治』加藤節訳（一九八七年、岩波書店）七四頁。高木正道・前掲書三九—七六頁。

なお、タリーによれば、一七世紀とくにピューリタンの文献で「労働」とは「行為」（action）をさし（cf. A. Rapaczynski, Nature and Politics, Cornell University Press 1989, p.120. 中村元・後掲書二〇七頁参照）、ロックの財産権そのものが、神への義務のために「神の財産」を享受することであり、その単位は「家族の財産」であり、これが「相続」の理由とされている（Tully, op. cit., pp.109-134）。

（46）　アウグスティヌス『神の国』一九巻一五章のとる当時の通説（servus <servare）。しかし、この説に異論があることは、つぎのホッブズの言葉からうかがわれる。なお、W.C. Greene. City of God VI（Loed）, p.186 note 3：servus <serō = joun. cf. Hobbes, Leviathan, p.189. 邦訳第二部第二〇章一三五頁。「召使という語は、（それが servire すなわち、仕えるという語に由来するものか、servare すなわち、救うという語に由来するものであるかについ

ては、わたくしは、文法学者たちの議論にゆだねる)」。ちなみる、D・H・ローレンスとの関係でも知られるウィクリーの『ことばのロマンス。英語の語源』(寺沢芳雄・出淵博訳、岩波文庫)三〇二頁の説は、フランス語の servir 説。

(47) 常行敏夫『市民革命前夜のイギリス社会——ピューリタンニズムの社会経済史——』(一九九〇年、岩波書店)一二〇頁。なお、キース・ライトソン『イギリス社会史一五八〇—一六八〇』中野忠訳(一九九一年、リブロポート)二五三頁以下、二五九頁以下参照。

(48) Neal Wood, The Politics of Locke's Philosophy, p. 36.

(49) この部分の邦訳は、out of the bounds of Societie について、鵜飼訳にかぎらず、「社会の限界(わく)の外で」と訳すのが一般的である。中央公論社版・世界の名著27大槻春彦編集『ロック・ヒューム』(宮川透訳二二三頁)、C・Bマクファーソン『所有的個人主義の政治理論』藤野渉・将積茂・瀬沼長一郎訳(一九八〇年、合同出版)二三七、二五八、二六〇頁がその例。たしかに、一般的に、out of the bounds といえば、「限界の外」であり、拘束からの解放という印象を与える。しかし、この場合の the bounds of Societie は、少し前の第四五節の文章(the several Communities settled the Bounds of their distinct Territories)が明示するように、「国家領土」のことであり、out of は、その原義(from within)にしたがって、「国家領土の外側」ではなく、逆に、正に、「国家領土が存在することそれ自体にもとづいて」というふうに、根拠ないし原因をさす用法のものと解釈すべきではないかと考える。そう解さないと、つぎに続く二つの文章(とくに土地所有が実定諸制度によって定められるとする文章)、第四五節をはじめ、本文に引いた他の部分と平仄が合わないように思われる。ただし、マクファーソンは、この部分の同意を自然状態のものとしている(C.B. Macpherson, op. cit., p. 210 〈This consent is given 'out of the bounds of society, and without compact'; it leaves men still in the state of nature.〉 and pp. 231, 234.)。これと同じ解釈をとるものに、Robert A. Goldwin, John Locke, in History of Political Philosophy, edited by Leo Strauss and Joseph Cropsey, University of Chicago Press 1981, p. 467; Eldon J. Eisenach, Two World of Liberalism: Religion and Politics in Hobbes, Locke, and Mill, University of Chicago Press 1981, pp. 98, 240; ジョン・ダン『ジョン・ロック——信仰・哲学・政治』加藤節訳(一九八七年岩波書店)六七—六八頁。なお、タリーによれば、この部分の初期の版の文章はつぎのようであった。'it is plain, that the consent of Men have agreed to disproportiona-

te and unequal Possession of the Earth, I mean out of Society and Compact ; for in Government the Laws regulate it.' James Tully, op. cit., p.151）なお、cf. Peter Laslett, Introduction, pp.11-12. Editorial Note, pp.127-130. Note, p.302 § 50, 4-16. in Two Treatises of Government. especially, p.130〈A correction to II § 50 seems impossible to recover from the Christ's copy.〉; Robert A. Goldwin, op. cit, pp.485-486, Note 1. したがって、この部分については、原文そのものに問題があるようであるが、筆者自身、上記の解釈についてあまり自信がない。識者のご教示を切に乞いたい。なお、ちなみに、Willmore Kendall, John Locke and the Doctrine of Majority Rule, University of Illinois Press 1965, p.84〈the consent of men［＝consensus＝omnes（pl）］have（pl）〉

(50)　鵜飼訳では、「服従義務の大部分を（免除する。しかし、残りの部分を）占める両親に対する尊敬の義務の一切は依然としてそのまま存続する」となるべきところ、右の括弧内が脱落することによって、二文が融合している。

(51)　Aristotelis, Politica（ΠΟΛΙΤΙΚΩΝ）, edited with notes by W. D. Ross, Oxford University Press 1986, 1256b40-1258b9 ; Aristotle, Politics, translated by H. Rackham, Loeb 1977, pp.38-50, アリストテレス『政治学』山本光雄訳（岩波文庫、以下「邦訳」と略称。ただし、文章を一部読みやすく変えたところがある）第一巻第九章・第十章一－五七頁。Richard Ashcraft, op. cit, p. 141.

(52)　Aristotelis, Polutica, 1252b16-28 ; Aristotle, Politics, pp.6-8 ; 邦訳第一巻第二章三二－三四頁。

(53)　J・W・ガフ『ジョン・ロックの政治哲学』宮下輝雄訳（一九七六年、人間の科学社）九四頁。Geraint Parry, op. cit., pp.103-107（p.74 : the people＝heads of households. ; C. B. Macpherson, op. cit, pp.229-238（これに対する批判、R. Ashcraft, Locke's Two Treatises of Government, pp.162-182.）.

(54)　二一三節参照。

(55)　キケロについて、前注(38)②参照。なお、モンテスキュー『法の精神』五部二六編二四章・前掲邦訳（上）一一六頁参照。

(56)　Peter Laslett, Two Treatises of Government. II, § 205, note 6-11.（p.402）.

(57)　Neal Wood, Cicero's Social & Political Thought, p.192. ; Geraint Parry, op. cit., p.141. ; vgl. Revolution（Reinhart Koselleck, Christian Meier, Jörg Tisch, Neithart Bulst）, Geschichtliche Grundbegriffe Bd. 5, 653-788. ; Felix Gilbert, Revolution, in Dictionary of the History of Ideas, Vol. IV., pp.152-167. 中国の天命革命思想については、宇

野哲人『中国思想』（講談社文庫）三二頁以下、七二頁以下、七六頁以下、一〇六、一五五頁以下、二〇九頁以下、二二〇、二七四頁、白川静『孔子伝』（中公文庫）九一頁以下、一九二頁以下、宇野精一『儒教思想』（講談社文庫）一四四頁以下など参照。その具体的展開は孟子にみられる。『孟子』（小林勝人訳注、岩波文庫）（上）七六、一三九、（下）一九、二九―三〇、一四四―一四五、一五一、三六五、三八五、三九八頁参照。そこには、仁政と暴政とを区別し、暴君征伐の思想がみられる。同上書（上）八七、九一、九七、（下）二七、三九五、三八五、三八九頁参照。また、天は、人民の目を通して見、人民の耳を通して聴く（（下）一四五頁）とされるなど、天命が人民全体の言動にあらわれるとの思想が随所にみられる。ただし、吉田松陰『講孟箚記』（近藤哲吾全訳注・講談社文庫）（上）九〇、三五六、四五一、（下）五五、七九、四九一頁参照。

(58) Julian H. Franklin, John Locke and the Theory of Sovereignty: Mixed Monarchy and the Rights of Resistance in the Political Thought of English Revolution, Cambridge University Press 1978, pp.1-50. ジュリアン・H・フランクリン『ジョン・ロックと主権理論――イギリス革命政治思想における混合王政と抵抗権』今中比呂志・渡辺有二訳（一九八〇年、御茶の水書房＝以下「邦訳」と略称）一―六五頁。Julian H. Franklin, Jean Bodin and the Rise of Absolutist Theory, Cambridge University Press 1973, pp.43-47, 94. また、K・F・ベルトラム『抵抗権と革命――その法理』栗城寿夫監修・西浦公訳（一九八〇年、御茶の水書房）五一―一九頁参照。

(59) Thomas Pangle, The Sprit of Modern Republicanism: The Moral Vision of the American Founders and Philosophy of Locke, The University of Chicago Press 1988, p.305 note 11.; G.A.J.Rogers, Introduction (p.10), Hobbe's Hidden Influence (pp.192-194, 202-204). in Perspectives on Thomas Hobbes, edited by G.A.J.Rogers and Alan Rayan, Clarendon, Oxford University Press 1988.; Leo Strauss, Natural Right and History, pp.202-51. 〈Locke was a crypro-Hobbesian.〉; John Dunn, The Political Thought of John Locke, An Historical Account of the Argument of the 'Two Treatises of Government', Cambridge University Press 1969, p.100; G.Parry, op. cit., p.34.

(60) ＝前注(44)

(61) Hobbes, Leviathan, p.131. 邦訳第一部第一五章九七頁。

(62) Hobbes, Leviathan, p.232. 邦訳第二部第二四章一六三頁。

(63) Hobbes, Leviathan, p.233. 邦訳第二部第二四章一六四頁。ただし、労働価値説はキケロにもみられる＝前注

(38)の⑤．賃金取りが自分の労働力を売買しているくらいのことは、プラトンの『国家』にもみられる。Platonis, Opera, edited with notes by Ioannes Burnet, Oxford University Press 1986, Tomvs IV, Res Publica (ΠΟΛΙΤΕΙΑΣ) 371E；Plato, Republic I, translated by Paul Shorey, Loeb 1982, p.156. プラトン著『国家』(藤沢令夫訳、岩波文庫＝以下「邦訳」と略称)(上)一三八頁。また、前五・四世紀のアテネは、一八世紀以降のイギリス、一九世紀以降のドイツと同様の資本主義のきざしの下にあったとする少数説がある。S.Meikle, Aristotle and Exchange Value, in A Companion to Aristotle's Politics, edited by David Keyt and Fred D.Miller, Jr., Blackwell 1991, pp.156-181, p.171に孫引きされているEduard Meyerの説。さらに、ローマについて、弓削達・後掲書五六頁に引用のロストフツェク説参照。なお、タリーは、ロックの第八五節で使用人が売るのが労働ではなく、サービスであることを指摘し、一八世紀後半まで、イギリスの雇用労働者は、労働を売ったのではなく、その産物であるサービスを売ったとしている。Tully, op. cit., pp.137, 140.

(64) C.B.Macpherson, op. cit., pp.219-220. 田中正司『増補ジョン・ロック研究』(一九七七年、ミネルヴァ書房)二七六頁。ちなみに、タリー(Tully, op. cit.)は、ロックの財産権がイギリスのコモンをモデルとしたものであり(pp.124, 129, 130)、個人の財産権は神の財産、家族の財産の享受にすぎず(pp.114, 133-134)、その論敵フィルマーのそれが無制約の私的財産権であったのに対し、グロティウスやプーフェンドルフにくらべても制約の大きなものだったとしている(p.168)。

(65) Hobbes, Leviathan, pp.140-142. 邦訳第一部第一五章一〇三―一〇四頁。

(66) Hobbes, Leviathan, p.157. 邦訳第二部第一七章一一五頁。

(67) Hobbes, Leviathan, p.164. 邦訳第二部第一八章一一九頁。

(68) Hobbes, Leviathan, p.158. 邦訳第二部第一七章一一五頁。

(69) ただし、前注(53)参照。

(70) Hobbes, Leviathan, p.185 et s. 邦訳第二部第二〇章一三二頁以下。

(71) Hobbes, Leviathan, p.190. 邦訳第二部第二〇章一三六頁。

(72) Geraint Parry, op. cit., p.69.

(73) Hobbes, Leviathan, pp.140-141. 邦訳第一部第一五章一〇三頁。ただし、ホッブズも奴隷制が歴史上に事実として存在してきたことはみとめている。pp. 647-648. 邦訳第四巻第四五章四四一頁。

(74) 別稿六二頁注(80)。なお、ロックの明示の同意と黙示の同意の区別について、前者は土地所有者、後者は土地なき者に妥当するのか、あるいは土地所有者についてのみ両者が問題となるのかなど、議論があるが、ここでは立入らない。cf. p. ex., G. Parry, op. cit., pp. 106-107 ; R. Ashcraft, Locke's Two Treatises of Government, p. 181.

(75) Hobbes, Leviathan, pp. 157-159. 邦訳第二部第一七章一一五頁、同第一八章一一六頁。なお、ホッブズによれば、「群衆が、一人の人間または人格によって代表されるときに、もしそれが、その群衆のうちの各人の同意によって行われるならば、その群衆は一つの人格にされる」(Hobbes, Leviathan, p. 151. 邦訳第一部第一六章一一〇頁)。

(76) 今日の主権概念はロックには存在しない (W. Kendall, op. cit., p. 90) 理由の一つは、本文でのべたように混合政体論をとっている (cf., J. H. Franklin, op. cit., pp. 93, 123) ためであるが、いま一つは、個人の所有権と政府の政治権力とが明確に区別されずに混乱しているためである (ガフ・前掲書一〇二―一〇三頁)。また、一七世紀中葉には主権国家自体が新しい現象であり (G. Parry, op. cit., p. 74) ロックの主権者たる人民は共同体をさした (R. Polin, J. Locke's Conception of Freedom, p. 14, in John Locke: Problems & Perspectives, edited by J. W. Yolton, Cambridge University Press 1969)。

(77) Hobbes, Leviathan, p. 298. 邦訳第二部二八章二〇四頁。

(78) Hobbes, Leviathan, pp. 163-167. 邦訳第二部第一八章一一九―一二二頁。

(79) Hobbes, Leviathan, pp. 161-162. 邦訳第二部第一八章一一七頁。

(80) Hobbes, Leviathan, p. 160. 邦訳第二部第一八章一一六頁。

(81) ロックの権利自由と法との関係については、まず、自然法との関係で、自然権が先 (Leo Strauss, op. cit., p. 248.) か、自然法が先 J. Tully, op. cit., p. 63) かの議論があり、つぎに自然法の制約の程度の議論＝前注(64)があり、さらに、実定法との関係で、コモンウェルスが存続するかぎり、実定法が絶対で、絶対的に服従せざるを得ないとする (W. Kendall, op. cit., pp. 66, 69, 76, 104- 06, 113) か、それほど、極端ではないとみる (G. Parry, op. cit., p. 129 ; ガフ・前掲書三二、四七、四八、五〇、一三〇頁) かの議論があり、これらの諸議論が相互に錯綜している。

（82）　Hobbes, Leviathan, pp. 275, 343. 邦訳第二部第二六章一九〇頁、同第三一章二三三頁。

（83）　別稿二三、三五―三六頁参照。

（84）　Hobbes, Leviathan, pp. 169-170. 邦訳第二部第一八章一二三頁。

（85）　Hobbes, Leviathan, pp. 194-195. 邦訳第二部第二〇章一三九頁。

（86）　Aristotelis, Politica, 1279a23-b7 : Aristotele, Politics（Loeb）, pp. 204-206.

（87）　Hobbes, Leviathan, pp. 171-172. 邦訳第二部第一九章一二四頁。なお、ロックの社会論、政府論を基本的にアリストテリアニズムとするものは少くない。cf. p. ex, Gordon J. Schrochet, The Family and Origins of the State, in John Locke : Problems & Perspectives edited by John W. Yolton, Cambridge University Press 1969, p. 89. ; Geraint Parry, op. cit, p. 67. 友岡敏明『ジョン・ロックの政治思想――伝統と革新の一断面――』（一九八六年、名古屋大学出版会）二四七頁以下参照。なお、ロックがよく引用しているフッカーは当時の代表的アリストテレス主義者だった。

（88）　アシュクラフト（Richard Ashcraft, Locke's Two Treatises of Government）も、事実上の政府（de facto government）と規範上の政府（de jure government）とを区別して、父権的君主制や絶対君主制はロックの理論では前者にあたるとし（p. 156）また、名誉革命直後のイギリスで事実上の政府を規範上の政府に転換するには何が必要であるかがホットなイシューだったとしている（p. 161）。また、ロックに先立つシェイクスピアの時代の後進国イギリスで、レース・プーブリカ論議が盛んであったことについては、塚田富治『カメレオン精神の誕生――徳の政治からマキャヴェリスムへ――』（一九九一年、平凡社）が豊富な資料にもとづいて興味深く描いている。なお、後述のキケロの国家（Res Publica）の定義も規範的な価値判断の色彩の濃いものであって、現実性の乏しいことが、アウグスティヌスの批判のまとになっている。cf Herbert A. Dean, The Political and Social Ideas of St. Augustine, pp. 118-128.

（89）　ロックの理論の基本的部分について、その独創性を否定（伝統的思考との継続性を肯定）する見解が少くない。とくに初期思想についてよく指摘がみられる（例、友岡敏明「初期ロックの思想形成」田中正司・平野耿責任編集『ジョン・ロック研究』（一九八〇年、御茶の水書房）一二〇頁、吉浜精一郎「ロックにおける自然法の問題」同上書一六一頁）が、その全体についても、各人の自然法執行権はグロティウスの主張であり（Tuck, op. cit., pp.62-63, 79）、信託の概念は一七世紀に一般的で中世の政治思想の常套語だったとし（ガフ・前掲書一六五―一六六、一七三、二〇五頁）、ロックは、伝統に対して何も新しいものがなく、ただ、伝統をうまく要約したとし（G.Parry, op. cit., pp.141, 153）、ロックはジョージ・ローソンの主権理論と同一だとする（H.Franklin, op. cit., p.89）＝後注(158)、などがあり、政治哲学者たるホッブズに対してロックを時局政論家（controversialist）とする（Frank M.Coleman, Hobbes and America: Exploring the Constitutional Foundation, University of Toronto Press 1979, p.69）ものがある。

(90)　W.Kendall, op. cit., p.127. ガフ・前掲書一〇二―一〇三頁。そのほか、cf. R.Ashcraft, Locke's Two Treatises of Government, p.3.

(91)　ロックは、ホッブズ同様に、外国に政治亡命をした経験をもっているが、ロックはホッブズ以上に危険であった（G.Parry, op. cit, p.11なお、くわしくは、cf. R.Ashcraft, Revolutionary Politics & Locke's Two Treatises of Government）。何よりもロックが終生、国政二論の著者であることを隠し続けた時代背景が注目される。David Wootton, Divine Right and Democracy, Penguin Classics 1986, p.59. なお、前注(59)参照

(92)　Neal Wood, The Politics of Locke's Philosophy : A Social Study of An Essay Concerning Human Understanding, p.181. ; John Locke, An Essay concerning Human Understanding, edited by P.H.Nidditch, Oxford University Press 1990, pp.654-657. なお、キケロにも蓋然性の議論がある。cf. p.ex., Cicero, De Officiis, II,2（7, 8）, De Natura Deorum, 1, 5（12）, Academica II, 10（32-）, 32（104-）.

(93)　ホッブズの慧眼は理想的正義論が戦争を生み、最悪の自然状態を生むことを見抜いていた。Cary B.Herbert, Thomas Hobbes : The Unity of Scientific & Moral Wisdom, University of British Columbia Press 1989, p.11.

(94)　＝前注(10)

(95)　＝前注(9)

(96)　Adam Ferguson, An Essay on the History of Civil Society, p.79.

(97)　Ibid., p.63.

(98)　Ibid., p.57.

(99)　Ibid., pp.123, 132.

(100) Ibid., p.24.
(101) Ibid., p.49.
(102) Ibid., p.54.
(103) Ibid., p.58.
(104) Ibid., pp.30, 221.
(105) Ibid., pp.66, 219.
(106) Ibid., pp.99, 191, 218.
(107) Ibid., p.258.
(108) Ibid., p.237. なお、頼山陽『通議』安藤哲男編・頼山陽選集5（一九八二年、近藤出版社）八六頁。
(109) Ibid., p.206. なお、マキァヴェリのvirtuの用語例については、Russel Price, Appendix B to The Prince, pp.103–104. キケロによるvirtusの定義については、Cicero, De Officiis, II, 5 (17). virtus＝virorum praestantium＝in men of superior ability. これらキケロのヴィルトゥスやマキァベリのヴィルトゥーが、イギリスではpublic virtueないしpublic spiritednessと訳されたことについては、Quentin Skinner, The Republican Ideal of Political Liberty : in Machiavelli and Republicanism, p.303. また、目的達成がかえって逆の効果を生む原因となるとするファーガソンの説は、頼山陽の「勢」の説を想起させる。頼山陽・前掲書四六頁。これは、ヴィルトゥー（virtu）と並んで、マキャヴェリの著作の基調となっているフォルトゥーナ（fortuna）を思わせる面もあるが、マキャヴェリは、周知のとおり、フォルトゥーナはわれわれの半分しか支配せず、「フォルトゥーナは女だから、コントロールしたけりゃ手荒にとりあつかう必要がある」（The Prince, Chapter XXV, pp.85, 87）とし、強者はフォルトゥーナを支配し（Discourses 2.30, pp.411–412）、勇気と準備がフォルトゥーナを支配する（Discourses 3.32, p.502）とするなど、運命に果敢に挑戦する人間像が描かれている（同旨、佐々木毅『マキァヴェッリの政治思想』一九七〇年、岩波書店六〇―六一頁。なお、W・ケーギ『世界年代記。中世以来の歴史記述の基本形態』坂井直芳訳（一九九〇年、みすず書房）三二一―六二二頁参照）。これに対して、頼山陽の「勢」は、基本的には逆らえないもので、大勢をよく見極めて、あやまりなく対処することが要求されている。なお、塩野七生・前掲書三五二頁は、ヴィルトゥー、フォルトゥーナと並んで、ネチェシタ（necessita）をあげて、この時代の要請こそが『君主論』

執筆の動機とされている。

(110) Ibid., p. 82. ただし、Duncan Forbes, Introduction, XXV.

(111) Ibid., p. 181.

(112) Ibid., p. 218.

(113) Ibid., p. 257. 同旨 p. 251.

(114) Ibid., p. 262.

(115) Ibid., p. 195.

(116) Ibid., p. 188.

(117) Ibid., p. 191.

(118) Ibid., pp. 181, 223.

(119) Ibid., p. 225.

(120) Ibid., p. 232.

(121) Ibid., p. 230. マキァヴェリも、『君主論』一二章、一三章で、傭兵制を批判し、市民兵の考えをもっていた。Machiavelli, The Prince, pp. 42-51. 佐々木・前掲書一三二頁以下。スキナー『マキアヴェッリ』塚田富治訳六三頁以下。塩野七生・前掲書四二六頁。なお、さかのぼれば、アリストテレスの国民概念にいたる。ローマにおいても、ポプルス（populus）は、元来、兵士をさし、戸籍調査施行後は、兵役義務あるものをさした。cf. Richard E. Mitchell, Patricians and Plebeians: The Origin of the Roman State, Cornell University Press 1990, p. 157. なお、頼山陽・前掲書一九二―一九六、一九九、二一三、二一五頁には兵農分離批判があり、荻生徂来『政談』（辻達也校注、岩波文庫）二九―四〇、六〇―八一、八八、九八、一〇八―一一一、一二三、一三一―一四〇、一六〇―一六一、三五一、解説三七七―三七八頁にも武士土着論がある。

(122) Ibid., p. 263.

(123) Ibid., p. 167.

(124) Ibid., p. 128.

(125) Ibid., p. 267.

(126) Ibid., p. 271.
(127) Ibid., p. 221.
(128) Ibid., p. 127.
(129) Ibid., p. 243.
(130) Platon, Respublica, 564a4-9, ; Plato, Republic. II, p. 132. 邦訳（下）二三二頁。
(131) Ibid., p. 72.
(132) Ibid., p. 270.
(133) 本稿で、ヘーゲル『法哲学』は、主としてつぎによる。Georg Wilhelm Friedrich Hegel, Grundlinien der Philosophie des Rechts, herausgegeben von Johannes Hoffmeister, Felix Meiner 1955. ; Hegel's Philosophy of Right, translated with notes by T. M. Knox, Oxford University Press 1978. なお、講義録は、Georg Wilhelm Friedrich Hegel, Philosophie des Rechts, Die Vorlesung von 1819/20 in einer Nachschrift, herausgegeben von Dieter Henrich, Suhrkamp 1983. ; Georg Wilhelm Friedrich Hegel, Vorlesung über Rechtsphilosophie 1818-1831. Edition und Kommentar von Karl-Heinz Ilting, frommann-holzboog 1974（本稿では、このうちとくに、円熟期のヘーゲルの思考を伝え、最も内容豊富な Philosophie des Rechts nach der Vorlesungsnachschrift K. G. V. Griesheim 1824-25, Bd. 4, 67-752）を参照した。以下、ヘーゲル『法哲学』は節名のみで引用する。
(134) Manfred Riedel, Gesellschaft, bürgerliche, in Geschichtliche Grundbegriffe, Bd. 2, 779. その邦訳『市民社会の概念史』＝前注(12)参照＝八九頁。Manfred Riedel, Hegels Begriff der »bürgerlichen Gesellschaft« und das Problem seines geschichtlichen Ursprungs, in Materialen zu Hegels Rechtsphilosophie, Bd. 2, S. 247ff., 255. ; Karl-Heinz Ilting, Die Struktur der Hegelschen Rechtsphilosophie, in Materialien zu Hegels Rechtsphilosophie, Bd. 2, S. 52ff. 70.
(135) vgl. G. W. F. Hegel, System der Sittlichkeit, herausgegeben von G. Lasson, Felix Meiner 1967 ; Karl-Heinz Ilting, Sitte, Sittlichkeit, Moral, in Geschichtliche Grundbegriffe, Bd. 5, 863-921, insb., 990-904. ; Joachim Ritter, Moralität und Sittlichkeit: Zu Hegels Auseinandersetzung mit der kantischen Ethik, in Materialien zu Hegels Rechtsphilosophie, Bd. 2, S. 217ff ; Adrian Peperzak, Moralische Aspekte der Hegelschen Rechtsphilosophie, in

Hegels Rechtsphilosophie im Zusammenhang der europäischen Verfassungsgeschichte, herausgegeben von Hans-Christian Lucas and Otto Pöggeler, frommann-holzboog 1986, S. 447ff.

(136) このほか、アダム・スミスやリカードの名前が引照され（一八九節）、市民社会が「万人の万人に対する個別的私的利益の戦場」とされ（二八九節）、先のグリースハイムの講義ノートには、二四一節や二四三節の部分に階級対立やプロレタリア化などの記述がみられる（G. W. F. Hegel, Vorlesung über Rechtsphilosophie 1818-1831, Bd. 4, SS. 605, 607.）。Shlomb Avineri, Hegel's Theory of Modern State, Cambridge University Press 1972, p. 50. なお、Die Vorlesung von 1819/20, S. 150 : Privatpersonen, als bourgeois.

(137) Knox, op. cit., Additions 116. Paragraph 182. pp. 266-267. ヘーゲル自身は、このような考え方の代表者としてフィヒテをあげ（Grundlinien der Philosophie des Rechts, § 273, S. 236f.）、講義では、フィヒテを警察国家（Polizeistaat）の考えをとるものとしている（Hegel, Philosophie des Rechts, Die Vorlesung von 1819/20, S. 190 ; Vorlesung über Rechtsphilosophie 1818-1831, Bd. 4, S. 617）。ここでいう警察国家概念は、オットー・マイヤーなど、後代の行政法学者のいうそれとは異なり、逆に、外面的秩序維持国家をさしていることに注意しなければならない（ただし、なお、vgl. G. W. F. Hegel, Differenz des Fichte'schen und Schelling'schen System der Philosophie, herasgegeben von G. Lasson, Felix Meiner 1962, S. 39 ff., insb. S. 67）。ヘーゲル『法哲学』の第二三一節ないし第二四九節の「ポリツァイ」を論ずる部分には、ポリツァイが外面的秩序維持機能にとどまりえないゆえんがのべられている。このような外面的秩序維持国家の考え方に関連するヘーゲルの言及はつぎの部分にみられる。Hegel, Grudlinien der Philosophie des Rechts, § 183 (S. 165), § 208 (S. 180), § 231 (S. 196), § 249 (S. 203), § 258 (S. 208), § 261 (S. 215), § 273 (SS. 236-237), § 302 (S. 263), § 324 (S. 280 : der Staat nur als bürgerliche Gesellschaft).

(138) ヘーゲルは、政治国家（der politische Staat）という言葉を、二六七節のほか、二七三節と二七六節で用い、政治国制（die politische Verfassung）という言葉を、二六七節のほか、二六九節と二七一節で用いている。Hegel, Grundlinien der Philosophie des Rechts, § 267 (S. 218), § 269 (S. 220), § 271 (S. 233), § 273 (S. 235), § 276 (S. 240). ただし、同一内容・性格をもつ国家が別の表現を用いて登場している場合が少くない。下記がその例。der moderne Staat (§ 260, S. 215), der Staat (§ 261, S. 215), der Staat als Sittliches (§ 261, S. 216), der Staat als die sich wissende (§ 274, S. 235). この政治という形容詞に過重の意義

をみとめて、経済社会である市民社会と二元的に対立させるリーデル流の見方には、筆者は同調しない。後述のように、ヘーゲルの国家は、市民社会の諸制度をその中に取り込んでいるところに特色があるばかりか、かりに対立するとしても、それは市民社会に対してばかりではなく、私法や家族などの他の全領域に対してである（vgl. § 261, S. 215.）。

（139）グリースハイムの講義ノートには、社会制度であるとともに国家制度である諸身分や、国家のモメントとしての社会制度の記述がみられる。Hegel, Philosophie des Rechts nach der Vorlesungsnachschrift K. G. V. Griesheim 1824-1825, SS. 511, 637.; Rolf K. Hocevar, Stande und Repräsentationen beim jungen Hegel: Ein Beitrag zu seiner Staats- und Gesellschaftslehre sowie zur Theorie der Repräsentation, C. H. Beck 1968, insb. S. 201ff.; Gerge Armstrong Kelly, Hegel's Retreat from Eleusis, Princeton University Press 1978, pp. 114, 200.

（140）アトム的国家観を否定し、有機体的国家観を主張するヘーゲルの見解は、以下の部分にみられる。G. W. F. Hegel, Grundlinien der Philosophie des Rechts, § 273（S. 239）, § 278（S. 241）, § 279（S. 245）, § 286（S. 252）, § 299（S. 260）, § 302（S. 263f.）, § 303（S. 265）, § 308（S. 267）, § 311（S. 270）.; Philosophie des Rechts nach der Vorlesungsnachschrift K. G. V. Griesheim 1824-1825, S. 622. 諸身分の社会と国家の制度としての存在意義、外面的秩序維持国家の否定などもすべてこれに関連する。vgl. z. B., § 202, S. 263. なお、S. Avineri, op. cit., p. 168. 後述のアリストテレスも同様。cf. R. G. Mulgan, Aristotle's Political Theory, Oxford University Press 1977, pp. 28-35.

（141）cf. Knox, Hegel's Philosophy of Right, Additions 116. to Paragraph 182, p. 266.

（142）Karl-Heinz Ilting, Die Struktur der Hegelschen Rechtsphilosophie, in Materialien zu Hegels Rechtsphilosophie, Bd. 2, S. 52ff. S. 62. ヘーゲルの国家は、最後の世界史の部分（三四一節ないし三六〇節）からもわかるとおり、国民精神（der Staat, als Geist eines Volkes, § 274, S. 239）の発展段階に応じて異なる段階をしめすものとされている。近代国家の理念はその最高の発展段階をしめすものだから、自然状態と政治社会という単純な二分割による整理はヘーゲルの意図にそわないことはもちろんである。しかし、ホッブズを別として（ただし、Robert P. Kraynak, History and Modernity in the Thought of Thomas Hobbes, Cornell University Press 1990, p. 200 によれば、ホッブズも二分割ではない）、ロックも、ルソーも単純な二分割ではない。なお、Hegel, Philosophie des Rechts nach der Vorlesungsnachschrift K. G. v. Grieshim 1824-1825, SS. 663, 673, 696. また、リーデル『ヘーゲルに

おける市民社会と国家」＝前注(13)＝第二章・第三章では伝統との断絶の面を強調しているが、第四章・第五章ではアリストテレス的伝統との共通の面をみとめている。

(143)　Aristotelis, Politica, 1252a24-1253a ; Aristotle, Politics, pp. 4-12. 邦訳第一巻第二章二一—二七頁。

(144)　Aristotelis, Politica, 1280b30-35 ; Aristotle, Politics, p. 216. 邦訳第三巻第九章一四五頁。

(145)　T. M. Knox, Hegel's Philosophy of Right, translator's notes 267.9., p. 364.〈the state proper〉

(146)　Z. A. Pelczynski, The Hegelian conception of the State, in Hegel's Political Philosophy Problems & Perspectives, edited by Z. A. Pelczynski, Cambridge University Press 1976, pp. 1-29, 13.〈'state' sans phrase, 'state' without any qualification, 'state' properly so called〉ペルチンスキーは、二五七節と二六〇節におけるヘーゲルの用語がこれにあたるとしている。筆者自身はこの理解に疑問をもつが、本稿はとりあえずこれにより、評論は別の機会にゆずりたい。

(147)　Manfred Riedel, Hegels Begriff der «Bürgerlichen Gesellschaft» und das Problem seines geschichtlichen Ursprungs, in Materialien zu Hegels Rechtsphilosophie, Bd. 2. S. 247ff., 249. ; Gesellschaft, bürgerliche, in Geschichtliche Grundbegriffe, Bd. 2. S. 719ff., 726, 727. その邦訳『市民社会の概念史』＝前注(12)参照＝第一章二一、二三頁。

(148)　ポプルス（populus）の語も一〇〇回以上登場し、人びとや人民大衆をさす場合と、結合体としての人民＝国家をさす場合とがある。国家をさす語として、このほか、patria, patriae, partibus（祖国）、imperio（領土、権力）、gens, gentes, gentium（国際関係における国家、諸国、諸民族）、nationum, nationibus,（民族）、urbe（都市共同体）、status（国制。レースプーブリカやキーウィタースと一緒に用いられることが多いが、稀に独立して用いられる。一巻四四節）などがある。なお、以下のキケロの引用は、仏訳、独訳、英訳の各版のいちいちの頁数の表示を紙面節約上省略し、巻と節を本文括弧内に注記することにとどめる。

(149)　＝前注(38)の⑦参照。

(150)　ルーキウス・ユーニウス・ブルートゥス（Lucius Junius Brutus）のこと。王政をたおし、ローマ共和政を樹立し、最初のコンスルの一人。この人については、『プルターク英雄伝』（河野与一訳、岩波文庫）第二分冊四九頁以下参照。また、カエサルを暗殺したブルートゥスの先祖にあたるといわれているが、それについては、同上書・第一一分冊二三〇頁参照。なお、右の王政をたおすきっかけとなったルクレーティア暴行・自殺事件については、周知のとおり、アウグスティヌス『神の国』第一巻第一九章が論じている。また、マキァヴェリ『リウィウス論』でも、右のユーニウス・ブルートゥスをローマの自由の父とよんでいる。Machiavelli, Discourses 3. 1. 2. The Chief Works and Others, vol. 1, p. 423. キケロは、このブルートゥスを引き合いに出して、若き友人マルクス・ブルートゥスをしきりにあおったわけである。Christian Habicht, op. cit., pp. 73-74. さらに、キケロの心酔者の一人であるペトラルカ（近藤恒一編訳『ルネサンス書簡集』岩波文庫一七六頁以下）は、第一、第二のブルートゥスを引き合いに出して同時代人をあおっている。

(151)　＝前注(130)。

(152)　一部にレース・ポプリの直訳がふくまれる。

(153)　なお、『法律論』（仏訳版）では、レース・プーブリカが五二回、キーウィタースが四二回、『義務論』（英訳版）では、レース・プーブリカが一一〇回、キーウィタースが二三回、それぞれ登場する。とくにきわだった特色をもつものはのちにとりあげる。この両著に特徴的なことは、人間社会をさす言葉（naturalis societas, conjunctio hominum, hominum societas, universi generis humani societate, hominum coetu, hominum communitate）が頻出することである。そこには、プラトンなどにみられたバルバロイが存在しないことが注目される。ミヒャエル・ラントマン『哲学的人間学』谷口茂訳（一九九一年、思索社）二五―四七、とくに三五頁参照。

(154)　Augustine, City of God VI, translated by W. C. Greene, Loeb 1969, p. 209. なお、前後の文脈から、この場合のキーウィタースはローマ都市国家、レース・プーブリカは、属州等をふくんだローマ帝国をさすものと解される。

(155)　キケロの『義務論』におけるキーウィタースの用語例にも、これがレース・プーブリカをはじめ、国家をさすものよりも小さい単位をあらわすものがある。第一に、人間社会を親密の度合いに応じて分類する部分で、①同一のキーウィタース内の市民相互間、②近親者相互間（societatis propinquorum）、③友人相互間（familiaritate coniuncti）、④最後に最高のものとして祖国（res publica）への愛をあげている。De Officiis, I, 17 (53-58)。第二に、取引関係における信義を論ずる部分で、人間社会の絆は、同一国家（eiusdem gentis）に属する者相互間においてより緊密であり、同一キーウィタース（eiusdem civitatis）に属する者相互間においてさらにより緊密であるとし、キーウィタースがゲンス（gens）より小さいことをしめしている（ただし、gens にも小部族をさす用法がある）。De Officiis, III, 17 (69). 第三に、ルーキウス・スラが複数のキーウィタースの税を免除した（quas civitates L.

Sulla.....libravisset）話が登場する。De Officiis, III, 22（87）. ローマと属州等との対外関係について、cf. Patronage in Ancient by A. Wallace-Hadrill, Routledge 1990（John Rich, Patronage and international relations in Roman Republic, pp. 121, 124 ; John Drinkwater, Patronage in Roman Gaul and the problem of the Bagaudae, p. 191）. ごく簡単にいえば、ローマ帝国は、ローマを中心とする複数の都市国家（civitas）の連合体としての性格をもつ。そこで、たとえば、右の第二の紹介部分につづいて、キケロが、イウス・キウィーレ（ius civile）は、イウス・ゲンティウム（ius gentium）とはかぎられないが、イウス・ゲンティウムはとうぜんイウス・キウィーレであるという場合の、このイウス・ゲンティウムを抽象的な普遍的法と解すれば（英語版の立場）、イウス・キウィーレはローマ帝国国法をさすことになる。しかし、イウス・ゲンティウムをローマ帝国共通法をさすものと解すれば、イウス・キウィーレは帝国内の諸都市国家法をさすことになる。ローマ都市国家法たるイウス・キウィーレが、ローマ帝国共通法としてのそれに発展したともいわれているから、これらの用語が何をさすのかについては、前後の文脈とともに時代の確定が必要だといえよう。なお、くわしくは、石川真人「法曹法の歴史的基礎づけ㈡——エールリッヒの法源論——」北大法学論集四一巻四号三頁以下参照。また、キケロの生まれと法にもとづく二つの祖国参照。De Legibus, II, 2（5）. さらに、キーウィタースが、中世において国家よりも規模の小さい都市国家ないし都市共同体をさす用語例は、イタリアについてもドイツについてもみられる。イタリアについて、J. K. Hyde, Society and Politics in Medival Italy : The Evolution of Civil Life 1000-1350, Macmillam Press 1982, pp. 12, 42, 120. ドイツについて、E・ヴェルナー著『中世の国家と教会。カノッサからウォルムスへ。一〇七七—一一二二』瀬原義生訳（一九九一年、未来社）五七、五八、六五、六七、一〇三、二〇八頁参照。なお、キーウィタースなどの語源について、cf. Claude Nicolet, The World of the Citizen in Republic Rome, translated by P. S. Fallen, University of California Press 1988, pp. 24, 47, 215.

(156) カエサル著『ガリア戦記』近山金次訳（岩波文庫）二五頁。Ramsay MacMullen, Corruption and Decline of Rome, Yale University Press 1988, p. 205 : a tribe（often = civitas）; Caio Giulio Cesare, La guerra gallica, Introduzione, traduzione e note di Andrea Barabino con un saggio di Augusto Fraschetti, Garzanti 1989. によるイタリア語訳では多くの場合 popolo があてられている。

(157) 石川武『序説・中世初期の自由と国家』（一九八三年、創文社）四五頁。

(158) Franklin, op. cit. pp. 53-89（邦訳七七―一二七頁）に紹介されているジョージ・ローソン（George Lawson）の説では、潜在的な国家にすぎない人民の統合体（civitas = community）と固有の政治社会である国家（respublica = common wealth）とが区別され、その区別の基準にキケロの理論（juris consensu）が使われ（p. 69. 邦訳九一頁）、しかも、ロックの抵抗権論ばかりか国家論の全体はローソンの主権理論と同一だとされている（p. 98. 邦訳一二七頁）。

(159) 前注(31)の諸文献のほか、赤木善光「解説」『アウグスティヌス著作集11』（一九八〇年、教文館）四九七頁以下、五〇七頁以下参照。

(160) 前注(150)のユーニウス・ブルートゥスは、キーウィタースを蜂起せしめて、国王を追放した、とキケロはいう。

(161) Thomas More, Utopia, edited by George M Logan and Robert M. Adams, Cambridge University Press 1989, p. 107. トーマス・モア著『ユートピア』平井正穂訳（岩波文庫）一七六頁。

(162) キケロ自身『法律論』二巻六節でプラトンを真似たことを自認している。なお、仏訳版『国家論』六巻三節参照。

(163) 藤沢令夫「解説」『プラトン著・国家』（藤沢令夫訳、岩波文庫）（下）四六一頁以下。

(164) 同上書（下）四六四頁。

(165) Aristotelis, Politica, 1252b28-1253a20 ; Aristotle, Politics, pp. 8-10. 邦訳第一巻第二章三四―三六頁。

(166) Aristotelis, Politica, 1280b30-1281a3. ; Aristotle, Politics, pp. 216-218. 邦訳第三巻第九章一四三―一四五頁。

(167) Aristotelis, Politica, 1289a15. ; Aristotle, Politics, p. 280. 邦訳第四巻第一章一七九頁。

(168) とくにアリストテレスの Athenaion Politeia は constitution（国制、憲法）と訳される。Aristotle, The Athenian Constitution, translated by H. Rackham, Loeb 1981. このアテネ国制におけるポリーテイアーの用法については、G. R. Stanton, Athenian Politics C. 800-500BC, A Sourcebook, Routledge 1990, pp. 144, 166. また、アリストテレスが、ポリスの構成要素を質料とし、ポリーテイアーを形相（eidos）とすることについて、Ronald Polansky, Aristotle on Political Change, in A Companion to Aristotle's Politics, pp. 323-345, 326.

(169) Christian Meier, The Greek Discovery of Politics, pp. 159, 172 ; Joachim Ritter, Metaphysik und Politik, Studien zu Aristoteles und Hegel, Suhrkamp 1977, SS. 74-77. もちろん用語例は人によって異なる。とくにプロタゴラ

ス、テゥキディデス、デモクリトスについて、Cynthia Farrar, The Origins of Democratic Thinking : The Invention of Politics in Classical Athens, Cambridge University Press 1989. なお、キケロ『法律論』二巻六節はプラトンが re publica について最初の本を書いたとする。ただし、書名としては Platonis Politia としている。De Divinatione, I, 29 (60), II, 27 (59).

(170) Aristotelis, Politica, 1275a22 ; Aristotle, Politics, pp. 174, 178. 邦訳第三巻第一章一二二、一二四頁。

(171) Aristotelis, Politica, 1289b27-33, 1290a4-13. ; Aristotle, Politics, pp. 384-288. 邦訳第四巻第三章一八一—一八三頁。

(172) Aristotelis, Politica, 1279a26-1279b7. ; Aristotle, Politics, pp. 204-206. 邦訳第三巻第七章一三八—一三九頁。

(173) 前注(4)参照。類似の考えはプラトンにもみられる。Republic, 342B, Laws, 715B.

(174) Aristotelis, Politica, 1288b22-39. ; Aristotle, Politics, pp. 276-278. 邦訳第四巻第一章一七七—一七八頁。cf. Wolfgang Kullmann, Man as a Political Animal in Aristotle, in A Companion to Aristotle's Politics, pp. 112-144.

(175) Aristotelis, Politica, 1295a25-32. ; Aristotle, Politics, p. 326. 邦訳第四巻第一一章二〇二頁。

(176) Aristotelis, Politica, 1295b2-1296a3. ; Aristotle, Politics, pp. 326-330. 邦訳第一一章二〇三—二〇五頁。

(177) Aristotelis, Politica, 1301b30. ; Aristotle, Politics, p. 374. 邦訳第五巻第一章二二七頁。

(178) Aristotelis, Politica, 1281b1-4. ; Aristotle, Politics, pp. 220-222. 邦訳第三巻第一一章一四七頁。

(179) Aristotelis, Politica, 1282a38 : 2. ; Aristotle, Politics, p. 228. 邦訳第三巻第一一章一五一頁。

(180) Aristotelis, Politica, 1282a41 : 3,b33-35. ; Aristotle, Politics, pp. 236, 238. 邦訳第三巻第一三章一五六、一五七頁。

(181) Aristotelis, Politica, 1286a2929-33. ; Aristotle, Politics, p. 256. 邦訳第三巻第一五章一六六—一六七頁。ただし、アリストテレスの多数者の優越が合議体以外の公職に及ぶかなど、その意義の評価についてはなお問題が残されている。David Keyt, Aristotle's Theory of Distributive Justice, in A Companion to Aristotle's Politics, pp. 238-278, 272.

(182) ディオゲネス・ラェルティオス著『ギリシア哲学者列伝』(加来彰俊訳、岩波文庫)(上)一三六頁。アイリアノス著『ギリシア奇談集』(松平千秋・中務哲郎訳、岩波文庫)一一四頁、二一三頁、三八六頁。

(183) 孟子・前掲書(下)一四五頁。そのほか、前注(57)参照。

(184) 弓削達『ローマはなぜ滅んだか』(一九八九年、講談社新書)一八九―二〇三頁。タキトゥス「アグリコラ」国原吉之助訳(世界古典全集22)、一九六五年、筑摩書房)三四〇頁以下参照。ここにはローマの属州支配を強盗行為とする見方が紹介されている。なお、カエサル『ガリア戦記』七巻七七節参照。前注(154)の問題背景がここにある。すなわち、属州側からみた隷従と不正義の現実からすれば、キケロの定義を前提とするとき、ローマがレース・プーブリカたりえないというのがアウグスティヌスの問題提起であった。

(185) 教皇権と皇帝権、教会国家と世俗の国家の間の複雑な関係については、cf. I. S. Robinson, The Papacy 1073～1198: Continuity and Innovation, Cambridge University Press 1990, pp. 398-524 ; Quentin Skinner, The Foundation of Modern Political Thought, vol. I. The Renaissance, pp. 12-22 ; Political Philosophy, in The Cambridge History of Renaissance Philosophy, edited by charles B. Schmitt and Quentin Skinner, Cambridge University Press 1990, pp. 389-452 ; 堀米庸三『中世の光と影』(講談社文庫)(下)九頁以下、堀米庸三編『西欧精神の探究(革新の十二世紀)』(一九七六年、日本放送出版協会)八五―一〇七頁(堀米庸三「グレゴリウス改革」)、A・フリシュ著『叙任権闘争』野口洋二訳(一九八一年、創文社歴史叢書)、パコー著の『テオクラシー――中世の教会と権力――』坂口昴吉・鷲見誠一訳(一九八五年、創文社歴史叢書)、ハスキンズ著『十二世紀ルネサンス』野口洋二訳(一九八五年、創文社)一七一―一九七頁、J・T・マイクネル『キリスト教の伝統的形成者』高久真一訳(一九八三年、木鐸社)六三―七四頁、G・デンツラー編著『教会と国家』相沢好則監訳(一九八五年、新教出版社)七七―九八頁(カルロ・ゼルヴァツィス「中世における教会と国家―カノッサへの道」)、鷲見誠一「支配原理としての中世ローマ教皇制―胚種と着生―」(慶応義塾大学)法学研究六二巻(一九八九年)一〇号一―五〇頁、ルイス・J・レッカイ『シトー会修道院』朝倉文一・函館トラピスチヌ訳(一九八九年、平凡社)一二頁以下、一二七頁以下、三六五頁以下等、E・ヴェルナー著『中世の国家と教会。カノッサからウォルムスへ、一〇七七―一一二二』瀬原義生訳(一九九一年、未来社)、佐藤伊久男・松本宣郎共編『歴史における宗教と国家』(一九九〇年、南窓社)二四三頁以下(関口武彦「一一三〇年のシスマと枢機卿団」)、アシル・リュシェール『フランス中世の世界。フィリップ＝オーギュストの時代』木村尚三郎監訳・福本直之訳(一九九〇年、東京書籍)第一章―第八章、M・D・ノウルズ他著・上智大学中世思想研究所編訳・監修『キリスト教史3・中世キリスト教の成立』(一九九〇年、講談社)三一二頁以下等参照。

アウグスティヌスにおいて天上のキーウィタースであったはずの教会は、右の諸文献がとりあげるグレゴリウス（七世）改革とカノッサへの道に象徴される一一世紀には、すでにキリスト教のコモンウェルスたるローマ教皇権国家として地上のレース・プーブリカとなり（在位八七二―八八二年の教皇ヨハネス八世のとき respublica christiana という言葉が登場する。鷲見誠一・前掲論文八頁）、世俗国家の国王達のキリスト教目的からする適格性を判断する権限を行使する（p. ex. cf. I.S. Robinson, op. cit., pp. 410-411, 451）とともに、みずから、地上の国家として、皇帝、諸侯、諸都市国家等と血腥く相争った。そこにおいては、聖俗の二つの剣が戦った。この戦いの中から、世俗の剣、すなわち、国家権力の近代的基礎づけの試みがみられた。このような、ごく大まかな文脈からするとき、たとえば、「王権神授説」という言葉を、神がかり的な古色蒼然たる理論として、人民主権論と対立するものとみるのは、とんでもない誤解であることがある。かりに、この「王権神授説」が、宇宙の森羅万象すべて神の被造物であり、地上の政治的権威も神の目的につかえるものである点に基礎づけらるというキリスト教世界の共通認識を基本的前提としたうえで、政治的権威の基礎づけに、ペトロの後継者たるローマ教皇権を介在させる方法と介在させない神の直接の授権方式とを区別したときに、後者をさすものとすれば、それは、教皇権からの世俗国家の自由独立を意味し、ひいては、その構成員全体の人民に政治的権威の基礎づけを求める方向と一致する。ロックの論敵フィルマーのパトリアーキアも、このようなローマカトリック排除の基本的発想に立つものではないかと思われるが、ここでは立入るだけの準備がない（Tully, op. cit., p. 157.「フィルマーのものは新しい起源のもので、ロックの考えは保守的である。王権神授説は、ヨーロッパでは一六世紀、イギリスでは一七世紀に現われた」――ちなみに、前注(58)のジャン・ボダンに関するフランクリンの論文では、一五七二年のサン・バルテルミーの大虐殺の前後のボダンの説が伝統的思考から革新的な絶対主権説に激変したとある）。

近代主権国家の成立は、二つの剣の間の戦いを、一つの剣（世俗の剣）によって収束し、他の剣（聖なる剣）は、数ある思想（寛容、信教の自由）の一つ（剣ではなく、言葉）として存続させることとなった。ところが、このような世俗的な主権国家論の代表者であり、右にいうキリスト教世界の共通認識を否定することによってキリスト教世界から嫌悪の的とされたとみられているホッブズにも、その『リヴァイアサン』の第三部に「キリスト教のコモンウェルス」が論じられている。なぜか。アイゼナッハは、第一部第一〇章ないし一二章に同書全体の要約があり、第一部と第二部の前半部分は「剣（sword）」が「言葉（word）」をささえ、第三部と第四部の後半部分は「言葉

（word）」が「剣（sword）」をさ《ゝ》えているという。Eldon J. Eisenach, Two World of Liberalism : Religion and Politics in Hobbes, Locke, and Mill, The University of Chicago Press 1981, pp. 2, 7, 14-15, 157-160. これに少し類似するもの、Gary B. Herbert, Thomas Hobbes : The Unity of Scientific & Moral Wisdom, University of British Columbia Press 1989, p. 163. 頼山陽『通議』における「力」と「権」、マキアヴェリ『君主論』における「ライオン」と「キツネ」、湾岸戦争における「ハイテク戦争」と「テレビ攻勢」、それぞれにちがうものではあるものの、何かしらある共通のものをさしているように思われる。ホッブズ『リヴァイアサン』の体系に関する別稿以来の宿題については、なお今後の課題としておきたい。

（186）　Marsilio da Padova, IL DEFENSORA DELLA PACE, a cura di Cesare Vasoli, Unione Tipografico1975 ; Marino Damiata, Plenitudo Potestatis e Universitas Civium in Marsilio da Padova, Studi Francesconi 1983 : Leo Strauss, Marsilius of Padua, in History of Political Philosophy, edited by Leo Strauss and Joseph Cropsey, pp. 251-270. ; Quentin Skinner, The Foundations of Modern Political Thought, vol. 1. pp. 18-22, 52-65, 144-151. ; J. K. Hyde, op. cit., pp. 186-198 ; M・パコー著・前掲書二五九―二六六頁。鷲見誠一「マルシリウス・パドゥアの国家観」法学研究四二巻四号二三―六〇頁、同「マルシリウス・パドゥアにおけるアリストテレース受容の問題――その政治学的考察――」法学研究四三巻一号二三五―二五二頁、同「マルシリウス・パドゥアの実定法理念」法学研究四八巻九号三一―五九頁、同「マルシリウス・パドゥアの自然法思想」法学研究五〇巻八号一八―四五頁、同「マルシリウス・パドゥアの神法理念」法学研究五一巻八号一―四三頁参照。

（187）　近年、ポスト・モダンという言葉がみられるが、モダン（近代）に対する評価はともかく、モダンが存在することを前提として、ポスト・モダンを論じている。しかし、古代や中世と区別されるだけの近代が存在するとすること自体が、近代人の思い上がりにすぎないのではないであろうか。世界のごく一部の地域の価値基準をもとにして、近代とか、近代化とか、先進国家・後進国家とか、先進地域・後進地域とかを論ずることは、独断と偏見にすぎないのではないか。そもそも一七・一八世紀西欧世界における近代・古代優劣論争、発展概念による近代概念発見の初期の様子をみても、近代概念はかなりいいかげんなものでなかったかと思われてならない。歴史が発展したのではなくて、歴史観が変わったのであり、それが思い上がりによって天空高く舞い上がっているにすぎないのではないかとさえ思われる。cf. Carl L. Becker, The Heavenly City of the Eighteenth-Century Philosophers, Yale

University Press 1932, pp. 31, 88, 96–97, 130–137. スウィフト『桶物語・書物戦争他一編』（深町弘三訳、岩波文庫）一五九頁以下（書物戦争）参照。ちなみに近代の初期ひとつをとっても説さまざまで、早くは一二世紀に始まって今日に及ぶとするものがある（レオ・バレット『レンブラントとスピノザ』奥山秀美訳・法政大学出版局三一五頁）が、ベッカーによると、西欧の一八世紀人は現代人よりも一三世紀人にはるかに近かったという（op. cit., p. 31）。なお、宇野哲人・前掲書は、宋初から清末までの約九百五十年を近代とし（一三七頁以下）、中村元著・春日屋伸昌編訳『中村元英文論集2・日本思想史』（一九八八年、東方出版）は、江戸時代を近代とする（一四六頁以下）。

(188) あるテレビのクイズ番組で、北大のポプラ並木のポプラの語源は人民を意味するポプルス（populus）であると説明されていた。しかし、この説は間違いで、たまたま綴りが同じだけだと思われる。ちなみに、キケロは、『プルターク英雄伝』によれば、もともと、あだ名で、これを「えんどう豆」（cicer = chickpea）と訳しているものもある（村川堅太郎編訳『プルタルコス英雄伝（下）』ちくま文庫一七三頁）。城戸幡太郎によれば、明治末頃、私塾巣園学舎の遠藤校長は、「キケロと孟子」という題の講義をしていたという（蝦名賢造『遠藤隆吉伝』一九八九年、西田書店一二六頁）。筆者同様に、同姓のよしみで、キケロに愛着を感じたためではないかと推測するのは、少し失礼であろうか。前注(57)の松陰の『講孟箚記』は、周知のように、幽閉の間、同囚を相手に始められた講義の記録で、至誠、人の胸を打つものがある。時代状況から、漢土に対する皇国の特殊性を強調するあまり、普遍性を欠くうらみがあるものの（なお、中村元・前掲書一三三頁以下、一五九頁以下参照）、古典が言葉の本来の意味でのラディカル（radical<radix = root）をはぐくむ一例のように思われる。ケーベル博士の薫陶をうけた右の遠藤隆吉博士には古典学の構想があったそうだが（前掲書一三三頁）、北大百年史によると、法文学部創設期の先人には「北のアテネ」たらんとする夢があったという。このような夢をいだいた学部創設期以来の最後のメンバーである石川教授を送るにあたり、無量の感慨を禁じえない。

　重ねて蛇足ながら、本稿の題名をみて、キウイとレタスにパプリカを使った野菜サラダと誤解したご婦人がいた。専門家の論文からなる本特集号の本格的料理の中にあって、その程度の役割をみたすことができれば、さいわいである。

（補注）　これは誤訳で、正確には「いかなるキーウィタースも、正義によって服従者（奴隷）たるよりも、不正義によって支配者（主人）たることを選ばないほど、おろかではない」となる。この部分は、プラトン『国家』第二巻のグラウコンの説によく似たフィリスの説を紹介したもので、第三巻全体のキケロの趣旨は、この説を否定するところにあると解されるため、あえて逆の意味となる誤訳のままにしておく。

（北大法学論集四一巻五―六号、一九九一年）

著者紹介——

遠 藤 博 也（えんどう・ひろや）

〈略 歴〉

1936年6月10日　徳島市に生まれる
1960年3月　東京大学法学部第二類卒業
1965年3月　東京大学大学院法学政治学研究科博士課程修了
（法学博士）
1966年2月　北海道大学助教授（公法講座担任）
1970年8月　北海道大学法学部教授（公法講座担任）
1992年4月6日　逝　去

〈主要著作〉

行政行為の無効と取消（1968年，東京大学出版会），都市計画法50講（1974年，有斐閣），計画行政法（1976年，学陽書房），行政法Ⅱ（各論）（1977年，青林書院新社），行政法入門（原田・小高・田村共著）（1977年，有斐閣），教材行政法判例（熊本・秋山・畠山共編）（1977年，北大図書刊行会），講話行政法入門（1978年，青林書院新社），行政法学の基礎知識⑴⑵（広岡・田中舘共編）（1978年，有斐閣），国家補償法（上巻）〔現代法律学全集61〕（1981年，青林書院新社），講義行政法Ⅱ（行政救済法）（阿部泰隆共編著）（1982年，青林書院新社），国家補償法（中巻）〔現代法律学全集61〕（1984年，青林書院新社），講義行政法Ⅰ（総論）（阿部泰隆共編著）（1984年，青林書院新社），行政法スケッチ（1987年，有斐閣），実定行政法（1989年，有斐閣）

国家論の研究—イェシュ、ホッブズ、ロック—　行政法研究Ⅳ

2011年（平成23年）7月30日　初版第1刷発行

著　者　遠　藤　博　也
発行者　今　井　　　貴
　　　　渡　辺　左　近
発行所　信山社出版株式会社
〒113-0033　東京都文京区本郷6-2-9-102
TEL 03（3818）1019
FAX 03（3818）0344

Printed in Japan　印刷・製本／松澤印刷・渋谷文泉閣

ISBN978-4-7972-5874-5 C3332　012-050-015

山田二郎著作集

（全４巻）

租税法の理論と実際

Ⅰ　租税法の解釈と展開 (1)

第１ 税務訴訟／第２ 所得税／第３ 法人税／第４ 相続税　総408頁　本体:12,800円(税別)

Ⅱ　租税法の解釈と展開 (2)

第５ 地方税／第６ 消費税、登録免許税等その他の税目／第７ 調査手続、徴収手続／第８ 争訟手続／第９ ドイツ連邦財政裁判所判決／第10 租税法における法の支配　総620頁　本体:19,800円(税別)

Ⅲ　租税法重要判例解説 (1)

第１ 所得税／第２ 法人税／第３ 相続税・贈与税／第４ 固定資産税／第５ 不動産取得税／第６ その他の税目／第７ 徴収手続き（滞納処分）　総832頁　本体:26,800円(税別)

Ⅳ　租税法重要判例解説 (2)

第８税務争訟手続／第９ 税務調査手続、損害賠償請求／第10 金融商事判決／第11 行政事件判決／第12 租税判決等の解説／第13 租税事件の鑑定書　総704頁　本体:21,800円(税別)

信山社

◆遠藤博也　行政法研究Ⅰ～Ⅳ◆

Ⅰ　行政法学の方法と対象

Ⅱ　行政過程論・計画行政法

Ⅲ　行政救済法

Ⅳ　国家論の研究——イェシュ、ホッブズ、ロック

全4巻 同時刊行

信山社